重庆大学外国语学院学术文库
获“重庆大学‘双一流’学科重点建设项目
‘外国语言文学一级学科水平提升计划’”支持

中国专门用途英语研究的发展与实践

黄萍　著

科学出版社
北京

内 容 简 介

本书对专门用途英语语言研究、课程设计和课堂教学进行了阐述，探讨了中外专门用途英语研究的起源，综述了中国大学英语界对专门用途英语教学与研究的争论始末，阐述了作者对专门用途英语课程教学理念的看法。基于体裁分析中的语步结构和话语能力、系统功能语言学及其他语言学理论，对专业与学术英语中的语言现象及写作框架进行了实证研究，并对学术交流英语与专业交流英语课程、专门用途英语教学方法及专门用途英语教师发展等问题进行了探讨。

本书可供应用语言学方向本科生、研究生和从事专门用途英语语言研究的读者参考。

图书在版编目（CIP）数据

中国专门用途英语研究的发展与实践 / 黄萍著. —北京：科学出版社，2020.9

ISBN 978-7-03-065182-2

Ⅰ. ①中… Ⅱ. ①黄… Ⅲ. ①英语-教学研究 Ⅳ. ①H319.3

中国版本图书馆 CIP 数据核字（2020）第 089478 号

责任编辑：常春娥 / 责任校对：贾伟娟

责任印制：李 彤 / 封面设计：正典设计

科 学 出 版 社 出版

北京东黄城根北街 16 号

邮政编码：100717

http://www.sciencep.com

北京厚诚则铭印刷科技有限公司 印刷

科学出版社发行 各地新华书店经销

*

2020 年 9 月第 一 版 开本：720×1000 B5

2020 年11月第二次印刷 印张：15

字数：277 000

定价：98.00 元

（如有印装质量问题，我社负责调换）

前　言

中国改革开放 40 多年，国民经济和社会高速发展，为适应中国改革开放的新格局，国际交流与合作中中国需要更多复合型人才已是不争的事实。2016 年笔者应海尔集团邀请，为其仕官生招聘进行英语面试并培训。笔者感到很疑惑，海尔集团所招聘的大多数仕官生均通过了大学英语四、六级考试，且通过了英语口试，为什么还要在入职前进行英语培训？海尔集团人力资源负责人告诉笔者，这些仕官生，虽然通过了大学英语四、六级考试，但其英语能力不能达到公司要求。过了 1 个月，笔者在海尔集团微信公众号的一条报道中找到了答案，该条新闻报道了由中国质量协会带队的共有 84 名成员的中国代表团队，参加了国际质量管理小组会议，海尔集团荣获 5 项金奖。这一案例告诉我们，社会和企事业单位急需既懂专业又懂外语，还须具备外语沟通能力的人才，而学生从高校大学外语课程所学到的内容还不能满足这一需求。

目前，中国在世界政治经济中扮演着越来越重要的角色，各行各业均需要更多的既懂专业又能熟练运用外语的人才。首先，经济的发展与就业方式的变化改变了运用语言的方式。例如，为了实现国际合作和交流，需要与来自其他国家的人员交换观点，这不仅要用外语进行口头、笔头交流，还要懂得如何运用所掌握的目的国的文化知识进行有效得体的交流。其次，现代信息技术改变了传统的信息交流方式，形成了新的方式，如网上浏览与研究、对瞬息变化的信息进行阐释与评价等，这迫使大学英语课程体系与教学方法也得做出改变，因为原有的知识传授方式不再适应学生和社会的需求，社会需要的是能够直接与他国人员进行有效交流的人才。这些因素均给外语界研究者和教师们提出了新的挑战。

近年来，由于世界经济的发展和国家战略的调整，与 40 多年前改革开放初始时期相比，国家和社会对英语人才的标准要求更高；具有 40 多年发展历史的大学英语课程教学，虽然推进了中国的英语教学，但是仍然不能满足社会发展的需求。目前大学英语课程的主要问题集中体现在学生存在“高分低能”，或者停留在不会说也不会写的水平，即使已通过大学英语四、六级考试的学生，有的也是只会做试题的“哑巴”。大学英语课程已有40多年的历史且曾经作为必修课程，为国家外语能力的提升做出了很大的贡献，但是，随着时间的推移，教材选择、考试制度等制约了大学英语教学的发展，大学英语教学模式过于固化而失去原有的生气。于是，有学者提出，或许专门用途英语（English for Specific Purposes，ESP）是21世纪大学英语发展的主要趋势（刘润清，1996）。虽然早在20世纪80年代初，《大学英语教学大纲》（1981）就明确提出了开设专门用途英语[①]（当时被称为专业英语）的必要性，2004年重新修订后的大纲更明确规定专业英语是大学英语教学的重要组成部分。《国家中长期教育改革和发展规划纲要（2010—2020年）》[②]也明确指出，国家经济的发展需要重点扩大复合型人才的培养规模，促进多学科交叉和结合，同时要加强国际交流与合作，这意味着英语在各行各业发挥着越来越重要的作用，尤其是改革开放后，各行业逐渐参与国际竞争，国际合作越来越多，对英语的要求从一开始的职称考试、入学考试的需求，逐渐转到真正的国际交流上。但服务于各专业的大学英语课程却不能适应这样越来越国际化的需求，这是其受到社会抨击的最大原因，这一点确实需要引起我们深思。

专门用途英语以其广阔的应用面和强大的实用性逐渐被许多专家认可和接受。西方国家，尤其是英国和美国的语言学家们，早在几十年前就意识到专门用途英语的重要性。Hutchinson 和 Waters（1987）认为，随着全球范围的科学、技术和经济活动急剧增长，具有明确学习目的的新一代学习者应运而生，如想推销产品的商人、能阅读技术手册的技术人员，以及一大批各种层次的学生。正如 Kennedy 和 Bolitho（1984：9）所说：“由于各领域的迅猛发展，作为国际交流媒介的英语将被应用到各行各业，仅仅普通英语语言知识是远远不能满足需求的，这就是专门用途英语迅猛发展的原因。”这种发展的总体影响，无疑给英语教学施加了压力。早在20世纪70年代末，建立于1934年的英国文化教育协会就开始重视专门用途英语教学与研究，1978年的 *ELT Journal* 第35期专门出版了一期围绕学术英语教学与研究的专刊文章，该文章被称为“Milestones in ELT”（英语教学里程碑），这个专刊发表的几篇文章均强调了一个共同概念，即基于学习者需求及交际能力，换句话说，专

---

① 本书笔者所论述的“专门用途英语”在不同的时期、语境和学者的论述中有时被称为“专业英语”或“专用英语”，文秋芳（2014）称之为“专用英语”（Subject-Based English）。

② http://www.moe.gov.cn/srcsite/A01/s7048/201007/t20100729_171904.html。

门用途英语的重点是基于学生的需求并培养学生的社会与跨文化交际能力。

目前的中国大学英语课程与当时的英美国家的语言教学所面临的情况极为相似。大学英语课程走过了 40 多年，一直强调语言本体和语言基础，这样的大学英语课程早已不能满足国家的经济发展和社会的需求。国内语言学者和英语教师就大学英语课程如何开展教和学进行了激烈的讨论，提出了各种看法，主要集中在是继续采用通用英语（English for General Purposes，EGP；或 General English）或者采用通识教育（General Education）（文秋芳，2014；王守仁、姚成贺，2013；王守仁，2011；王守仁、王海啸，2011；秦秀白，2003）教学，还是走学术英语（English for Academic Purposes）或专门用途英语（蔡基刚、廖雷朝，2010；蔡基刚，2010a，2010b，2010c，2013a，2014a，2014b）教学之路。有学者认为专门用途英语是基础教学的扩展和延续（刘法公，2003；王守仁、姚成贺，2013），没有学好基础英语，进入专门用途英语教学根本是走形式。有学者甚至把专门用途英语教学上升到了社会语言学范畴，认为其涉及很多政策性、技术性及文化性的问题（杨枫、孙凌，2013；殷和素、严启刚，2011），所以应该在保证通识英语教学核心地位的前提下，根据各高校办学层次、人才培养类型来定夺。这些争论深入探讨了大学英语的未来走向，不仅具有各自的见地，也具有引领作用。更多的大学英语教师担心不懂专业如何上好专门用途英语，这些争论和担忧的根本原因是对专门用途英语的教学理念模糊不清，他们争论的焦点均在教学内容和英语教师转型不易、学生基础不好不能进入专门用途英语学习这些外在因素上，而杨枫和孙凌（2013）的观点更是对专门用途英语课程教学理念的误解，这些争论并未就专门用途英语的教学理念及其对世界经济发展的作用的内涵方面进行探讨。

综上所述，在高校大学英语必修课程中，提出专门用途英语课程教学理念具有很大的现实意义。首先，只注重语言本体的训练、语言知识与文化的灌输，而不强调学习过程，尤其是不关注目标情境需求与学习需求的大学英语课程，早已不能满足社会的需要；而专门用途英语“以学习为中心”的课程教学理念可以让课程设置更加灵活、语言课堂更加灵动，从而真正提高学生自学能力，使其对已学知识的复习和对新知识的掌握更加有目的性。其次，专门用途英语的课程教学理念，提倡基于学生需求、国家和社会的需求来设置语言课程，其主要任务就是培养国家目前所急需的既懂专业又懂外语的专门人才和通识人才。这里需要特别阐述的是，专门用途英语本来就是世界经济复苏的时代产物，它必然是急社会所需的课程。

本书从专门用途英语语言研究、课程设计和课堂教学角度进行了阐述。

本书共分三篇，上篇为概论，首先对专门用途英语的相关概念、定义和分类进行归纳与阐述，然后回顾了中外专门用途英语研究的起源，综述了中国大学英语界对专门用途英语教学与研究的争论始末，并鲜明地阐述了笔者对专门用途英语课程教学理念的看法；中篇主要基于语言学相关理论，探讨了专门用途英语语言及其应用，尤其基于体裁分析中的语步结构和话语能力、系统功能语言学和其他语言学理论，对学术英语中的语言现象以及写作框架进行了实证研究；下篇主要对学术交流英语与专业交流英语课程、专门用途英语教学方法以及专门用途英语教师发展等问题进行了探讨，并给出了案例分析。

本书的主要观点是，专门用途英语课程不仅在教学内容上与通用英语不同，最根本的不同在于其课程教学理念、课程设计思想以及课程教学方式。笔者认为，专门用途英语“以学习为中心”的课程教学理念，可以直接产出国家经济发展急需的人才，直接对接企事业单位等用人单位的需求；无论大学英语如何定位，无论强调通识教育、全人教育还是通用英语，专门用途英语的课程教学理念都是可以借鉴的，通识教育与专门用途英语并不矛盾，是完全可以并行的课程。笔者希望本书能起到抛砖引玉的作用，能帮助大家了解专门用途英语课程教学理念的内涵，让大学英语能够真正对高层次人才培养起到积极促进作用。

书中可能存在疏漏和不足，敬请读者批评指正。

黄　萍

2020 年 3 月

目　录

前言

上篇　概　论

第1章　专门用途英语定义与分类 3
1.1　专门用途英语及其相关概念 3
1.1.1　专门用途英语 3
1.1.2　通用英语 4
1.1.3　学术英语 4
1.1.4　职业英语 5
1.2　专门用途英语的种类 5
1.3　全英语教学、双语教学、以内容为依托的教学、专业英语、通识教育之区别 8
1.3.1　全英语教学 8
1.3.2　双语教学 9
1.3.3　以内容为依托的教学 9
1.3.4　专业英语 10
1.3.5　通识教育 10
1.4　中国通用英语与专门用途英语之辩 11
1.4.1　"替换派"主要代表人物及主要观点 12
1.4.2　"坚守派"主要代表人物及主要观点 14
1.4.3　"并存派"主要代表人物及主要观点 15
1.4.4　"替换派""坚守派""并存派"之观点分析 16
1.5　专门用途英语课程教学理念对大学英语的启示作用 18
1.5.1　专门用途英语对大学英语课程设置的启示 20
1.5.2　专门用途英语对大学英语教学方法改变的启示 22

第 2 章 国外专门用途英语教学与研究 28
2.1 专门用途英语发展历程 28
2.1.1 语域分析 29
2.1.2 修辞/语篇分析 29
2.1.3 需求分析 30
2.1.4 技巧与策略 31
2.1.5 以学习为中心的方法 32
2.2 早期专门用途英语教学与研究 35
2.3 国外专门用途英语历时与共时研究 37
2.3.1 专门用途英语研究方法 38
2.3.2 语料库研究 39
2.3.3 体裁分析 39
2.3.4 专门用途英语教学方法 40
2.3.5 专门用途英语各分支学科研究 40

第 3 章 中国专门用途英语的起源与发展 41
3.1 中国大学英语教学起始与发展简述 41
3.1.1 20 世纪 80 年代大学英语课程与教材 42
3.1.2 大学英语教学大纲 43
3.1.3 大学英语与四、六级考试 44
3.1.4 大学英语的功与过 45
3.2 专门用途英语研究在中国的推动与发展 47
3.2.1 中英合作项目与早期专门用途英语 47
3.2.2 中国早期的专门用途英语研究概述 49
3.2.3 21 世纪初的中国专门用途英语研究 50
3.3 21 世纪专门用途英语在中国的发展与研究 51
3.3.1 首届国际会议“专门用途英语在亚洲”（ESP in Asia）及其影响 51
3.3.2 《中国 ESP 研究》期刊的诞生 56
3.3.3 中国专门用途英语专业委员会成立背景及其影响 57
3.3.4 专门用途英语研究对大学英语的促进 61

中篇　专门用途英语语言研究

第 4 章　语料库运用于专门用途英语语类研究概述 ………… 65
4.1　语料库运用的相关研究综述 ………… 66
4.1.1　语料库的运用范围 ………… 66
4.1.2　学术英语语料库 ………… 69
4.1.3　语料库用于职业英语的相关研究 ………… 77
4.2　学术语类语料模块标注理论整合探索性研究 ………… 78
4.2.1　引言 ………… 78
4.2.2　语篇标注主要理论回顾 ………… 80
4.2.3　标注理论整合 ………… 82
4.2.4　理论可行性论证 ………… 84
4.2.5　语篇层次模块 ………… 87
4.2.6　语篇层次结构理论模型 ………… 89
4.2.7　主位推进模式 ………… 91
第 5 章　基于学术语类的学术期刊论文各部分结构及其语言特征研究 ………… 93
5.1　经济类学术论文引言部分的语篇层次结构探讨 ………… 93
5.1.1　引言 ………… 93
5.1.2　研究方法 ………… 94
5.1.3　结果与讨论 ………… 95
5.2　经济学博士论文中文献综述部分的语步与语言研究 ………… 100
5.2.1　引言 ………… 100
5.2.2　研究方法 ………… 101
5.2.3　结果和讨论 ………… 102
5.3　语言类和数学类国内核心期刊学术论文摘要的体裁对比研究 ………… 107
5.3.1　引言 ………… 107
5.3.2　研究方法 ………… 108
5.3.3　结果与讨论 ………… 110
5.4　英汉学术期刊实验性论文研究方法的语篇建构对比研究 ………… 114
5.4.1　引言 ………… 114

5.4.2 研究方法 116
5.4.3 研究结果与讨论 117

第 6 章 文化价值观对专门用途英语语言的影响研究 121
6.1 文化价值观对学术论文作者认知结构的影响 121
6.1.1 引言 121
6.1.2 研究方法 122
6.1.3 结果与讨论 123
6.2 高校互联网简介中体裁的特征：互话语、多模态与超文本性 127
6.2.1 引言 127
6.2.2 研究方法 129
6.2.3 结果与讨论 131

下篇 基于互话语能力的专门用途英语课程与教学设计研究

第 7 章 基于互话语能力的需求分析调查 137
7.1 中国企事业单位英语能力需求情况研究 137
7.1.1 引言 137
7.1.2 调查方法 138
7.1.3 结果与讨论 140
7.2 对高校英语课程设计和改革的建议 148

第 8 章 基于互话语能力的大学专门用途英语课程设计 150
8.1 引言 150
8.2 外语教学中有关课程设计的理论 151
8.3 语言课程设计模式 153
8.4 国内专门用途英语课程设计相关研究 157
8.5 跨学科专门用途英语共核模块课程设计建构 159
8.6 专门用途英语课程设计 162

第 9 章 基于互话语理论的教学模式 163
9.1 职场多渠道沟通能力的课程实施探索 163
9.1.1 引言 163

9.1.2 研究方法 165

9.1.3 结果与讨论 167

9.2 基于互话语能力的专门用途英语课程设计案例分析 171

9.2.1 引言 171

9.2.2 专业交流英语 171

9.2.3 国际学术交流英语 176

9.3 研究生英语系列校本教材编写 183

9.3.1 教材编写原则 183

9.3.2 教材使用对象 184

9.3.3 教材大纲内容 185

9.3.4 选材范围 186

第 10 章　专门用途英语教师发展研究 188

10.1 专门用途英语教师发展相关研究 188

10.2 研究方法 191

10.2.1 跨学科教师发展共同体项目介绍 191

10.2.2 跨学科教师发展共同体项目模式 192

10.2.3 研究方法 193

10.3 结果与讨论 195

10.3.1 结果 195

10.3.2 讨论 196

参考文献 200

后记 224

上篇　概　论

本篇首先对专门用途英语的相关概念、定义和分类进行了归纳与阐述，试图理清专门用途英语、全英语教学、双语教学、以内容为依托的教学、专业英语等概念。第 2 章与第 3 章回顾了中外专门用途英语教学与研究的起源与发展，综述了中国大学英语界对专门用途英语教学与研究的争论始末，详细阐述了专门用途英语课程教学理念的精髓。第 3 章还回顾了首届“专门用途英语在亚洲”国际会议始末、《中国 ESP 研究》的创刊过程、中国专门用途英语专业委员会的成立过程，以及亚洲专门用途英语学会国际会议的变迁始末。

第 1 章

专门用途英语定义与分类

本章首先讨论了专门用途英语相关概念，然后给出了定义与分类，试图理清专门用途英语的课程教学理念及其语言研究范畴，从而为我国研究专门用途英语的同行提供研究佐证和范式。

1.1 专门用途英语及其相关概念

1.1.1 专门用途英语

专门用途英语在中国早期的大学英语课程教学大纲中也被称为专业英语或专用英语。本书认可 Hutchinson 和 Waters（1987）对专门用途英语的定义，专门用途英语是基于以学习为中心和学习者需求的一种课程教学理念。后面在分类中，本书会详细阐述专门用途英语所包含的内容与分类。从内容上来讲，专门用途英语不仅包含学术英语、职业英语（English for Occupational Purposes，EOP）；它还包含各学科的英语课程，如商务英语、科技英语、管理英语、工程英语、医学英语等。从研究上讲，专门用途英语所关注的研究范畴一直与语言学和应用语言学所研究的内容保持一致，紧跟语言学发展与研究潮流（Dudley-Evans & St John，1998）。从教学实践上看，专门用途英语也紧随语言学习理论，从最开始的经典语法教学，到基于功能意念的大纲设计，再到更注重折中教学方法和以任务或者以项目教学为中心的课程教学方法，均与语言学及应用语言学的发展分不开。目前，专门用途英语教学与研究关注跨学科领域语言研究以及学术英语语言发展与研究，尤其关注基于语料库的各学科语言研究。

1.1.2 通用英语

通用英语与专用英语/专门用途英语[①]是截然相反的两个概念，但都属于英语语言教学（English Language Teaching，ELT）的分支（Hutchinson & Waters，1987）。中国高校的通用英语与 Hutchinson 和 Waters（1987）定义的 General English 相似，但涵盖的内容多于 Hutchinson 和 Waters（1987）所定义的 General English。文秋芳（2014）把通用英语定义为“其学习内容不指向某个专业、某个学科、某个职业，而是涵盖一个合格世界公民应该涉及的知识范畴；其使用也没有清晰的专业和职业目标，服务的是人的普遍交际需求”。因此，通用英语不是基础英语，它涵盖了初级、中级、高级英语，即中小学英语和大学英语、英语专业的基础英语和高级英语。也就是说，基础英语在通用英语之中，而不是等同于基础英语。

1.1.3 学术英语

学术英语是以学术与研究为目的的英语教学，涵盖学术交际实践的所有领域，如引导学生如何撰写学术论文、申报科研项目、综述相关领域文献等。业界把学术英语分为一般学术英语（English for General Academic Purposes，EGAP）和为某一学科领域开设的专门学术英语（English for Specific Academic Purposes，ESAP）。EGAP 注重各学科在学术交流中所遇到的共核知识和共核技能，主要基于体裁分析理论来引导在校学生掌握基本学术规范和学术交流技能。ESAP 注重某一特定学科中的语言特点，科技英语（English for Science and Technology，EST）是主要领域，但医学英语（English for medical purposes，EMP）和法律英语（English for Legal Purposes，ELP）也总有一席之地。近年来，商务、金融、银行、经济、会计等学科的学术性研究变得越来越重要，特别是工商管理硕士课程。

有学者[如蔡基刚（2010a，2010b，2011，2013a，2014a）]极力主张，在中国高校的大学英语课程中，学术英语应该被大力提倡，并作为大学英语的主干课程以替代通用英语课程。

---

① 在和“通用英语”这个概念相对时，有时也采用文秋芳（2014）所称的“专用英语”这个概念。

1.1.4　职业英语

职业英语也称职场英语（English for Workplaces）或者行业英语（English for Vocational Purposes）。职业英语是以职业发展为导向，针对某种特定的职业所进行的英语教学。教学内容强调从典型的职业工作环节或情境出发，更加接近职业的实际，确保语言输入和产出的一体化，在教学过程中更加重视行业工作内常用的英语语言交际内容和交际形式。职业英语目标内容包括将行政管理、医学、法律和商务等作为职业的目标。这样，我们就可以将为医学专业学生而设计的以学术为目的的医学语言及语篇学习和为即将成为医生的学生而设计的行业（职业）英语学习加以区分。

在中国，职场英语在高职院校开设和研究得较多，而在 211 和 985 院校开设职场英语的较少。但也有学者认识到职场英语在高层次人才培养中的重要性。

1.2　专门用途英语的种类

传统意义上，专门用途英语被分为两大领域：学术英语和职业英语（Robinson，1991：3-4），如图 1.1 所示。

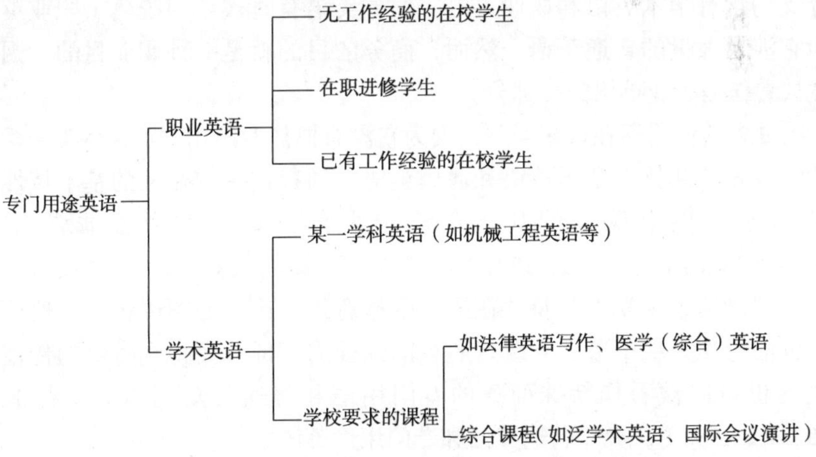

图 1.1　以学科兼经验分类的专门用途英语树形图

资料来源：改编自 Robinson，1991：3-4

图 1.1 除了把专门用途英语划分为学术英语和职业英语之外，还依据不同的时间进行课程分类。这些区分很重要，因为一门为在校学生开设的专门用途英语课程，可能不会考虑到与实际学科或工作相关的具体内容，如一般学术英语可以提供给在校所有专业的大学生，而医学（综合）英语则提供给医学专业的学生，就是说，学校所开设的专门用途英语课程可以为具体的或综合性的工作提供机会。

另一个专门用途英语的树形结构图（图 1.2）根据学科或职业，把专门用途英语分为学术英语和职业英语（Hutchinson & Waters，1987：17）。

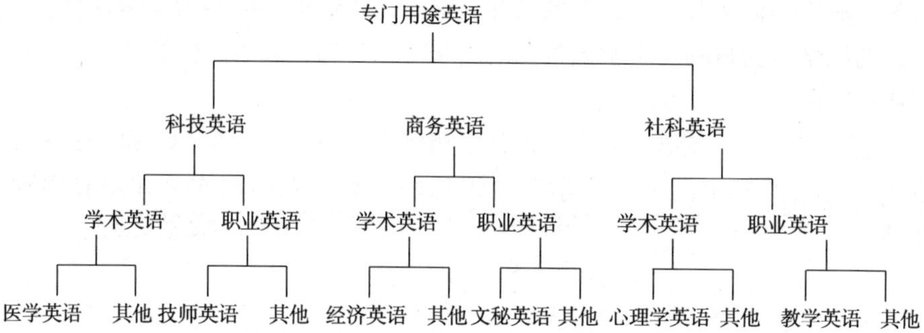

图 1.2　专门用途英语主要分类树形图

资料来源：改自 Hutchinson & Waters，1987：17

图 1.2 把专门用途英语分为 3 个主要分支：科技英语、商务英语、社科英语。实际上，这 3 个主要分支还可以细化或者延伸到 4 个或者 *N* 个分支，但每一分支均含有学术英语和职业英语。商务英语有时被认为脱离了职业英语，因为它涉及大量的普通英语；然而，商务的目的就是一种职业目的，因此它必然被看作是职业英语的一部分。

图 1.2 的使用存在许多问题，因为它没有抓住专门用途英语各类教学的灵活性，以及“共核”学术英语和通用英语之间存在一定交叉的基本特性。许多普通学术英语课程的共核英语和半科技词汇教学都非常有价值（Dudley-Evans & St John，1998）。同样，学术英语课程中一个重要部分就是详尽地“概括重要观点”及“在语境中猜意思”这样的阅读技巧，这些阅读技巧也恰恰作为从中级到高级普通英语课程的一部分而得到有效的传授。商务英语也可以被看作特殊商务的专门用语和普通公众用语的一种中介语（Pickett，1986），介于普通英语和专门用途英语之间。

Dudley-Evans 和 St John（1998）根据语言教学的连续性，提出了英语教学各类型的线性分布图（图 1.3）。除了接近于连续性中间位置的第 2、3 位置似乎有许多共同之处之外，课程的整体语境决定了将既定课程归于通用英语还是专门用途英语。例如，注重听力技巧的中学高级水平课程被认为是通用英语，因为通用英语主要教授英语语言基本技能。位置 4 中，技巧的传授更为具体，但是学生群却不是来自同一学科或职业的同类学习群体。当我们谈到工程师、科学家或医生时，我们谈论的是普通群体，群体中的个体成员也许有不同的需求和背景。因此，撰写报告时要注重语言或语篇特征，如商务会议报告的特征；同时还要注重用于其他文体的语言，如有些医生需要阅读医学期刊，并撰写医学论文，有些医生则需要与病人交谈的口语技巧。来自不同领域如土木、公路、电子、化学、机械的一群工程师可能对工程学某个领域的文章不感兴趣，因此，应该根据不同群体的需求为他们准备与其专业相关且能引起他们兴趣的语言材料。

只有在位置 5，专门用途英语课程才更体现专业性，目标更具体，培养的是专门人才，如擅长某一专业又具备外语沟通能力的专门人才。课程应与目标情境需求和个人的具体需求相结合，教学材料应该为有关该专业方面的真实材料，这些课程的一个重要特征就是教学灵活，并适时满足个体的需要。

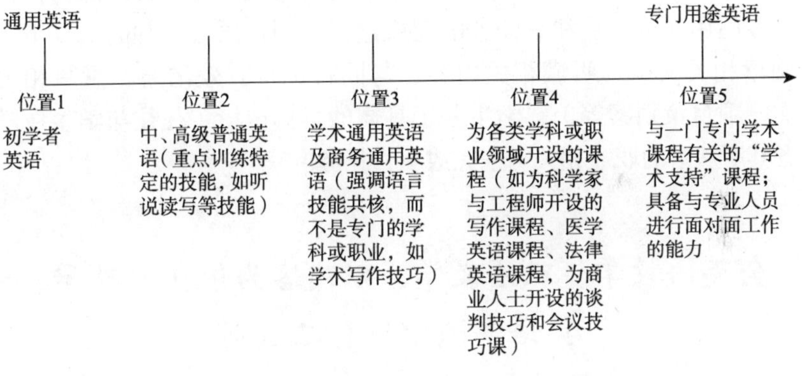

图 1.3　英语教学类型连续性分布图

资料来源：改编自 Dudley-Evans & St John，1998：9

Paltridge 和 Starfield（2013）也为专门用途英语进行了分类。他将专门用途英语分为学术英语、专业英语（English for Professional Purposes，EPP）和职业英语（图 1.4）。其中的专业英语主要指的是学科英语，如医学英语、工程英语、石油英语等。

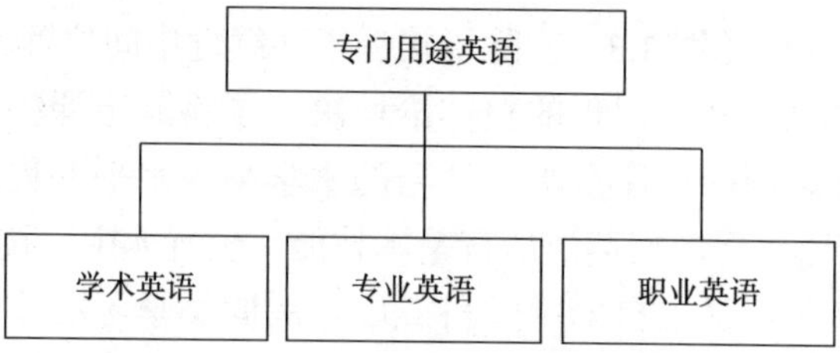

图 1.4　专门用途英语分类图
资料来源：改编自 Paltridge & Starfield，2013

从图 1.1~图 1.4 的分类可以看出，专门用途英语关注的是学生运用英语在本专业“做事”（看专业文献、运用专业知识进行写作、演讲、交流等）的能力。总体来讲，专门用途英语关注与本学科相关的学术语言和职场语言，我们需要根据需求分析来制定教学计划，关注真实材料与真实场景的教学设计。专门用途英语可以是零起点，也可以为专门人才和高级人才而设计课程，只是语言的难易度和关注点不一样而已。

因此，专门用途英语是一种课程教学理念，所涉及的语言学理论与通用英语有相同之处；其涉及的内容与通用英语不一样，其课程设计理念和通用英语更是不一样，由此也带来教师课堂角色的变化及教学方法的灵活性与多样性。专门用途英语更注重任务的完成过程，即在语言教师的引导下，如何通过阅读相关文献、听懂相关内容、与同行进行有效沟通、撰写相关文献（论文、项目策划案等），学生基于具体的目标情境（往往与学生所学的学科或者其所从事的职业相关）来完成项目任务。

1.3　全英语教学、双语教学、以内容为依托的教学、专业英语、通识教育之区别

目前，大学英语界对许多术语的概念模糊不清，在此，笔者对全英语教学、双语教学、以内容为依托的教学、专业英语及通识教育加以分析。

1.3.1　全英语教学

全英语教学（English Medium Instruction，EMI）是一种教学模式，是

“针对高校学生开设的非语言技能，但用英语讲授的各种专业课程”（胡壮麟，2015：54）；它不属于专门用途英语，也不是语言课程，而是让学生通过英语掌握其各自的专业课程内容，为日后的科研和国际交流打好基础（胡壮麟，2015）的一门课程。在中国高校，全英语教学模式是根据 2001 年教育部颁发的《关于加强高等学校本科教学工作提高教学质量的若干意见》中提出的“本科教育要创造条件使用英语等外语进行公共课和专业课教学。对高新技术领域的生物技术、信息技术等专业，以及为适应我国加入 WTO 后需要的金融、法律等专业，更要先行一步，力争三年内，外语教学课程达到所开课程的 5%-10%”[①]。基于此，全国各高校开始尝试着在专业课程教学中开展全英语教学，或者双语教学。

1.3.2　双语教学

中国特色的双语教学（Bilingual Teaching，BT）与国外所研究的双语教学有本质的区别。“双语教学”可解释为“the use of a second or foreign language in school for teaching of content subjects”，即在学校里使用一门外语或第二语言进行学科内容的教学。韩建侠和俞理明（2007）通过分析外语教学模式及中国双语教学的特点提出：从本质上讲国内的双语教学等同于国外学者所经常提及的内容教学模式，即学科内容是整个教学的中心，英语的使用围绕学科内容而进行，使学生通过学习具体的学科或课程来获取交际能力。

因此，双语教学也与全英语教学一样，均为 2001 年教育部颁发的文件中提出的在专业课程中使用全英语或者双语进行教学。

1.3.3　以内容为依托的教学

以内容为依托的教学，也称内容教学法（content-based instruction，CBI），源于 20 世纪 80 年代。Richards 和 Rodgers（2001）认为，内容教学法指的是对学生将要获得的内容和信息进行组织的一种基于二语习得理论的教学方法。内容教学法侧重内容的真实性，研究“教什么”内容。内容教学法与全英语教学/双语教学一样，其重点都是运用外语进行学科知识的教学，侧重点在学科内容和知识上。

① http://www.moe.gov.cn/s78/A08/gjs_left/s5664/moe_1623/201001/t20100129_88633.html

目前，有中国高校运用内容教学法对传统的英语专业课程进行尝试（如常俊跃、刘莉，2009），并获得很好的效果。

1.3.4 专业英语

专业英语这个术语最早来自《大学英语教学大纲》，该大纲的提高阶段将原来的专业阅读修改为“专业英语”，提出以英语为工具获取专业信息，提高以英语为工具交流信息的能力。专业英语教学作为大学英语教学中一个不可缺少的重要组成部分，担负着促使学生完成从学习阶段到实用阶段过渡的任务，培养学生不仅能顺利阅读各种英语专业文献，而且能够用英语进行学术交流的能力。目前，各高校对专业英语的设置不尽相同，有的学校由专业教师、大学英语教师或者外籍教师承担该门课程，课程内容也许就是展开简单的专业文章选读、逐字逐句翻译专业文献等；也有的学校把专业英语放在大学英语提高课程中。但由于教材短缺、师资力量参差不齐，很多学校砍掉了该门课程。总而言之，专业英语属于专门用途英语，因为它也是以语言教学为目的的英语课程。专业是媒介，语言是重点，它与双语教学、全英语教学和内容教学法均不相同。后三个术语的重点均在学科内容上，而专业英语的重点在语言教学上。

1.3.5 通识教育

在20世纪90年代中期，我国高校推行文化素质教育，促进专业教育和通识教育的融合，通识教育逐渐受到重视。2010年《国家中长期教育改革和发展规划纲要（2010—2020年）》指出：要凸显提高国民素质、培养创新人才的重要性和紧迫性，推进素质教育实施和创新人才培养。提高人才培养质量，着力培养信念执着、品德优良、知识丰富、本领过硬的高素质专门人才和拔尖创新人才，要着重考查其综合素质和能力。全面实施素质教育，促进学生全面发展，着力提高学生勇于探索的创新精神和善于解决问题的实践能力。政策的出台给我国高校发展通识教育指明了方向。结合我国中小学教育实际，中学过早地进行文理分科，高考的升学压力使得学生忙于应试，人文素养缺失，因此有必要对学生进行通识教育。

同时，学校培养出来的学生要面向社会，还要考虑社会对人才的需要。

《国家中长期教育改革和发展规划纲要（2010—2020年）》指出：我国教育还不完全适应国家经济社会发展和人民群众接受良好教育的要求。教育观念相对落后，内容方法比较陈旧，中小学生课业负担过重，素质教育推进困难；学生适应社会和就业创业能力不强，创新型、实用型、复合型人才紧缺。

从国家政策的出台和社会对人才的需求来看，大学开展通识教育十分必要。尤其在全球一体化的背景下，开展通识教育有利于培养具有多元文化视野的世界公民，有利于加强学生的综合素养和培养通才。

但是，通识教育不仅仅只是大学英语的任务，它是贯穿整个大学各个学科的任务。就是说，除了大学英语有义务让学生成为具备通识教育的目标人才，其他学科也有义务培养这样的人才。如何在大学英语这一门课程中承担通识教育的重任呢？怎样在大学英语教学中贯穿通识教育呢？王哲和李军军（2010）主张以英语为教学语言推广通识教育，把通识教育作为外语教学的主要内容。但从内容看，通识教育是大学英语教学的主要内容之一，而不是唯一，大学英语课程是拓宽知识、了解世界文化的课程，在大学英语课程中融入多学科知识，有助于实现大学英语课程工具性与人文性的统一。

1.4　中国通用英语与专门用途英语之辩

自高考恢复以后大学英语就一直得到国家和社会的高度重视，尤其是大学英语教学大纲出台以及四、六级考试的实行使大学英语在中国高校成了必修课。大学英语所起到的作用是巨大的，其成就也是有目共睹的。首先，大学英语作为必修课程，让世界了解了中国对外开放的决心和姿态，为对外交流起到了很好的促进作用；其次，大学英语为中国高校培养了既懂英语又懂专业的高层次人才，虽然英语水平还不尽如人意，但为人才培养打下了良好的基础；再次，大学英语作为一门桥梁课程，对帮助高校学生了解世界文化、科学与经济发展起到了巨大作用，尤其在阅读方面的作用功不可没。

但到了 21 世纪，大学英语课程的职能作用被看作是为了修学分以便顺利毕业、保研或者考研需要，这让人们对学生的英语能力提出了质疑。大学英语逐渐受到社会抨击，有学者提出了专门用途英语课程或许可以解决目前大学英语的弊端。但许多教师甚至学者却认为大学英语实行了几十年，但学生的英语还是不好，所以学生仍须在大学英语课程中继续打好基础，只有英语基础打好了，学生以后在工作与专业学习中需要英语的时候才能在好的基础上不断学习，并能很快提高与专业相关的英语能力。还有的学者或教师把人文素养与专门用途英语教学对立起来，认为专门用途英语所强调的仅仅是工具性动机，而不能培养学生的人文素养。一边大学英语教学遭受着社会的抨击，另一边许多高校在削减大学英语课时及学分。鉴于此，针对大学英语课程设置与教学内容，出现了几大学派，他们争论不休。用王立非（2018b，第二届中国专门用途英语专业委员会重庆市分会[①]学术研讨会主旨发言）的话讲，“大英教学目标定位在 EGP（通用英语）、专门用途英语、跨文化交际能力、学术英语等都是在模仿英语专业，目标定位没有形成专业/学科导向，教改有形无实，无法深入”。王立非（2018b）还认为，大学英语由于“没有学科依托，教师依然依托语言文学，从未真正满足过学生使用外语从事专业学习和工作的需求”。

对于目前的大学英语走向之争，可以分为替换派、坚守派和并存派。①以蔡基刚为首的“替换派”认为大学英语应该由通用英语走向专用英语[②]，尤其是学术英语，高中课程的教学已完成了其通用英语教学的使命，进入大学之后，应该向学术英语转型，而不应该再浪费时间在通用英语的学习上。②以吴鼎民和韩雅君（2010）为代表的坚守派认为通用英语仍然是大学英语的主流，认为大学英语课程应该以通识教育理念为指导，构建一个“语言+文化+多学科知识”的“三套车”内容体系，这将会为大学英语改革找到新的方向。③以王守仁为首的“并存派”认为，大学英语教学中，专门用途英语和通用英语应该是并存发展且相辅相成的，大学英语教学不是一蹴而就的，只有在适当的通用英语基础教学上进行专门用途英语教学，才有助于复合型人才、批判性思维人才的培养。除了这几派比较针锋相对外，还有保持中立的，或者抛开通用英语和专门用途英语，提出将通识教育、学业素养等作为大学英语主要教学内容的观点。

1.4.1 “替换派”主要代表人物及主要观点

蔡基刚多次撰文呼吁，大学英语应该尽快由通用英语教学转向学术英语

① 中国专门用途英语专业委员会重庆市分会于 2020 年 5 月已撤销，本书记录其历史时仍保留“重庆市分会”这一表述。

② 这里指的是“专门用途英语”。

教学，进而回归大学英语教学的本位。蔡基刚（2014a）的基本观点可以概括如下：高中阶段的英语教学已经大致完成了通用英语教学的使命，故而在大学期间不应该再浪费时间和精力去进行通用英语教学。为符合当代社会发展对人才的需求，应尽快向学术英语转型，理由主要有以下 7 方面。

（1）大学英语教学效率低下。大学生花费了很多时间学习的英语仅能“应试”，难以“应用”。尽管中国大学生花很多时间在学英语，大学生英语四、六级考试通过率逐年提高，听说能力有了很大改善，但大多数大学毕业生的英语水平只能对付日常生活交际，很少能够读懂自己所学专业的文献，能够用英语开展研究或工作的则更少，即在自己专业领域内用英语开展学习和工作的能力还是相当薄弱。

（2）大学英语定位有偏差。大学英语始终定位在原本应在中学里开展的通用英语教学和四级英语水平的要求上。蔡基刚（2014a）认为，大学英语重复高中英语内容，词汇量少，而相当一部分刚进入大学的一年级大学生已达到大学英语四、六级考试的水平，再重复学习通用英语早已失去兴趣，没有学习动力，大学生普遍反映大学英语课程的最大的价值就是挣学分、考研或评奖学金。

（3）经济全球化与高等教育国际化的需求。这个时代的发展需要能熟练运用外语和法律知识与外国客户洽谈业务、签订合同的人才，但目前非常稀缺。高等教育国际化也改变了学生原来学习英语的目的，大学生和学科专业教师都希望大学英语能真正“学以致用”。

（4）英语已成为国际通用语。英语作为国际通用语已成事实，这是经济全球化和高等教育国际化的必然结果。英语作为国际通用语的意义在于它会改变我国高校英语教学的目的，它不再仅仅是对语言本身的学习或为了提高一个人自身修养，而是真正成为一门工具，而学习英语是为了更好地从事现在的专业学习和今后的工作。

（5）重视以内容为依托的教学研究，教学应向专门用途英语调整。孙有中和李莉文（2011）提出，在新一轮的教学改革中，大学英语应该将其教学中心及时向专门用途英语做出调整，并同时高度关注以内容为依托的教学领域的研究，积极大胆地开展教学改革实验，实现我国高校英语专业和大学英语教学的历史性转型和升级。支持专门用途英语作为未来大学英语发展方向的还有刘润清（1999）、孙有中和李莉文（2011）、黄萍（2010）、黄萍、张秀娟和潘晶晶（2017）、刘法公（2003）等。无论是英语专业还是大学英语，教学中心都应该及时向专门用途英语做出调整。就英语专业而言，新的教学重心应该是通用的学术英语、人文社科英语和全英语讲授的语言学、文学、英语国家研究课程。就大学英语而言，新的教学重心应该是一般学术英语、专业英语和职业英语。孙有中和李莉文（2011）还提出了大学英语具体的改革方法，即压缩通用英语课程或者增加专门用途英语课程。

（6）重视基础英语教学与专门用途英语之间的关系。刘法公（2003）认为，要认识通用英语和专门用途英语之间的关系，首先要把握好基础英语教学和专门用途英语教学之间的关系。专门用途英语的教学中心依然是某专业的英语，而不是某专业知识本身，因此它是英语基础教学的扩大和延续，是从基础英语能力的培养向英语应用技能培养的过渡，也是高校英语专业教学目标实现的重要手段。

（7）推广专门用途英语课程教学理念才是大学英语的核心。黄萍、张秀娟和潘晶晶（2017）认为，目前大学英语争论的焦点均集中在教什么内容上，而忽略了专门用途英语课程教学理念这个精髓与核心概念，由于专门用途英语课程教学的特殊性，即其课程设计有别于通用英语，它因为教学对象的多变性，而让其课程充满多样性和灵活性。每一门专门用途英语课程的开设必须基于需求分析，课程设计会随着需求的变化而变化。大学英语课程设计完全可以借鉴专门用途英语课程教学理念，让课程更适用于学生以及社会的需求。

总而言之，替代派的主要观点就是尽快用专门用途英语课程（或者学术英语）取代目前的大学英语，让大学英语服务于学生的专业需要，从而为国家的经济发展服务。

1.4.2 “坚守派”主要代表人物及主要观点

以吴鼎民为代表的一派认为，大学英语是语言教学，有外语学科自身的特点，这个“根”与“本”不能丢。大学英语课程承载通识教育的任务，在此之下需要三驾马车，即语言、中外文化与多学科知识（吴鼎民、韩雅君，2010）。吴鼎民和韩雅君（2010）指出，在第一驾马车中，当前的大学生不仅仅需要学习英语知识与技能，母语知识也需要加强，建议在翻译课程中把两门语言融会贯通。而文化更是学习语言的关键，因此，他们提出的第二驾马车就装载中外文化的学习与比较，了解中外文化与历史可以帮助我们认识世界，也让世界了解我们。第三驾马车是多学科知识融入，吴鼎民和韩雅君（2010）把多学科知识定义为“当代接受高等教育的人的‘应知应会’”，特指通识知识。总体而言，坚守派与替代派持截然相反的观点，不赞成专门用途英语，更不认为专门用途英语这种以工具性动机为主的课程教学理念是大学英语所需要的主流。

1.4.3　“并存派”主要代表人物及主要观点

以王守仁教授为代表的并存派更强调通用英语的作用，并对大学英语完全被学术英语取代的观点进行了反驳。王守仁（2011）认为，大学英语教学应兼顾“工具性”与“人文性”，注重培养学生的“问题意识”以及研究能力，学术英语的需求是存在的，我们应对学术英语给予充分重视，对其开展教学研究，积极推进学术英语课程建设，但不应以偏概全，使学术英语成为大学英语教学的全部内容，通用英语和学术英语在大学英语教学中是并存的。并存派主要观点概括如下。

（1）通用英语是专门用途英语的基础。通用英语教学与专门用途英语教学有关联：通用英语是基础，没有基础英语的学习，专门用途英语是难以进行的。王守仁（2011）认为中国学术英语发展的现状要求不能一刀切地直接由高中的英语教学过渡到学术英语教学。《大学英语课程教学要求》（2007）将学生的英语能力分为三个层次，分别提出三个要求，即一般要求、较高要求和更高要求。总体而言，由于不同高校的办学层次、定位、类别、生源等差异较大，学术英语教学在我国的发展不平衡，我们强调专业英语的重要性丝毫不意味着可以放松普通英语的教学。

（2）通用英语与专用英语互补。文秋芳（2014）解释了通用英语与基础英语的异同，认为“替换派”最大的误区是把通用英语等同于基础英语。她指出每所高校应向学生提供包含通用英语与专用英语[①]两个板块的大学英语教学体系，供学生自由选择，从而实现通用英语与专用英语互补。文秋芳的主要观点可总结为 3 点。第一，我国国际化人才所需的素质对人才培养提出了相应要求。《国家中长期教育改革和发展规划纲要》（2010—2020 年）第十六章第四十八条明确提出培养国际化人才的需求：适应国家经济社会对外开放的要求，培养大批具有国际视野、通晓国际规则、能够参与国际事务和国际竞争的国际化人才。显然，除了通晓国际规则必须依靠学术英语外，其他能力的培养都要依靠通用英语来完成。第二，从事任何专业的国际交流都离不开

① 这里指的是“专门用途英语”。

通用英语和专用英语的融合。第三，国际上许多国家均对语言能力提出了不同级别的要求。国际交流是全方位、多维度的，单靠通用或是专用一类英语都难以顺利完成。

（3）基础英语和专门用途英语同步发展、相辅相成。殷和素和严启刚（2011）也认为，基础英语和专门用途英语是相辅相成、共同进步和发展的关系，在此基础上，二者可以形成一股合力，共同作用于本科生教学。并且，以后的大学英语教学重点仍然是基础阶段英语教学，但是完成了基础阶段教学后，各个高校根据自己的实际情况，可以由大学英语教师开设通识英语教育以及少量学术英语课程。专门用途英语教学则由所在院系自行组织开设，属于专业英语学习，但不再是大学英语教师的教学任务。

1.4.4 "替换派""坚守派""并存派"之观点分析

通过对上述国内各大学者有关我国大学英语走向问题所持观点的综述，笔者发现，各方观点最大的争议，在于大学英语到底是走专门用途英语教学的道路还是走通用英语教学和专门用途英语教学相结合的道路。另外对以下问题也存在不少争议：通用英语与基础英语之间的区别，专门用途英语与通识英语的区别，专门用途英语与通用英语在培养复合型人才中所起的作用及在大学英语教学中各自所占的比重，大力发展专门用途英语中的学术英语还是职业英语等。

1）主要误区

笔者认为，有关前述争论的最大的误区不在于大学生是否需要学习专门用途英语，不在于专门用途英语在哪个阶段才能上，更不在于专门用途英语忽略了通识教育等，这些争论焦点均在内容和知识层面上，忽略了专门用途英语的课程教学理念这一核心。

国内外所广泛接受的专门用途英语的定义是专门用途英语是基于学习者需求的一种语言学习方法（Hutchinson & Waters，1987）。这是因为当时的世界经济格局的变化使英语成为世界语言的趋势越来越明显，专门用途英语已从研究纯语言语域、话语和技能转到运用体裁分析进行跨学科的学术与商务职场研究（Bhatia，2008；Dudley-Evans & St John，1998）。Hutchinson 和 Waters（1987：18）认为专门用途英语不是传授英语的"专业种类"，也并不仅是"为科学家而提供的科技词汇和语法，或者为宾馆人员而提供宾馆词汇和语法"。因为专门用途英语所依据的基本原则仍是"学习的有效性，所以它并不是有别于其他语言教学的特殊形式”。

从 Hutchinson 和 Waters（1987：18）的论述我们不难看出这一点：专门用途英语在早期是为那些因特殊任务而急需使用英语的人提供的一种培训方法，为了让学生尽快适应任务的需要而探讨出来的一种课程教学理念。专门用途英语课程教学理念关注的是如何基于需求分析，在教学中引入真实环境中的语料，让学生不仅仅是一名听众，更主要的是作为一名抉择者、参与者和任务的完成者参与到每一个任务中。此外，从 Dudley-Evans 和 St John（1998）的定义中可以看到，专门用途英语既可以运用于英语较好的人群，也可以运用于初学者，关键是要搞清楚教学的目的是什么。所以，即便是对于刚进校的大学生来说，在通用英语中引入专门用途英语的教学理念或者教学方法，也是适用的。通用英语作为高校大学英语的教学内容已存在多年，在探讨大学英语未来走向时，着重点应该放在教学方法或教学理念的改革上，而不是教学内容的替换上。

2）当代大学英语走向：转变教学理念

目前，国内的专门用途英语教学鲜有成功案例。梁雪松、陈黎峰和陆莺（2006）用“乱象丛生”来形容各院校的专门用途英语教学；罗毅和李红英（2008）对 6 所高校的专门用途英语教学的调查报告结果更是令担忧：74%的学生对专门用途英语教学效果不满意。谷志忠（2010）总结了专门用途英语教学定位模糊、课程设计不科学、教学模式落后、教材质量低下、师资力量薄弱、教学管理混乱等问题。笔者认为，大学英语教学改革的根本在于专门用途英语的以学生为中心的教学理念的引入，而不是一味执着在教学内容上。

基于专门用途英语的本质，并结合笔者自身对中国当代高校大学英语教学的了解，笔者认为，转变目前的课程教学理念更为重要，而不是只关注教学内容，无论是通识教育、人文素养教育、通用英语、学术英语还是专用英语，引入专门用途英语“以学习为中心”的教学理念，基于需求分析（目标需求和学习需求）进行大学英语教学才是根本。换句话说，大学英语教学注重专门用途英语课程教学理念，就是彻底转变语言教学的以下传统理念：只注重语言本体而忽略其语言表达的得体性，只注重语言知识而忽略其交际能力的培养，只关注内容和形式而忽略课程教学理念。探讨专门用途英语“以学习为中心”的课程教学理念如何基于学生的需求分析，如何将其应用在大学英语课程设置、教材选择与运用、教学方法与模式和教学辅助手段上才是我们需要关注与探讨的重点。

1.5 专门用途英语课程教学理念对大学英语的启示作用

专门用途英语是依据学习者需要而产生的一种语言学习理念（Hutchinson & Waters，1987），专门用途英语是一种理念（approach）而不是产品（product），所涉及的不是一类特别的语言、教学材料或教学方法，而是“为什么这位学习者需要学习一门外语”（Hutchinson & Waters，1987：19）。Strevens（1988）也对专门用途英语教学的范围做了界定，认为专门用途英语包含的英语语言教学是这样的：①为了满足学习者特殊需求而设计的；②其内容一定与特殊学科或者职业与活动相关；③在语言研究上强调适合于句法、词汇、语篇、语义等活动的语言和语篇分析并用于教学实践；④与其相对的课程是“通用英语”。Robinson（1991）也认为，专门用途英语最为关注的就是需求分析，旨在尽可能明确说明学生利用英语这一工具去做什么（Robinson，1991：3），其特征是在一段有限的时间内完成，并且是为参加工作或进行专业学习的成年人而设计的课程。

专门用途英语有别于通用英语教学的原因之一就是它一定基于需求分析，且一定与学科内容相关。专门用途英语语言研究与语言学相关研究一致，并随着语言理论的进化与演变而改变和调整，如基于语域分析的专门用途英语语言研究，主要研究各个语域中的高科技词汇、半科技词汇以及普通词汇的变化；到了语篇和体裁分析阶段，专门用途英语研究开始针对不同体裁下的语步结构；当语言学在强调认知与习得的时候，专门用途英语教学就强调“以学习为中心”的课程教学理念。简言之，专门用途英语的语言研究与语言教学总是走在语言学研究的前沿，是语言教学研究的先驱（Dudley-Evans & St John，1998）。

40 多年的中国外语教育推进了中国的外语教学，尤其是大学英语教学。在高等教育改革 40 年专家访谈中，许多外语界的专家均对中国的英语教学改革做了回顾和肯定。但是，由于世界经济的发展和国家战略的调整，社会对英语的需求早已和改革开放初始不同，笔者非常认同胡壮麟（2018）在中国高等教育改革 40 周年专家访谈中的观点“外语教育应当与国家需要和日后工作相结合”[①]。我们再来想一想外语教学，尤其是非英语专业的大学英语所承载的任务与作用到底是什么？继续通用英语，抑或是注重通识教育，或者强调专门用途英语或者学术英语？王立非（2018a：5）在探讨语言服务的必要性中指出，我国高校 760 多万大学生都学习外语，但专业知识过硬且外语能力强的高素质复合型专业人才欠缺。许多高校在外语教学的培养模式和认知还“停留在外语技能教学或人文教育阶段，存在需求导向和应用型教育基因先天不足的缺陷”。学界（这里特指大学英语课程负责人）对外语（这里特指英语）如何服务国家战略、社会和企事业单位的关注较少。与此同时，由教育部和国家语委正式批准颁布的《中国英语能力等级量表》（GF0018—2018）的目的是规范中国英语教学与考试，为我国外语能力测评体系建设提供统一标准，以促进各阶段英语教学的衔接，起到提高英语教学以及考试质量的作用（蔡基刚，2018）。从这些观点和举措可以看到大学英语 40 多年的变化与前进的步伐，但是这些观点与举措并没有完全得到落实。究其原因，笔者认为，是一种教学理念的僵化。转变教师以及管理者的课程教学理念才是根本。值得欣慰的是，与以前的大学英语教学要求或者指南不同的是，《大学英语教学指南》（2017 年）体现出对专门用途英语教学的重视。中国专门用途英语专业委员会会长孙有中教授认为，《大学英语教学指南》反映了专门用途英语的核心价值，所提倡的“以需求为导向”的原则无论在理论上还是实践上，都凸显了专门用途英语的重要性。同时指出这对专门用途英语教学和科研提出了更多要求，需要多方努力来满足时代和社会的新需求和新发展。

笔者认为，专门用途英语课程教学理念，除了内容与通用英语或者通识教育不同外，基于需求分析的“以学习为中心”（learning-centred）的语言学习理念（Hutchinson & Waters，1987）更值得大学英语课程负责人和管理者以及教师们思考与学习。“以学习为中心”的课程教学理念，恰恰可以解决目前大学英语课程教学设计的根本问题。然而目前国内对专门用途英语的了解还仅仅停留在关注内容的层面上（王守仁，2011；蔡基刚，2004，2010a，2010b），或者还在探讨与介绍中（邓海，1992；范谊，1995；王友良，2008；蔡基刚，2013a，2014a；王守仁、姚成贺，2013；王丽娟，2014）。许多人认为专门用途英语就是专用英语，争论的焦点都集中在专业上，如没有专业知识不能教专门用途英语，只有一定的英语基础的学生才能上专门用途

① https://www.sohu.com/a/243579784_651640

英语课程等。然而这些对专门用途英语的认识只是课程分类，不是专门用途英语的本质。

1.5.1 专门用途英语对大学英语课程设置的启示

大学英语改革目前遇到了瓶颈，学界都在思考并探讨大学英语未来之路。如采用以内容为依托的课程教学模式（孙有中、李莉文，2011；常俊跃、刘莉，2009）、探讨以学术英语全面替代大学英语（蔡基刚，2014a）、输出驱动假设应用于大学英语（文秋芳，2013，2014）、探讨以项目为主的大学英语教学模式（杨莉萍、韩光，2012）等，这些探讨从内容上或者从教学形式上对大学英语提出了改进建议，为大学英语课程教学和设计提供了思路。笔者认为这些方式与专门用途英语的课程设计理念并不矛盾，大学英语课程教学改革或许与这些方法有关，但是其根本应该是一种课程教学理念的转变。

专门用途英语与通用英语的不同之处在于其课程设计是动态而灵活的（Hutchinson & Waters，1987），通用英语课程大纲由于强调的是语言本体和语言知识本身，因此大纲（或者指南）一旦制定，可以多年不变，因为语言形式不变大纲也可以不变，而专门用途英语课程教学大纲却相反。由于专门用途英语课程教学起源于培训，语言培训的主要目的是满足目标情境（用人单位）和学生的需求（学习情境），因此，每一个专门用途英语课程在开设之前，均需要基于需求，且课程完成设计后，还需要根据学习需求的改变而进行调整，这就需要专门用途英语课程管理者和教师不断调整课程大纲和教学方法及教学内容。

因此，专门用途英语与通用英语的最大区别之一就是前者基于需求分析。通用英语课程的制定也会基于需求，通用英语在设计其课程大纲之前会进行大范围的问卷调查，然而一旦大纲制定好了，会相对稳定，一段时期（至少五年）不会改变；然而，专门用途英语课程的初衷是为各种培训而设计的，每一种大纲均基于目标需求和学习需求（Hutchinson & Waters，1987）。

Hutchinson 和 Waters（1987）把需求分为三种：即“必学知识”“欠缺知识”“愿望（想学）知识”。学生在进入一门语言课程以前，作为开课教师或者课程设计者应该了解学生已经掌握了什么，这样才能决定学生“欠缺”什么。只有了解了学生的“欠缺”，我们才能根据其“必学知识”来满足其“愿望”。Hutchinson 和 Waters（1987）认为认识源于观察，而观察会因为角度的不同而不同。学生可能对“必学知识”有清晰的认识，对自己在哪方面

“欠缺”也会有认识，但他们的这些认识与课程设计人、用人单位及教师的调查结果可能有出入。所以在课程教学中，专门用途英语课程理念要求我们必须不断调整课程设计方案、教学方法、教学内容，从而满足学习需要。

有了需求分析，才能有目的地思考学生所需要的知识点和所需能力，从而在课程设计中体现。但语言学习不仅仅是语言知识的学习，语言教学仅仅教会学生解决问题的能力还不够，还必须指明语言使用中所包含的思维过程（Williams，Swales & Kirkman，1984），这就需要了解学生的学习动机。专门用途英语课程设计需要思考所开设课程是否满足学生兴趣、是否设计学生在学习过程中的创造力以及因学习带来的成功感，这样的语言教学才能满足学生的需要，即学生应“从学习过程中获得满足感”（Hutchinson & Waters，1987)，才能真正学有所获，从而完成学习任务。

因此，大学英语教师应该转变过去固有的教学模式，即强调语言知识（或者语言点），或者传授知识（无论是通识教育知识还是专业知识），而不思考学生的需求、专业方向以及教师在课堂上的角色定位。要改变大学英语现状，首先需要教学管理者和教师从课程教学理念上发生根本改变，大学英语无论注重通识教育、通用英语还是专业英语，其课程设计、课程大纲、课程内容与教学方法均需要根据国家、社会及学生的需求来考虑，并随时根据学生需求不断调整课程大纲，采用不同教学方法来满足不同学生和不同课程的需求。“以学习为中心”的课程教学理念要求专门用途英语教师的角色具有多样性，专门用途英语教师不仅仅只是一个传授语言知识的教书匠，他/她应该还是一名很好的管理者与组织者，有时更像一个语言顾问，也时常鼓励学生为了完成一项任务而运用英语去阅读、总结并得体地表达出来；教师有时与精通专业的学生有平等的地位（Hutchinson & Waters，1987），大学英语教学都应反映它所服务的学科和职业，教师和学习者之间存在互动性。

综上所述，专门用途英语对大学英语的重要启示和意义不是因为其内容的不同，而是因为其教学理念的不同。专门用途英语强调“以学习为中心”，而不是各高校按照大学英语教学一刀切，更不是全校一套教材或者统一考试就能解决大学英语所面临的问题。不思考各高校学生的具体特点，不思考国家所需要的各种人才，一味地强调其内容与形式（内容与形式固然重要），但教学理念不改变，都是妄谈。

1.5.2 专门用途英语对大学英语教学方法改变的启示

无论哪一种语言教学方法，都有其可取之处，也有一定的局限，关键在于具体的课堂教学中教师如何将其加以运用以适应具体教学内容和学生的需求。专门用途英语“以学习为中心”的课程教学理念，可以实现这一目标。“学习”在这里是广义的含义，这里的学习包含了需求分析、教学内容、教学方法、教学条件等多种因素。实际上，专门用途英语与通用英语均基于语言学理论，共用现有的教学法，但专门用途英语强调教师和学生之间的互动性。基于这种以学习为中心的理念，笔者认为没有哪一种教学方式是最好的课堂教学方式，最好的教学方法应该是一种集多种教学方法为一体，或者折中的教学方式（刘法公，2001），但一定是基于需求分析并以学习为中心的。

1. 教学方法

专门用途英语教师的一个任务，就是帮助学生发展一种自觉的意识（Dudley-Evans & St John，1998），从而使他们在语言、修辞结构及交际技巧方面均获得应用能力，专门用途英语教学理念旨在将语言学习与具体学科的学习手段结合起来，并与学生的兴趣结合起来（Widdowson，1983：108-109）。

下面介绍专门用途英语教学最为关注和广泛推行的两种主要教学方法：个案分析（case analysis）和以项目/任务为驱动的教学方法（project/task-based method）。

1）个案分析

个案分析主要运用于商务、法律、工程、医药等相关专业（Dudley-Evans & St John，1998），个案分析为学生提供了一个能够反映现实生活的场景，让学生能够充分运用所学语言知识、技巧进行相关领域的实践活动。在不同的学科领域中，个案分析所扮演的角色不同，如在医学英语课程中，个案分析用于医生与病人或者护士与病人之间的会诊与病案交流。个案分析在商务英语课程中，主要训练学生采用什么策略、做出什么决定等问题，对学生进行训练。这类个案分析一般以小组讨论、角色扮演等形式进行，以帮助学生提高其组织协调能力以及实战能力。这就是专门用途英语课程设计理念的主要形式，课堂中通常采用真实材料，设置真实语境，需要学生用英语进行独立思考或者集体讨论而产出任务结果，而不是进行单纯的语言学习（Krashen，1981）。

2）以项目/任务为驱动的教学方法

以项目/任务为驱动的教学方法是专门用途英语教学中的另一个常用方法，与目前大学英语所倡导的以任务/项目为主的教学模式相似。但需要注意的是，目前大学英语所提倡的任务教学或者基于项目的教学并没有摆脱课本（教材），学生的自主性与决定权仍然在教师那里。从根本上来讲，基于任务或者项目的教学模式是目前大学英语所提倡的一种教学模式，但这个项目或者任务必须基于学生自己的选择，而不是根据课本或者教师的课堂教学任务。那种先学语言知识和语言点，然后根据所学语言点或者语言技巧来布置的任务均不是真实的任务。项目或任务来源于真实场景，专门用途英语课程教学中的项目或者任务均来自学生（或者他们的专业需要），是现实中正在发生或者已经发生的真实任务再现，因此学生的参与度和自主度都很高。当学生为一个项目做了充分的准备，知道他们被要求做什么以及这样做的目的和益处时，他们的积极性会非常高。项目驱动的教学要求学生必须自己寻找信息和数据，因此课外工作量非常大，但学生或许很乐意去做，因为这些任务或者项目与他们的专业和学科密切相关，这些项目完成后，对他们的专业或者了解他国文化、培养其人文素养有较大的帮助。项目始于课堂，移至课外，最后又回到课堂，为学生们提供了一个真实世界与课堂经验互相重叠的机会，这与目前探讨的翻转课堂类似，但却有一定的差异。国内的翻转课堂均根据教材内容为学生录制短视频让学生课下观看，通过一些技术手段强制学生必须观看之后再在课堂上与教师就所观看的内容进行讨论。但多数教师仍然不放心学生对课文内容的理解，仍然花一些时间讲解语言点。但专门用途英语项目计划却是很多学术英语的一个标准特征，即在项目驱动中学生必须经历如图 1.5 所示的过程。

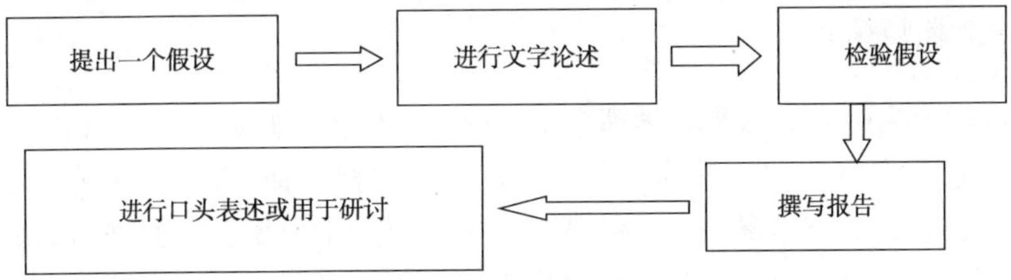

图 1.5　项目驱动过程

从上面专门用途英语所采用的主要教学方法可以看出专门用途英语与传统语言教学方法的根本不同在于运用语言的顺序和方式的不同。传统教学方法是教师围绕任务所需要的技能和语言向学生进行传授，以学习为中心的专门用途英语课程教学模式是学生自己通过任务去找寻所需技能和语言知识来完成任务，更有利于充分调动学生的主观能动性。教师的角色是评估、指导和鼓励。教师在任务实施过程中需要注意的是：①教师在指导学生任务时需要了解东西方文化差异；②由于学科和行业的差异，教师还须注意自己的专业素养。具有相关专业知识的学生并不希望从教师那里得到专业方面的指导，但他们会对有着一定相关专业素养的教师更尊重，也更有信心（Dudley-Evans & St John，1998），但这并不意味着非要具备专业知识才能教专门用途英语，没有专业知识可以通过其他方式来弥补（黄萍，2007a），如与专业教师合作教学、课下请教专业教师，或者管理者有目的地把大学英语教师分配到各院系，来了解和熟悉相关专业，这也可以提升教师的自信心。Dudley-Evans 和 St John（1998）认为，商人并不希望商务英语教师知道怎样经营一个企事业单位，他们需要的只是怎样在商业活动中应用语言的知识——这只涉及对一些商业概念和场景的理解。医生也不需要英语教师懂得怎样诊断病情，他们需要的只是对于医患关系、医护关系有一定的理解的教师，从而学会得体的语言。因此，专门用途英语教师没有必要为自己不懂专业而拒绝专门用途英语，专门用途英语只是一种课程教学理念，关键点在于它是基于学习、围绕目标情境而展开的，是把课程看作一个整体，其设计是动态并根据学习需求来修正的。

简言之，专门用途英语课程教学是基于需求分析的以学习为中心的理念，通常运用的教学方法是案例分析和项目计划，是以学生为中心来设计的课堂；其任务或者项目来源于学生自己的专业或者基于自己所学而感兴趣的内容，而不是教师给予或者教材设定的任务。

2. 教师角色

以学习为中心的课程教学理念中，教师不仅仅是知识的传授者，他/她的课堂角色是多方位的。教师的课堂角色除了讲授，他/她更是评估者、激励者、组织者，甚至是参与者。教师对学生在讨论中根据任务而做出的陈述、角色扮演等做出评价；当学生因语言不好、不愿在公开场合表达观点时，教师激励学生，有效组织活动，清晰地布置任务。当学生拥有语言教师通常所不具备的专业知识时，教师也可以是学生，从学生那里获得灵感和知识，因此教师均需要随时准备扮演好各种角色。因此，专门用途英语教师应该更多地扮演一个“咨询者”角色，善于给出建议，提供选择，允许学生在执行任务时自己做出决定，教师的“角色”与学生的“关系”应该是相互的。教师与学生的关系是互动型的，即学生也可以是教师，因为学生具备系统的专业知识，而教师可以让学生运用专业知识向老师进行讲解，教师从中可以获得一些专业知识方面的感性认识。因此，不管是通用英语还是专用英语，学生都需要运用已有知识来理解新知识，学生具备的专业知识可以帮助学生学习专业英语，并且，在某种程度上，学生所拥有的专业知识可以帮助他们提高学习专用英语的热情。作为专门用途英语教师，可以利用这一点来激发学生学习的热情。其次，教师还是有效的课堂管理者而不是控制者（黄萍，2007a）。尤其是大班教学中，有组织、有引导的课堂活动会引起学生的兴趣，更会减少教师对专业知识缺乏的不自信。专门用途英语课堂中，每一个学生都是一个独立的个体，能够以自己的方式进行工作和体现能力；独立能力源于教师对学生的信任，让其独立工作而不是在教学过程中牵着学生走，即学生在任务完成过程中具有决定权，从而让学生达到从被动学习到主动学习的转变。

笔者以所教授的国际学术交流英语为例来阐述教师在专门用途英语课程的课堂教学中的角色。学期开始时，教师布置任务：学生期末组织一场与专业相关的模拟国际学术会议，每一单元中，教师根据大任务所涵盖的一些小任务进行设计和布置，如准备国际会议、作为主持人召集会议、陈述自己观点等，在课堂中教师只需要引导学生如何按任务去准备这些小任务，并给出一些资源和设计语言的框架，学生课下必须讨论并决定召开怎样的国际会议，如主题是什么、范围多大、个人陈述多长时间等。准备好后，每个组在课堂上陈述完成情况，教师和学生再根据任务要求一起进行点评。点评的时候也是展开讨论的时候，教师和学生一起讨论某个同学的陈述在哪些方面需要改进、为什么需要改进和怎样改进等。再比如在引导学生撰写文献综述的时候，教师在课上先讲授撰写文献综述的几个步骤：查阅文献（分享数据库、做笔记的软件、阅读文献的捷径等）、如何避免抄袭或者学术不端（分享几种参考文献格式、文献综述中的几种形式）、介绍文献综述的基本语步等，以上这些内容可以制作成短视频或者 PPT 让学生课下阅读，之后进行课上分享，再转入课下让学生根据自己的专业来阅读文章，完成文献综述并提交；教师选出部分学生的作业，让学生对照课上所讲解的步骤进行对比和分析，最后达成共识。这种授课和考核方式受到学生的普遍欢迎，如A学生认为，这种上课模式和考核方式“能够充分调动学生学习积极性，大家分享和参与任务所带来的成果”（笔者进行的访谈录音，2015年6月）。因此，一个好老师，不是有多渊博的知识（虽然有更好），不是知道多先进的教学方法（知道很多但不会用可能让课堂混乱），而是他/她在课堂中所扮演的角色，其是否是一个很好的鼓励者，鞭策自己和学生在所涉及的领域中共同进步。教师时而是讲师，时而是课堂参与者，或者课堂管理者、评价者、向导等，这才是专门用途英语课程教学理念的本质，即一种基于需求的以学习为中心的课程教学理念。

3. 教学内容

专门用途英语与通用英语的最大不同在于教学内容的不同。专门用途英语的教学内容不仅是教材中的内容，也不仅是学科内容，还需要思考目的情境需求中会遇到的场景和文化（如目的国文化以及企事业单位文化等），教学内容的好坏在一定程度上影响教学效果。教学内容来自具有相关知识的人，即专家。以学习为中心的专门用途英语教学中，使用真实材料可以及时而准确地对学生在工作中遇到的难点和亟待解决的问题做出回应。所谓真实材料，指的是学生在工作岗位中正在（或者未来岗位上即将）使用的材料，如项目报告、期刊论文、商务洽谈报告、录音演讲或被推荐的阅读文章等都有着正式出版的教材所没有的及时性和明确的目的性（黄萍，2007）。

教学内容中，目的国文化会影响教学效果。因为学习是一个社会化的过程，对学习的态度和对语言的看法都是由国家文化、职业文化以及个人文化所共同决定（Dudley-Evans & St John，1998）的，因此提高语言意识对于成功的专门用途英语教学是不可缺少的。在专门用途英语教学内容中，应该充分利用学生的专业背景，激发和建立与之吻合的专业领域学习风格和技巧（Dudley-Evans & St John，1998）。仍以国际学术交流英语为例，笔者在指导以工科为背景的××大学研究生用英语进行国际学术期刊写作中，基于体裁分析中的语步框架（Swales & Feak，1994）引导学生如何撰写前言、文献综述，如何将图表归纳总结为文字信息，如何有逻辑地阐述自己的观点。这些引导不仅仅采用讲授形式，更多的是学生必须把自己相关专业的国际学术期刊论文或者自己的论文初稿带到课堂中，分小组进行比较和总结，找出符合语言逻辑特点的论文各部分框架，再基于语料库引导学生自己进行归纳总结，最后学生提交论文各部分内容。教师在课上更多扮演评价者和引导者角色，而学生更多的时候是计划确定者和论文撰写执行者。正如学生 B 所说：在这门课程中，“我从来都不敢开小差，因为从头到尾我都在做事情，如根据自己相关专业期刊论文框架用英语模拟撰写某部分框架，或者和同学讨论国际期刊论文样章，老师在教室里来回走动，时而参与我们的讨论，时而提供/解释任务的重点，对我们要完成的任务起到了引导、鼓励和评价的作用”（访谈录音，2015 年 6 月）。

4. 课程评估

评估课程是为了更好地适应学习的需求，这也回到笔者前面所提出的基于需求分析的以学习为中心的教学理念。需求分析之一就来自课程评估。

专门用途英语与通用英语的另一个不同在于根据课程评估对后续的课程设计进行不断调整，专门用途英语课程设计是动态的、多变的以及灵活的（Hutchinson & Waters，1987）。每一门课程都需要评估，这是其特色之一。课程评估可分为学生对课程的评估（课前、课中和课后的评估）、教师对所教课程的评估（教学计划、安排、学生评价）、教学管理部门的评估、教务处对改革后的教学管理进行质量评估等。

对课程的评价还来自学生学完后的对所学内容掌握情况的评估。可以是学生对课程的评价，更重要的是考试成绩，可以从历时（看学生课前与课后的变化）和共时（看不同班级用不同教学手段的对比试验）的角度进行对比。专门用途英语课程考试形式也重在学习过程而不仅仅是看结果。以国际学术交流英语为例，考试采用了集过程与终结性评价为一体的评价方式。学生的最终成绩由如下几部分组成：到课率（10%）、课堂参与（15%）、家庭作业（15%）、以小组为单位召开一场模拟国际会议（30%）以及提交一篇相关学科国际期刊论文或者相关学科文献综述报告（30%）。在整个评价过程中，学生均知晓评价方式，且在召开模拟会议中，根据事先制定好的打分标准，学生同时与教师一起参与评价每一个学生（自己小组除外）的演讲。

第2章

国外专门用途英语教学与研究

本章首先回顾了国外早期的专门用途英语教学与研究，然后从历时与共时的角度探讨了 30 年间（1981—2011）国外专门用途英语教学与研究的发展趋势。

2.1　专门用途英语发展历程

专门用途英语始于第二次世界大战以后的英国和美国，随后在全球范围内发展起来。第二次世界大战期间，由于当时战争的需要，英美两国开设了外语速成课程，培养特定领域的翻译人才。20 世纪五六十年代，现代科学技术的发展促进了学术与行业的快速发展，相关国际交流逐渐增多。英语作为国际通用语言，在国际事务中，如在国际政治、经济、科学、技术、文化和外交等领域，变得愈发重要。与此同时交际问题也随之产生，所以语言学家们开始关注专门用途英语研究。对于母语不是英语的国家而言，想要从西方国家引进先进的科学技术和管理，语言不通成了很大问题。正是由于各种因素的相互影响，在 20 世纪 60 年代，产生了把专门用途英语发展为一门学科的需求和热情，人们越来越热衷于研究专门用途英语理论、教材和教学之间的关系。专门用途英语是通过科学和技术写作中语法的语域分析领域所做的研究而得以发展的。

Hutchinson 和 Waters（1987）在梳理专门用途英语教学与研究的发展时认为，专门用途英语已经历了五个阶段：语域分析（register analysis）、修辞/语篇分析（discourse analysis）、需求分析（needs analysis）[目标情境分析（target situation analysis）]、技巧与策略（skills and strategies）和以学习为中心的方法（a learning-centred approach）。

2.1.1　语域分析

语域分析理论起始于 20 世纪 60 年代初，主要探讨科技英语的语法和词汇方面的特点，其目的是找出特殊语域（如物理）与其他领域（机械）在语法和词汇方面的特点。Swales（1998）认为，尽管科技写作的语法与通用英语语法一样，只是某些语法和词汇在某一场景使用更加频繁。以被动语态为例，科技英语中被动语态的使用比通用英语要频繁得多，但仍没有主动语态使用的频率高。再如，"consists of" "contains" "enables" "acts as" 这样的词出现在学术写作中的可能性比在通用语篇中大。

Herbert（1965）首次基于语域分析，编写了教科书《技术英语结构》（*The Structure of Technical English*），以帮助学生掌握科技写作中使用的特殊句法结构和语言常规，从而帮助学生提高阅读相关专业所需文献的能力。Swales（1985）认为，这部教材所涵盖的语言知识面是值得借鉴的，但是作为课堂中使用的教科书，却还有许多不足之处，例如，所选文章不仅难懂而且缺乏真实性，所附的图表不太具有说服力。其中，最糟糕的是练习重复且缺乏灵活性。

语域分析影响下的教科书都遵循一个相似的模式，即每一章以一篇长的专业阅读文章开始，而每一单元似乎又是标准的学术英语练习，这些练习可能是通用英语，略加一些具体专业的阅读文章而已。由于基于语域分析的教材有这些明显的不足之处，从事语言教学与研究工作的学者不断进行调整，这使得专门用途英语进入了另一重要的阶段：修辞或语篇分析。

2.1.2　修辞/语篇分析

修辞或语篇分析是专门用途英语发展的第二阶段。语域分析对语言的研究重心放在句子层面，而语篇分析却将重点转向超出句子范围之外的方面。语篇分析的目的是找出语篇的组织模式并确定其所标示的语言意义，其代表人物是英国的 Widdowson 和"华盛顿学派"的 Selinker、Trimble、Lackstrom 等。

较早对语篇进行分析的人当属 Lackstrom、Selinker 和 Trimble。Trimble（1985）认为，修辞是作者用来创作一篇满意之作的过程。她强调，科技英语文章所关注的是事实、假设和种类等信息的陈述或阐述。她提出：作者组织一篇文章需要四个层面的修辞：第一层面为整个语篇的目的；第二层面为普通的修辞学功能，帮助第一层面达到目的；第三层面为具体的修辞学功能，逐渐形成普通修辞功能；第四层面为修辞技巧，提供形成第三层面所需的关系。这样就产生了把语言形式和语言使用联系起来的想法，并且使用与语篇分析相关的标准来选择专门用途英语教材。由于20世纪70年代初期开始从事专门用途英语工作的人越来越多，专门用途英语教学设计理念开始思考语言使用，如Widdowson（1983）认为在专门用途英语教学中，应注重对语言的使用，这比形式更重要，即 Widdowson 所说的"用法"。所以，语言交际作为专门用途英语的基础教学方法，有着极其重要的意义。

"The Focus Series"是一套把Widdowson（1983）观点变成实践的系列丛书。这套丛书不仅强调科技和学术写作的主要功能，即定义法、分类法、描写法和假定法，这些属于 Trimble（1985）提到的第三层面，而且强调语言形式的连贯性。在伊朗的大布里士（Tabriz）大学编写的 Nucleus 系列丛书"The Nucleus Series"深受Widdowson（1983）的观点和相关的半科技词汇的影响，它注重描写修辞功能，并介绍了与科技相关的几种主要观点，即意念的半科技词汇（Wilkins，1976），这套书强调的是 Trimble（1985）的第四层面，注重结构的描写。

在专业书中，载体内容与学科密切相关。在具体的课程中注重的却是听力训练。更有甚者，核心课程与具体课程的练习只注重口语和书面语的训练，几乎没有以训练特殊学习技巧为目的的练习，而有关学习技巧训练的具体工作成为20世纪70年代末学术英语领域内的一个重要焦点。

2.1.3 需求分析

继修辞/语篇分析之后，专门用途英语领域的学者开始关注需求分析（needs analysis），这也是我们通常认为的专门用途英语经历的第三阶段。需求分析将语言分析与学习者的目的紧密结合起来，如某一门专门用途英语课程的目的是让学生在某一目标情境中恰当地运用语言。因此专门用途英语的课程设计就应该首先确定目标情境，然后对该情境的语言特色做出透彻的分析。需求分析的代表人物为 John Munby（1978），他从交际目的、交际环境、交际手段、语言技巧、语言功用、语言结构等方面对学生的需求进行了深刻的阐述。

20世纪70年代末到80年代早期专门用途英语处于巩固阶段。70年代初期，主要是对专门用途英语寻得资格认可。许多文章，尤其是 Strevens（1971）、Jordan 和 Mackay（1973）的文章对此表示了极大的关注。当时的一个问题是为学生工作或学习所需开设的英语课程中，专门用途英语课程是否比通用英语课程更有效，这取决于课程和教材。当时的相关专门用途英语项目讨论对专门用途英语教学理念的有效性提供了具体的实证，但专门用途英语课程的可行性研究几乎没有具体实验可依据。

在 20 世纪 70 年代末和 80 年代初，人们对 Munby（1978）的需求分析模式进行了充分的讨论。虽然很难辨认这一模式的特征，它对专门用途英语几乎没有直接的影响，但是这一模式的问世却表明了"专门用途英语时代"的到来。

Hutchinson 和 Waters（1987）在其经典著作 *English for Specific Purposes: A Learning-centred Approach* 中论述了需求分析，他们把需求分析分为了目标情境分析（target situation analysis）和学习需求分析（learning needs analysis）。他们认为专门用途英语课程教学需要了解目标情境需求和学习需求，需求可以分为"缺乏"（lacks，即学生所欠缺的相关语言知识和技能）、"必需"（necessities，即目标情境中需要学生掌握的语言技能和知识）、"向往"（wants，即学生缺乏某些语言技能和知识，应目标情境所要求，课程设计者必须让学生掌握这些必学知识和技能）。但真实情况是学生自己还有自己的偏爱，希望学习自己感兴趣的语言知识和技能，如一位机械专业的大学生在学习英语课程之前语言交际能力不足，尤其在运用英语进行专业交际的时候缺少技能培训，但毕业以后，用人单位（社会需求）需要他运用英语读懂与机械相关的文献，或者需要他以口头或者邮件（笔头）方式与他国合作者进行沟通（必需），但由于这位学生计划在几年后出国，更想通过语言课程帮助他通过雅思或者托福考试，这就是"向往"。专门用途英语课程非常强调需求分析，每门课程在设计前、开课中以及结课后均需要进行需求分析和跟踪调查，课程设计者不仅仅要了解学生当时的目标需求，更需要了解学习过程中不断变化的各种需求。这也是专门用途英语课程与通用英语教学的最大不同之处。

2.1.4　技巧与策略

技巧与策略（skills and strategies）是专门用途英语发展的第四阶段，其重心是隐含于语言运用之中的思维过程。这一阶段的语言学家认为任何语言的运用都有思维和解释过程，语言运用应放在深层的解释策略上，而不是放在语言的表层形式上。这似乎与笔者前面所讨论过的语言教学相一致，技巧与策略阶段由功能/意念材料自然发展而产生，重在技巧与交际。需求分析的发展（与技巧方法的发展并行的一种趋势）在已知情境的四种技巧（听说读写）中被认为是优先考虑的一个因素。在许多情况下（尤其是在教学媒介不是英语的地方，如拉丁美洲）就意味着教学只关注阅读技巧。教学还可能涉及另外一种情况，为专门语境而特设课程，比如在英国为从事学术课程的各国学生而开设的听力课程，为跨国公司雇用的工程师而开设的写作课程，或为各国学生撰写研究生论文而开设的写作课程。

这些技巧型课程必须遵循的主要原则是，语言教学仅使那些大学生、商人或见习工程师具备解决问题的能力是不够的，因为除了语言教学之外，还必须指明语言使用中所包含的思维过程（Williams，Swales & Kirkman，1984）。

技巧是通过运用通用载体内容而加以传授的，因此，所选择的阅读或听力文章必须具有共核性，教师应选择学生感兴趣的真实材料加以讲授。基于技巧与策略的教材通常从关注功能和意念转向语篇，尤其是如何判断作者对所讨论主题的态度。

2.1.5 以学习为中心的方法

专门用途英语的第五阶段在 Hutchinson 和 Waters（1987）看来是专门用途英语发展的现阶段，即以学习为中心的方法。他们认为前四个阶段都具有根本性的缺陷，它们所依据的都是对语言使用的描写，而 Hutchinson 和 Waters 认为专门用途英语所关注的不是语言的使用，而是语言学习，专门用途英语中真正有效的方法必须建立在语言学习过程的理解之上。

Hutchinson 和 Waters（1987）提出，过去专门用途英语过多地关注最终成品，对在学生达到最终理想的过程中所需的学习技巧几乎视而不见。他们认为，专门用途英语课程教学应关注“目的行为——最终产品——基本技能”。基本技能包括要熟悉半科技和口语语言和学术性描述中经常使用的各种比喻，如水泵和循环系统，另外还要熟悉对外行人而言的“专业技巧”，即汽车、水循环、家庭用电和家用电器工作原理等。

在 Hutchinson 和 Waters（1987年）出版的著作《专门用途英语——“以学习为中心”理念》（English for Specific Purposes：A Learning-Centred Approach）中，充分考虑学习过程和学生的学习动机，而且要正确无误地了解学生达到最终目标的需求。这样，学生也许只需阅读他们领域中的文章，口语练习也可促成这一目标的实现。同样，在阅读一篇文章时，如果老师为学生大声朗读文章，而学生同时又能跟上老师的朗读速度，这将帮助学生理解文章。尽管听一篇朗读文章可能不是专业学生中所需要的一种技巧，但是跟随本族语使用者清晰朗读文章这一过程，不仅能帮助学生理解主要和次要观点，而且能帮助学生把这两种观点结合起来。

以学习为中心的教学思路的另一方面，就是让学生从他们专业学习或工作经验中获得一定的学习技巧，而且在专门用途英语课堂中能被运用。Johns 和 Davies（1983）进一步完善了这一观点。这一阶段的讨论主张把以课文为基础的教学思路当作"一种获取信息的工具"，而不是"一种语言目的"，而且这一思路是基于对文章主题类型的分析。Johns 和 Davies（1983：1）提出了基于小组讨论的方法。在小组讨论中，学生从上下文中获得意思。这种问题解决法反映了学生进行独立阅读并试图领会文章含义这一真实情境，反映了"真实生活"这一特征。

此外，以学习为中心的教学理念考虑到不同学生具有不同学习方式这一事实，在小组讨论以及问题解决法中也考虑了这些不同之处。以 Hutchinson 和 Waters（1984）编写的教材 *Interface: English for Technical Communication* 为例，为了便于读者理解，该书每一单元的开篇都提供了上下文，这样学生对该单元的主题或载体内容就会有所感应，并能顺着其思路走入语境中，从而增强学习的兴趣。再如，在阅读理解题中，鼓励学生自己运用其专业及积累的常识进行思考。最后，把主题与语言融合在一起，让学生把书面信息转换为口头陈述。

在专门用途英语教学与研究发展过程中，存在极大争论的一个问题就是如何帮助学生提高输入性技能，换句话说，就是如何将专门用途英语教学运用于阅读和听力文章教学中，即是否使用来自真实阅读或者听力的文章，很多专门用途英语文章，最初不是为语言教学编写的。有人早已发现，文章的真实性并不能保障其相关性，而且只要文章以现实世界中的存在方式被使用，那么文章就是真实的。换句话说，目的的真实性和文章的真实性同样重要。

但在目前的教科书中，文章的观点取自专业领域，但这些文章要么被简化，要么被进行了专门改编。Phillips 和 Shettlesworth（1978）提出，学生需要阅读真实的文章，并提出要培养学生阅读原文的策略，尤其是培养学生阅读那些既长又难文章的策略，使他们在学习技巧的训练中能形成具有独立性的学习能力。那些被专门用途英语教师简化或改写的文章，被看作是对学生的一种误导。Hutchinson 和 Waters（1984）则认为，帮助学生获得阅读技巧与策略，反映的是学习过程，而不一定非要使用目的情境的真实性文章。

真实性的另一个重要方面，就是专门用途英语课堂中所使用的文章的难易度问题。虽然为刚开始学习科学的在校大学生选择一些有关科学话题的原文文章遵循了真实性原则，但对于刚踏入大学的学生而言却不是真实的，因为原文对他们当前阶段来说太难，学生们不能运用这样难度的原文来巩固或补充他们正在学习的相关课程内容。学生在课程学习中，是否真正地理解了这些根据文章内容而设置的任务，如通过在文章中寻找相关句子，让学生对阅读理解题给出答案的任务是不真实的且不切实际的，但是运用某种任务形式让学生使用文章的信息去解决问题的任务却是真实的，是生活中可能发生的。因此，需求分析过程的某些环节，旨在找出学生如何使用不同的资料，使专门用途英语课堂中的任务反映现实生活中所发生的事情。

尽管语域分析、修辞/语篇分析、需求分析、以技巧与策略为中心的方法和以学习为中心的方法都在专门用途英语中占有一席之地。但是与以往一样，目前专门用途英语领域中没有一种方法占支配地位。正如英语语言教学的其他分支和人类其他许多活动一样，现在专门用途英语容纳了许多不同的方法，并且积极地把不同种类的材料和方法融合在一起。如果说早期专门用途英语教师的使命感较低的话，那么现在人们普遍认同专门用途英语在英语语言教学中所起的作用，以及其在应用语言学课程中的牢固地位，认为专门用途英语有其独特性。

书面和口头的语篇材料编写和课文分析在专门用途英语中都占有主导地位，尤其在 Swales（1990）的 *Genre Analysis: English in Academic and Research Settings* 的影响下，口头和书面语篇的分析早已在专门用途英语中担任了一个重要角色。语篇分析是一种与学术英语、商务英语和其他更小分支的专门用途英语（如法律英语）相关的分析方法，而语域分析是由 Barber（1962）提出的对具体语篇进行语法特征分析的方法。随着计算机时代的到来和语篇分析观点的发展，把计算机分析尤其是程序使用中出现的定量数据与语篇特征结合起来成了可能，这将赋予语域分析更广泛的意义。笔者认为，专门用途英语不仅要充分利用应用语言学之外的其他学科，还要密切关注语言学的动向。

专门用途英语教学的一个重要分支——商务英语的出现是一个主要变化。科技英语在早期专门用途英语中占有主导地位，这在 Swales（1985）的《专门用途英语主要事件文集：科技英语发展的来源及参考书》（*Episodes in ESP: A Source and Reference Book on the Development of English for Science and Technology*）中可以看出。早期专门用途英语实际上就是科技英语。然而，正如 Dudley-Evans 和 St John（1998）指出的，专门用途英语发展的最大领域当属商务英语，而且随着各国参加商务、金融、会计和银行硕士课程班的学生数量不断增加，学术性商务英语开始成为学术英语中一个更为重要的领域。专门用途英语中的各种不同教学方式发生了有趣的变化。一方面，英语无论是作为主要还是次要教学手段的大学，其学术英语的情况发生变化。另一方面，学术英语的教学法和商务英语教学法之间饶有趣味的变化使专门用途英语教学也呈现出多样性。所有这些都被看作是专门用途英语的一部分，但是正是这些不同情境本身所具有的局限性产生了教材和教学方法的多样性。

2.2　早期专门用途英语教学与研究

在专门用途英语发展的早期，专门用途英语教师主要针对特定的专门用途英语项目进行教学，如 Jordan 和 Matthews（1978）对海外留学生参加曼彻斯特大学为期两个月的研究生课程学习进行了阐述，对海外留学生听力理解及写作方面的需求及障碍进行调查，以此来寻找合适的教学材料，以能够灵活地运用英语来达到各自领域的课程目标；留学生参加了课前英语集训，以在短时间内更好地运用第二语言来获得专业知识。Jordan 和 Matthews（1978）所介绍的课程主要内容如下：课程介绍；留学生的语言需求；听力理解及记笔记；学术写作。Jordan 和 Matthews（1978）在研究中还阐述了在教学设计中遇到的问题。首先是教材的主题选择，因为各学生的专业不同，所以教材不能按照某一个方向而定，同时也不选择与文化相关的材料，原因是这一类材料只是陈述现象或者事实，而没有表达观点，这与真实的讲座是不同的。综上，教材的选择应该是动态和灵活的，是基于学生的自身英语能力及专业需求的。第二个问题与记笔记有关，如记笔记的符号，每个记笔记的人都有自己独特的系统，这样就造成了笔记符号不统一，易造成混乱。第三个问题是听力练习的大纲提示词常采用真实词的转写形式，即出现的不是原单词，这在一定程度上也造成了混乱。第四个问题是尽管学生知道讲座的框架，但是已编写好的听力材料具有高度的信息集中性，缺少讲座的自然话语。

以上例子可以体现专门用途英语早期课程设计者的教学理念，课程设计者通过了解海外留学生在学习专业知识时所需要的英语能力、在英语学习中会遇到的困难，进而设计符合短时间教学目标的教学材料，以满足不同英语能力学生的学习需要，帮助他们更好地完成自己的学业。这个例子为目前我们大学英语提倡学术英语教学提供了范例和思考。

Phillips 和 Shettlesworth（1978）就教师与学生在课堂上的关系以及传统课堂教学材料存在的问题进行简述，并且提出在短时间内，提高学生能力的教学材料应来自真实的源文本。该篇文章分为五个部分：教学材料与课堂语篇、专门用途英语教材设计的问题、源文本、获得源文本的两种方法、课堂组织。文章通过分析比较传统的教材与源文本，提出源文本作为教材更高效且更经济，因为要在短期内编写传统教材既费时间且不容易实现。这也为目前我们如何选择材料提供了范例。这个案例给了我们一个启示，专门用途英语与通用英语一个很大的不同在于课程设计与教材选择的灵活性，这也是中国大学英语可以借鉴的。

另一篇文章来自 Chamberlain 和 Flanagan（1978），他们就专门用途英语灵活课程设计的发展进行了探讨，并倡导使用出版教材与校本 DIY（do it by yourself）教材相结合的方法，认为发给学生过多的材料可能导致教学效果不好，文章还提出应适当加入视听教材。这个案例告诉我们教学材料的多样性与适切性的重要性，尤其是关于统一教材的弊端，统一教材限制了教师们因材施教的手脚，也会影响学习效果。

Jones（1978）在英国文化协会为医学之外的其他专业学生学习而资助的项目中，介绍了项目实验程序这个与医学相关的基础课程，认为课程不仅可以运用到医学项目中，也可以运用到其他学科领域。与相关学科的合作（实验室及实验材料、仪器的获得，以及科学家的帮助），是课程得以顺利进行的重要因素。

King（1978）对医学学生的 CSE（一个医学项目）英语课程设置及科学与语言的两难之境进行了剖析，该文认为课程对一年级医学学生的语言及专业课时有规定，从规定中可以看出语言学习存在课时减少的趋势，而科学讲座及实验存在课时增加的趋势。这一点并不适用于所有院系，如机械专业就没有在课程中增加科学专业的学习课时，CSE 课程也是根据学科的实际情况来改变的。该课程的范例解决了目前中国大学英语教师非常担心的问题，即虽然语言教师不能在科学专业知识上给予学生指导，但是却可以分析学生在写作及口语表达时的语言结构。学生的写作课程包括了不同的输入内容，包括实验、图表、影像资料等，学生的输出内容也各不相同，那么教师可以选择性地分析学生的输出内容，如分析学生在输入相同内容的前提下其输出内容的语言结构，可以分析句子的主谓一致性、动词的主动和被动态、名词化及复杂的名词短语的表达、方位名词的表示等。

在课程评估上，Greenall（1978）提出评判课程成功的标准有两个，其一是学生个人的成功，其二是材料的成功。因此，在设计科技写作材料时要注意教材的编写顺序主要与语言复杂度有关，所以每个单元的内容是独立的，没有排序，但是后面为了和增加语言难度保持一致，也会增加科学内容的难度。他认为课程的目的是让学生能够产出语言，而不是单纯地记忆和机械地使用语言。

早期的专门用途英语课程对计算机辅助教学这一领域有所探讨，如 Cleary（1978）探讨了录像资料如何在课堂上使用，以及不同的录像如何关联；但受计算机技术及网络所限，探讨也有限。虽然由于时代的变迁，录像带早已被多媒体等技术取代，但对其的思考对今天也具有较大的现实意义。

从早期专门用途英语的实施与运用可以看出，专门用途英语主要就是为那些即将从事科学研究的人群而设置的，满足的是他们实际工作的需求。这对目前中国的大学英语的课程设计、教材编写及教学法运用均有一定的启示作用。

有关早期专门用途英语的理论与实践，在 Swales 的专著 *Episodes in ESP: A Source and Reference Book on the Development of English for Science and Technology*（1985）所选文章和材料中得以体现。这本书对专门用途英语的历史追溯到 1981 年，包括主要发表的论文和教学材料，每一篇文章或教科书中包含一段范例。对这些范例中理论和实践平衡的分析表明，其中的 6 个范例对教学形势和材料进行描写，5 个对理论和语言分析进行了讨论，4 个提供了教科书中的摘录。这说明专门用途英语就其历史发展的某些方面运用了较多的应用语言学理论成果。专门用途英语在需求分析和教材制作方面也加入了理论元素，在这一方面优先于应用语言学。

小节 2.3 通过历时与共时研究，探讨国外专门用途英语的发展与研究，以及专门用途英语在各阶段的发展与研究重心。

2.3　国外专门用途英语历时与共时研究①

随着社会的发展及世界经济格局的变化，国内外专家学者以及语言教师

① 本部分已发论文“国外 ESP 研究回顾与展望（1981—2011）”，《中国 ESP 研究》2017 年第 1 期。

愈发重视专门用途英语研究：Salager-Meyer（1999）收集了1910—1995年发表于英美两国34种医学期刊上的文献并对其进行了历时研究；随后Salager-Meyer、Ariza和Zambrano（2003）再次分析了1930—1995年医学英语修辞在西班牙、法国和英国的跨文化差异；Holmes和Celani（2006）也运用历时研究探讨了1980—2005年西班牙语的专门用途英语项目。

本节将从历时和共时角度对国外专门用途英语研究的发展进行探讨，收集国外专门用途英语专业领域的英文期刊中有关专门用途英语研究的期刊文章共1509篇，通过定性分析方法发现，国外这30年间，专门用途英语研究从研究方法、语料库研究，基于语言学理论，尤其是体裁分析、系统功能语言学等理论进行学术语类及其语言研究的占主要部分。其次，语言教学、课程设置、需求分析方面的实证研究也很丰富。

2.3.1 专门用途英语研究方法

专门用途英语首先兴起于20 世纪60年代的英国和美国，在国外雄厚的经济基础支持下，定量分析备受推崇。定量分析方法主要被应用于实验教学设计。使用统计知识描述和推断可确保研究的可靠性和有效性。此外，语料库的发展和计算机的广泛应用也推动了词频研究。但定量研究存在一定的局限性，不能充分解释研究现象。因此，20 世纪 80 年代国外专门用途英语研究开始把重点放在定性分析方法上。1981—1985 年，国外定性研究（61.40%)超过了定量研究（7.02%)（见表 2.1）。此外，通过回顾专门用途英语研究的发展历史，得知它经历了语域分析、修辞/话语分析和目标情境分析阶段。在这些阶段，定性分析在国外十分流行，特别是在话语分析和文本分析方面。定性分析对专门用途英语体裁分析也至关重要。

表 2.1　专门用途英语期刊文章研究范式

时间	研究范式	
	定量研究（%）	定性研究（%）
1981—1985	7.02	61.40
1986—1990	13.58	46.91
1991—1995	12.16	64.86
1996—2000	29.79	87.23
2001—2005	47.34	82.25
2006—2010	39.62	85.28
2011	22.39	94.03

2.3.2 语料库研究

随着第三次信息技术革命的到来，语言学研究已步入信息时代。语料库分析为专门用途英语各个方面的研究提供了强有力的证据，譬如体裁分析、语篇分析以及词频研究等。在专门用途英语语料库中检索语言实例可以反映一种专门语言的特点和研究发展趋势，可以支持某种理论或者为其提供科学依据（陈明瑶，2000）。专门用途英语文本语料库的建立也为专门用途英语教师和学生提供有用的学习和研究资源（秦秀白，2003）。

从历时的角度来看，1981—1995 年，国外对于专门用途英语语料库研究都比较少，1981—2011 年专门用途英语语料库研究呈上升趋势。更重要的是，在语料库选取方面，国外专门用途英语语料库研究更倾向于对专门语料库的研究，如学术词汇表（Academic Word List，AWL）和英国国家语料库（British National Corpus，BNC）等。

2.3.3 体裁分析

Swales（1990）的著作 *Genre Analysis: English in Academic and Research Settings* 的问世标志着体裁分析专门用途英语学派的成立。作为体裁分析专门用途英语学派的主要代表之一，Swales 从体裁的角度分析学术语篇（如研究论文和摘要）。之后，基于 Swales（1990）的体裁分析理论，Bhatia（1993）通过对不同学科领域系列的研究，如学术语篇、慈善捐赠话语、促销信和法律英语，拓宽了体裁分析运用于专门用途英语学科领域的研究范围。随着体裁分析在专门用途英语领域的发展和应用，众多学者运用体裁分析理论对不同的专门用途英语风格展开了深入的讨论和分析。1986—1990 年，国外专门用途英语体裁分析研究兴起且发展势头极为迅猛。2011 年，国外关于专门用途英语体裁分析的文献有 21 篇，几乎是国外学者在 1996—2000 年发表的该类文献的总数。值得注意的是，在这些文章中，国外专门用途英语体裁分析的重点是学术英语。除了语步分析，国外专门用途英语研究还关注体裁互文性（Pecorari，2006；Hyon，2008），这是一个新的研究趋势。

2.3.4 专门用途英语教学方法

教学是永恒的主题，1981—2011 年，44.8%的国外期刊论文均与教学实践研究相关，尤以基于需求分析的专门用途英语课程设计研究及教学评估方面的研究居多。

2.3.5 专门用途英语各分支学科研究

专门用途英语学科研究于 1981—2011 年发现了五个共同学科研究。分别是商务英语、法律英语、大众传媒英语（EMM）、医学英语和科技英语。首先，中外商务英语及科技英语研究稳定发展。其次，无论英语作为第一语言还是第二语言，专门用途英语都广泛应用于商务活动。因此，国外商务英语研究在专门用途英语学科研究中占据了主导地位（表 2.2）。在国外，商务英语研究发展略迟于科技英语研究，因为科技英语是专门用途英语研究领域第一个发展最为活跃的学科（文军，2001）。直到 20 世纪 80 年代，商务英语成为另一个热门的学科。

表 2.2 国外 8 学科领域专门用途英语研究的文章和著作数量

时间	商务英语	科技英语	医学英语	法律英语	大众传媒英语	工程师英语	生物英语	化工英语
1981—1985	5	11	5	—	—	2	3	1
1986—1990	10	9	2	3	—	2	2	2
1991—1995	3	14	7	2	2	5	—	2
1996—2000	23	5	9	2	—	1	1	—
2001—2005	34	11	5	4	1	1	3	1
2006—2010	34	6	25	6	3	19	5	2
2011	15	2	2	1	1	5	1	—

上文提及的 8 种学科，后 3 种是工程师英语、生物英语和化工英语，这三者都属于自然科学英语研究，国外专门用途英语学科研究很强调自然科学英语。

第 3 章

中国专门用途英语的起源与发展

20 世纪 70 年代末 80 年代初，国内语言学者开始关注专门用途英语教学与研究，尤其是在中国的英语教育领域。中国专门用途英语研究的发展得益于三个因素。首先是语言学研究成果为专门用途英语奠定了理论基础。随着社会语言学的兴起，语言的社会属性和交际功能已得到证实。于是，社会语言学家开始注重英语在实际交流中的应用，认为在不同的场合和专业领域，语言运用是不同的。同时应用语言学的交际理论推动了专门用途英语教学的发展，交际教学理论强调把交际与教学实践相结合，强调语言的应用及将课堂作为培养学生交际能力的语言场所（陈融，1985），这正符合专门用途英语教学要求具有的明确交际目的。其次，教育心理学的发展，特别是其注重学生的发展与需求，更符合专门用途英语课程教学理念。在教育心理学中，个人需求和兴趣是学习动机，学生的学习态度和动机在很大程度上影响其学习效率。再次，也是最重要的因素，即社会发展的需要，尤其是在国际交流中科学和技术发展的需要。对于母语不是英语的国家而言，想要从西方国家引进先进的科学技术和管理经验，语言不通成了很大问题。因此，以中国为代表的发展中国家，从 20 世纪 80 年代起，也开始注重培养不仅懂英语而且具备特定的专业技术知识的复合型人才。然而，由于历史的原因，传统的教学理念很难跟上国家与社会快速发展的节奏，因此国内语言学专家以及教师开始关注专门用途英语教学与研究（邓海，1992）。

3.1 中国大学英语教学起始与发展简述

由于历史的原因，中华人民共和国成立以后的中国大学外语教学以俄语为主，但英语并没有被忽略。1978 年后，因为世界经济的发展以及中国对外开放的政策，大学英语成为必修课。

3.1.1 20 世纪 80 年代大学英语课程与教材

恢复高考制度后，大学英语教师大多来自俄语专业，英语语音和语言基础都很薄弱，且多数外语教师临近退休年龄，英语教师紧缺，国家迫切需要一批年轻的英语教师填补这个断层。很多高校在 1978 年大学录取结束后，增补了高校英语师资班。当时高考中的英语科目不计入高考成绩，仅仅作为参考分数，因此，进入英语师资班的学生基本为零起点。

20 世纪 80 年代初，大学英语课程一般从最基础的音标开始学习，许国璋 1963 年主编的《英语》作为主要教材，该教材历经几十年而不衰，为国内外所罕见。当时的语言教学受乔姆斯基的转换生成语法（transformational-generative grammar）和索绪尔的结构主义语言学（structurist linguistics）的影响（彭漪涟、马钦荣，2004）；也因为很多英语教师从教俄语转为教英语，他们均采用自下而上（bottom-up）的阅读教学模式，强调从字、词、句入手，逐字逐句帮助学生剖析原文，这在当时对英语基础几乎为零的大学生来讲很有帮助。桂诗春教授认为该教材之所以能历久不衰，是因为它抓住了两个特点：一是结合我国实际，二是适合成年人自学。

另一本教材是《英语九百句：汉译注释》，成为当时深受大家欢迎的口语教材，受桑代克行为主义（behaviourism）（林崇德，2003）的影响，《英语九百句：汉译注释》提供了大量日常用句。内容以日常生活为背景，介绍了美国生活中的风土人情。围绕这些句子，兼以“会话”“动词研习”“阅读练习”“问与答”“阅读”“参与练习”等栏目，让学生操练句型。由于《英语九百句：汉译注释》的语言很规范，注重口语训练，容易上口；此外，学生完成练习后，可以掌握英语的基础词汇和语句构造，从而能够熟练地进行日常会话，因此深得师生欢迎。

L. G. Alexander 主编的教材《新概念英语》（*New Concept English*）于 1985 年被引进到中国便风靡一时。该教材基于情境式教学理念，在情境中学习语法，并在新的内容中循环复习已学的语法，以让学生达到复习目的。另外，《新概念英语》重视语言学习规律，从语言学习伊始就注重培养学生的语言技能，且课文幽默有趣，让学习感觉像是在聆听别人的故事。教材所涉题材广泛，文章长度适中，内容朗朗上口。

除了这几本有名且被广泛使用的教材外，其他教材均遵循传统模式，正如左桂春（2009）在对我国的教材变革的研究中发现，1979—1985 年的英语教材基本上遵循传统模式，即以课文为中心，以语法为纲要。到了 20 世纪 80 年代后期，中国大学英语界开始酝酿出版自己编撰，或者与国外出版社联合编撰的适合中国大学生的大学英语教材，如与英国麦克米伦（Macmillan）出版公司合作的大学英语教材《现代英语》等。很多教材均根据《大学英语教学大纲》（后改为《大学英语课程要求》）与四、六级考试要求进行编写，大学英语开始如火如荼地朝前推进。可以这样说，若没有大学英语的推动，中国普遍的英语水平达不到目前的水平。

3.1.2　大学英语教学大纲

随着国家的四个现代化不断深入，国家对人才的需求显得格外紧迫，大学英语也成为一门火热的必修课程，尤其在高校，为学生与高校教师提供的各种出国进修或者出国攻读学位机会越来越多。于是，业界专家意识到，制订一套科学的大学英语教学大纲来指导高校英语教学是非常重要的。1980 年制定的《大学英语教学大纲》，是供高等学校理工科本科四年制使用的第一个正式大纲。该大纲首次以政府文件形式让英语在高等教育中有了非常重要的地位，提出了国家对高校公共英语课程的统一要求。但由于当时的研究人员迫切需要了解国外相关学科，需要阅读国际期刊文献，而 1980 版教学大纲不能满足其要求。1982 年开始，在教育部直接指导下，经过 2 年的努力，于 1984 年将 1980 年制定的《大学英语教学大纲》进行了修订（陆慈，1985）。之后在 1985—1986 年，专家分别对高等学校理工科本科用以及文理工科均可用的两份《大学英语教学大纲》进行了修订，该版本更加强调阅读理解的重要性。《大学英语教学大纲》（1985）出台后，国家教育委员会在印发《大学英语教学大纲》（【（85）教高一字 004 号】）的通知中提出，大纲执行两年后，要对学生进行标准化考试。根据大纲的教学目的，四、六级考试大纲的设计旨在考核学生对语言知识的掌握以及应用语言的能力。《大学英语教学大纲》（【（85）教高一字 004 号】）的制定和执行，推动了大学英语四、六级考试的实施，大学英语也因此受到社会的重视，最突出的就是用人单位也将四、六级考试证书作为考核人才的标准。

随着中国改革开放的不断深入，国家对英语的要求也越来越高，由于《大学英语教学大纲》（【（85）教高一字 004 号】）对英语知识的强调更多，导致在实际教学中只重视语言形式而忽略了交际能力的培养。此外，高校片面强调通过率，从而忽略了对“说”的能力的重视，因此被社会诟病，国家教育委员会组织专家于 1999 年对《大学英语教学大纲》进行了再修订，该大纲首次把四级定为全国各类高校需达到的基本要求。然而，统一的《大学英语教学大纲》实施后，四、六级考试全国通过率并不理想，且大学生的英语能力仍然令人担忧。此外，中考与高考，甚至四、六级考试均带有应试教育的弊端，这导致学生实际的语言运用能力较弱。因此，2004 年教育部又颁布了经过专家论证后的《大学英语课程教学要求》（试行）。2004 版本的最大特点就是突出了听说能力的培养，首次提出大学英语的教学目标是培养学生英语综合应用能力，特别是听说能力。与 1999 年的大纲还有一个不同，2004 年颁布的课程教学要求没有将四、六级考试列入基本要求，强调教学是第一位的，语言测试为教学服务。

尽管大学英语教学大纲随着国家与社会的需求在被不断修改，但还是受到社会许多抨击，2014 年的《国务院关于深化考试招生制度改革的实施意见》中明确提出了要加强外语能力测评体系建设。经过业界专家几年的共同努力，2018 年《中国英语能力等级量表》由教育部、国家语言文字工作委员会发布，并宣布于 2018 年 6 月 1 日开始实施。《中国英语能力等级量表》以语言运用为导向，将学生的英语能力从低到高划分为基础阶段、提高阶段和熟练阶段，共设 9 个等级，对各等级的能力均进行了详细描述。“能力总表包括语言能力总表，以及听力理解能力、阅读理解能力、口头表达能力、书面表达能力、组构能力、语用能力、口译能力和笔译能力等方面的总表。”[①]目前《中国英语能力等级量表》正在进入各高校的教学大纲中，其反拨效应还需时间来衡量。

3.1.3 大学英语与四、六级考试

1985 年，教育部批准了 1980 年制定的《大学英语教学大纲》理工科用的修订版，1987 年正式开始执行。首次考试中，考生就多达十万多人，参加四级考试的学校有 470 所。1989 年 1 月开始第一次六级考试。自此以后，中国的大学英语受到四、六级考试的影响，许多大学规定大学毕业与大学英语四、六级挂钩，这导致许多高校以四、六级成绩排名来看大学的实力；与此同时，出版社与高校联合，根据大学英语教学大纲（后改为大学英语教学指南）编写各种规划教材、语法书，以及针对四、六级考试的各种复习和练习

① http://www.moe.gov.cn/s78/A19/yxs_left/moe_810/s230/201807/W020180725662475781772.pdf

册。自 1987 年始，大学英语课程教学大纲（或者指南）以及四、六级考试推动了中国高校英语教学，也让大学生的英语能力，尤其是阅读能力有了显著提高。但是，由于教学方法滞后，以及应试教育带来的弊端，在 21 世纪初，大学英语教学被社会抨击为“费时低效”“哑巴英语”“高分低能”，大学生的英语能力被社会抨击。于是，大学英语改革者提出了教学方法的改革。

早在 20 世纪 90 年代初，国内的学者们紧随国际语言学流派，在语域分析、语篇分析、技巧与策略的认知与习得等语言学理论的指导下，在大学英语课程教学中进行了各种尝试。但阻力很大，原因是中国的英语教学采取的是应试驱动型的教学模式。无论是小学还是中学，英语教学内容是围绕中考和高考的英语科目进行的。到了大学阶段，大多数学生本可以没有顾虑地根据专业学习要求来学习英语，为今后工作做准备。但遗憾的是大学英语还是摆脱不了应试的怪圈。各高校对英语额外重视，很多学校都把四、六级考试与学业挂钩，导致了继续高考的应试模式①。

然而在国家经济腾飞后，越来越多的企事业单位意识到大学毕业生或者研究生的英语能力不能满足其需要，很多企事业单位均在新员工职业培训增加了英语培训，如海尔集团每年进行的英语培训。很显然，目前的大学英语课程教学要求以及课程体系不能满足社会的需要，四、六级考试又让各高校的大学英语成为继高考后的另一类应试教育。

3.1.4 大学英语的功与过

大学英语课程教学 40 多年在不断进行改革，从最早的翻译教学到目前提倡的任务或者项目教学法。目前基于计算机辅助教学，提倡翻转课堂或运用计算机辅助的课堂教学，如蓝墨云等。改革者紧跟国际语言教学潮流，从最早的交际教学法到以项目或者任务为导向的教学法，大学英语界均在进行尝试与改革。不可否认的是，大学英语作为中国高校的一门必修基础课，在培养与提高大学生的英语语言技能、增加学生的跨文化交际知识方面有较为突出的成就，也为中国大学生出国留学、继续攻读硕博士学位等起到了很大的作用。然而现实情况却不尽如人意，高校大学英语课程自四、六级考试实行开始就受到制约，如前面所提到的许多高校均把大学英语课程结业与四、六级考试挂钩，学生毕业必须通过大学英语四级考试，来加强英语的重要性。

---

① 语言学午餐，www.sohu.com/a/72064182_120726，下载时间，2018.8.10。

虽然后来取消了这一规定，但其负面影响仍然存在，影响最大的就是教材的编写与使用问题。自四、六级考试与学业挂钩的规定出台后，各出版社也开始意识到这个潜在的商业信息，加强与高校合作，出版了系列国家规划教材以及其他与四、六级考试相关的教材、教辅材料，以及考试复习资料。为了更有卖点，除了教师参考书，教材还增加了教案、PPT 教学课件、精品课程、各种教材培训等配套资源。这样的益处是为各高校的课程负责人和教师节省了很多时间，也培养了一大批钻研教材、探讨课程教法的集科研与教学为一体的教师。但其弊端也逐渐显现，应试教育会产生高分低能的应试生。大纲统一、教材统一、考试统一、教学法统一等产生的结果之一是有的教师产生了惰性，照搬教材，只跟着教材走，照着提供的教学参考书以及 PPT 进行教学。但到了 21 世纪，国家与社会所需要的既懂英语又懂专业的人才寥寥无几，而各高校对教师的晋职要求却大幅提高，在这双重压力下，大学英语教师却不能很快适应这一变化，其原因在于各高校对晋职门槛要求很高（需要博士学位、权威期刊、专著、项目等）。许多大学英语教师由于前 30 多年过于依赖教材，早已丧失独立思考与研究的能力。作为教学督导，笔者常常目睹这样的教学场景：一本教材、一个 PPT（PPT 照着念而非讲授）；对于一个语法现象，用汉语讲授两节课。还有的教师对一个语言点进行过于详细的讲解，学生进行练习，教师再给出正确答案等。这些非常传统的教学方法让学生失去了学习的兴趣，形成教师在讲台上津津乐道传授某一语言知识点，学生在台下却自娱自乐的局面。强调英语基础，对语言点的讲授方式与高中无异，这种重复性的讲授让学生感到厌倦。一些课程改革者在大学英语中进行了一些改革，如运用翻转课堂、借助计算机辅助软件（如蓝墨云、moodle、UMU 等），这不仅为大学英语课堂带来新鲜感，为教师减轻负担，还在帮助教师检查作业、学生互动等方面起到了一些作用。但是，教师由于课程教学理念没有发生根本变化，仍然在语言知识或者技巧层面让学生进行训练，导致学生没有真正参与其中；教师没有把学生的专业需求（或者职业需求及其他人文素养需求等）融入英语课堂中，学生因语言学习支离破碎而找不到存在感，更无法把英语课变为自己真正所需要的语言课程。

针对以上情况，有学者（孙有中、李莉文，2011；常俊跃、刘莉，2009；刘法公，2003；黄萍，2010；黄萍、张秀娟、潘晶晶，2017）提出，大学英语是否可以换一种思路进行教学，如基于内容的教学（Brinton，2003)、基于任务（Ellis，1999）的教学，或者以学习为中心（Hutchinson & Waters, 1987）的课程教学理念等。

3.2　专门用途英语研究在中国的推动与发展

本节主要根据笔者在专门用途英语研究方面近 30 年的经历进行梳理，介绍专门用途英语在中国的推动与发展。

3.2.1　中英合作项目与早期专门用途英语

笔者将介绍专门用途英语教学早期进入中国高校的背景，并根据笔者的学术经历，以个案的形式描述专门用途英语教学与研究在中国的发展。

1. 中英合作项目

改革开放以后，许多海外机构开始关注中国的发展，英国文化协会是其中之一。当时该机构在中国资助了很多项目，其中高校英语教师赴英国攻读英语教育硕士的项目在全国高校展开。英国文化协会在英语教学领域开展的工作一直引领全球，并为全球的英语学习者提供语言教学服务。20 世纪 80 年代末，为了更快地提高中国高校英语教师的英语水平与教学能力，英国文化协会与许多中国高校合作，先后在许多高校选派了高校英语教师赴英国攻读硕士学位。当时的这一举措为后来的大学外语研究培养了许多精英，如以北京师范大学的王蔷教授、汕头大学的刘建波教授、重庆大学的余渭深教授为代表的许多学者。笔者认为，重庆大学与英国文化协会合作的项目是全国各高校与之合作的一个缩影，下面笔者将概述重庆大学这一个案，也从一个侧面反映当时的中英合作项目与专门用途英语教学在中国发展的来龙去脉。

1988 年，重庆大学外语教研室与英国文化协会开始合作，先后选派了 14 位大学英语教师赴英国攻读英语教育硕士学位，学成后，在英国文化协会派来的语言教学专家的指导下，成为西南片区英语教师培训师。这 14 位教师分别参加了 3 个中英合作项目，第 1 个合作项目为英语语言教学（ELT）项目，第 2 个合作项目为专业阅读高级教师培训（advanced teacher training for specialist reading，ATTSR)，第 3 个合作项目为高级管理人员英语（English for senior managers，ESM）培训项目。ELT 项目为英语教师培训奠定了基础，而 ATTSR 与 ESM 这 2 个项目对中国专门用途英语语言及教学研究起到了较大的推动作用。

在 20 世纪 80 年代，由于高校英语教师短缺，英语水平普遍不高，每年西南片区各高校大学英语教师均被要求到重庆大学参加为期 1 学年的教师培训（当时称助教进修班），这批接受了教师培训的教师后来都成为西南片区各高校大学英语骨干教师或者课程负责人。西南片区教师培训中心一直延续到 20 世纪 90 年代中期。专家们发现，除了大学英语教师需要培训，专业英语教师更需要培训，因为他们均为高校专业教师，英语却只达到雅思考试 4.5 分的水平，且均没有语言教学经验（黄萍，2007b），而专业英语课程是《大学英语教学大纲》中所要求的必修课程。

1993 年，重庆大学外语教研室与英国文化协会开始了第 2 个合作项目专业阅读高级教师培训，为高校专业英语教师提供英语语言以及语言教学方法方面的培训。当时的重庆大学外语教研室有 4 人被选派参与该项目，赴英国圣马克圣约翰学院（The College of St Mark & St John），攻读教育学硕士学位，专业方向为专门用途英语教学（teaching English for specific purposes，TESP）。在 20 世纪 90 年代，英国圣马克圣约翰学院在专门用途英语教学与研究上很有名气，如该学院有专门的专门用途英语研究中心，有当时在专门用途英语学界著名的学者，如 Rod Bolitho、Tony Wright、Rey Williams 等。所开课程有专门用途英语教学法、课堂管理、语言学、课程设置与教材编写等。

随着中国改革开放不断深入，中国的经济发展急需既懂专业又懂英语的高层次人才，重庆大学与英国文化协会合作的第 3 个项目高级管理人员英语（ESM）培训项目应运而生，重庆大学有 4 位教师参与该项目，回国后也加入了专门用途英语研究团队。

这 3 个中英合作项目的成功实施培养了十几位具有英语教育硕士学位的英语教师培训师，为西南片区的高校英语教师和专业英语教师培养了许多骨干英语教师。重庆大学与英国文化协会在教师培训上的早期合作可以被看作中国专门用途英语发展的一个缩影，国内其他高校也有类似项目。

2. 全国首个英语专业硕士学位授予方向：专门用途英语研究方向

1995 年，重庆大学外语教研室升级为外国语学院，同年，基于两个中英合作项目（ELT 和 ATTSR），重庆大学获得省级大学英语教学成果二等奖。鉴于此，外国语学院开始着手申报英语专业硕士学位授权点。当时全国申报英语专业硕士授权点的学校众多，为了增加申报成功的概率，重庆大学外国语学院在申报时分析了申报成功的可能性，决定以专门用途英语方向（当时专门用途英语是应用语言学的一个分支）申报重庆大学外国语学院第一个英语专业硕士学位点，并申报成功（后因学科调整，改为外国语言学及应用语言学硕士学位授权点）。申报得以成功的原因有二：一是重庆大学外国语学院从事专门用途英语教学与研究的师资力量较之其他学校更强大，因为中英合作的 3 个项目中有 2 个项目（ATTSR 和 ESM）均与专门用途英语相关；二是重庆大学作为教育部直属大学，且是 211 大学，拥有自设硕士学位授权。自此，重庆大学专门用途英语方向开始走向研究之路。

1997 年重庆大学外国语学院英语专业硕士学位点正式招收了首批专门用途英语方向研究生共 16 人。专门用途英语方向硕士学位点所开设的课程有语言学概论、语义学、语用学、二语习得、科技英语文体学等。由于全国英语专业的学科调整，重庆大学外国语学院英语专业硕士学位点修改为外国语言学及应用语言学，而专门用途英语成为重庆大学外国语学院硕士学位授予点的一个特色方向，一直保留到现在。

3.2.2　中国早期的专门用途英语研究概述

早在 20 世纪 80 年代末和 90 年代中期，有学者（如杨惠中、张彦斌、吴银康，1978；张彦斌、杨惠中，1982；陈庆昌、杨惠中、黄人杰，1984；韩其顺、王学铭，1990；韩其顺，1997；秦秀白，1997a，1997b；文军，1998）就开始了专门用途英语语言的相关研究。如杨惠中、张彦斌和吴银康（1978）在《外国语》第 3 期上对“国外科技英语教学与研究动态”进行了综述，杨惠中（1978）和韩其顺（1997）还专门就科技英语教学与研究提出了自己的看法，而秦秀白（1997a，1997b）首次对国外相关“体裁分析”研究进行了综述。这些成果表明，专门用途英语早在 20 世纪 80 年代初已经进入中国，只是没有得到足够的重视。当时的专门用途英语研究大多也是介绍国外的相关研究，实证研究很少。1998 年，文军编译了 Hutchinson 和 Waters（1987）的专著 *English for Specific Purposes: A Learning-Centred Approach*，这部书讲述专门用途英语在第二次世界大战后的发展原因及其课程理念。这部书对专门用途英语课程理念和教学方法进行了详细介绍。黄萍在 1999 年也发表了 3 篇与专门用途英语相关的文章，对当时的专业英语测试与教学做了实证研究，指出专业英语若像四、六级考试那样进行统一考试的可行性以及弊端，探讨了大学英语教师如何面对专业知识的可行性方法，这是当时国内学者对专门用途英语语言研究及其教学法的探讨与引入。但是，当时国内大学生普遍英语基础不太好，基本都是强调基础，传统教学方法占主导地位。到了 21 世纪初，经过高考的大学生英语基础普遍有了较大提高，尤其是在语法、词汇以及阅读方面有了较大幅度的提升；而且中学的英语教学经过多次的教学改革，其教学内容和教学方法与当时的大学英语教学已相差无几。进入大学一年级后的学生对大学英语感到失望，认为教学内容与高中雷同，语法知识没有提高，相反还因时间太久而忘记；大学毕业后，既不能开口说更不能写，所学英语基本不能为其工作提供便利，工作中以及出国进修所需要的英语交际能力均需要重新培养，这就是大学英语被社会诟病“费时低效”的主要原因，有学者提出专门用途英语或许是解决大学英语被诟病这一问题的途径（陈明瑶，2000；施敏，2000；刘法公，2001；蔡基刚，2004；陈冬纯，2001；陈葵阳，2005；陈莉萍，2000，2001；黄萍，1999；黄萍，2007a）。

这些早期的对专门用途英语研究的相关研究与介绍对中国的语言学界，尤其是大学英语界几乎没有起到什么重要影响，仅仅作为一项研究或者个案发表在刊物上。

3.2.3 21 世纪初的中国专门用途英语研究

到 21 世纪初，专门用途英语研究逐渐进入语言学研究领域，许多学者对国外专门用途英语研究进行了引荐与文献梳理。2000 年，点击量比较高的文章有 4 篇。陈明瑶在《外语研究》探讨了 ESP 与语料库建设，施敏在《西安外国语大学学报》上讨论了专门用途英语教师的角色及自我完善，这 2 篇文章均是针对专门用途英语教学与研究的论文，为专门用途英语研究提供了思路。另 2 篇文章均为语言研究，主要与体裁分析相关，专门用途英语研究与体裁分析密切相关，尤其是在学术英语写作方面。例如，秦秀白在《外语教学与研究》上发表的有关体裁教学法的述评，秦秀白（2000）探讨的体裁分析与体裁教学法（《外语界》第 1 期）。2001 年，专门用途英语相关研究更多，尤其是在当年同一期刊《外语与外语教学》上发表的几篇与专门用途英语相关的文章引起了学界的关注，如陈莉萍的《专门用途英语存在的依据》、刘法公的《论专门用途英语的属性与对应教学法》、文军的《专门用途英语教学与研究领域论》，以及李红在《外语教学》上发表的文章《专门用途英语的发展和专业英语合作教学》。这 4 篇文章中获点击量较高的 2 篇均来自重庆大学。2003 年，秦秀白在《华南理工大学学报（社会科学版）》第 4 期上对专门用途英语的性质、范畴和教学原则进行了讨论，并探讨了在中国高校开展多种类型英语教学的可行性。蔡基刚（2004）也对专门用途英语研究进行了探讨，并认为专门用途英语是我国大学英语教学发展的方向。莫莉莉（2008）的专著《专门用途英语教学与研究》详细介绍了专门用途英语，为同行普及了专门用途英语的定义、来源、理念以及教学法研究。黄萍（2007a）也介绍了国外专门用途英语的发展与运用，并对专门用途英语在中国的发展进行了梳理，为如何进行专门用途英语教学提供了一些案例。

从这个时期的专门用途英语研究看，越来越多的同行开始了解专门用途英语课程教学理念，并认为专门用途英语课程应该成为大学英语的主要课程之一，或者取代大学英语（蔡基刚，2004，2010a，2010b）。

3.3　21 世纪专门用途英语在中国的发展与研究

本节回顾了专门用途英语研究迅猛发展的背景，详细描述了首届专门用途英语国际会议对中国专门用途英语研究的影响，然后描述了中国专门用途英语专业委员会成立的背景，以及各省专门用途英语分会的成立如何促进了专门用途英语语言及课程教学研究。

3.3.1　首届国际会议“专门用途英语在亚洲”（ESP in Asia）及其影响

到了 21 世纪初，许多高校意识到大学英语存在很多问题，但苦于找不到解决的办法与措施。有学者提出了专门用途英语或许是解决大学英语的途径（刘润清，1996；蔡基刚，2004），专门用途英语研究逐渐被许多学者与教师知晓。许多大学开始有了专门用途英语研究，如宁波大学、东南大学、重庆大学等。2007 年重庆大学外国语学院申报了重庆市人文社会科学基地“重庆大学语言认知及语言应用研究”基地，基地下设几个研究所，其中就有专门用途英语研究所。专门用途英语研究所成立后，开展了许多学术活动，最值得一提的一件大事就是于 2009 年在重庆大学召开的首届“专门用途英语在亚洲”国际会议。

2008 年的一天，笔者的同事，《亚洲专门用途英语》期刊（*Asian ESP*

Journal）的专栏主编陈墉副教授向我传递了一个消息，即该期刊正在寻找首届“专门用途英语在亚洲”国际会议会址。在重庆大学的支持下，经过与《亚洲专门用途英语》期刊的首席执行官（CEO）Paul Robertson 博士的反复沟通，最后敲定于2009年9月在重庆大学召开首届“专门用途英语在亚洲”国际会议。

2009 年 9 月 29—30 日，由重庆大学、《亚洲专门用途英语》国际学术期刊和《中国外语》联合主办，重庆大学外国语学院承办的首届“专门用途英语在亚洲”国际会议如期召开，会议宗旨是促进中国和亚洲专门用途英语研究，增进国际学术交流与了解，了解本领域前沿动态，为相关专家及教师提供交流平台，寻找专门用途英语研究问题及解决措施。参会人员除国内代表外，还有来自印度尼西亚、澳大利亚、英国、匈牙利、马来西亚、泰国、日本、韩国、菲律宾等多个国家和地区的共 150 余名专家和代表。会议所邀请的主旨发言者均为国际知名语言学家或者专门用途英语领域专家，能够代表当时的专门用途英语前沿研究；邀请到的专家有国际著名的语篇分析权威专家、亚太地区专门用途语言及专业沟通研究会会长、香港城市大学 Vijay Bhatia 教授，国际著名学术期刊 *English for Specific Purposes* 总主编、澳大利亚悉尼大学 Brian Paltridge 教授，英国雷丁大学的 Roger Nunn 博士（现为 *Asian ESP Journal* 总主编），香港理工大学英语专业交流研究中心（Research Center for Professional Communication in English，RCPCE）主任 Winnie Cheng 教授（*Asian ESP Journal* 前总主编），香港中文大学孔献辉博士，以及国内知名商务英语研究专家、北京对外经贸大学王立非教授等 6 位。他们的主旨发言代表了当时国际上专门用途英语领域的最前沿研究成果，受到与会代表的热议。其次，在当时大学英语正处于低潮、被社会诟病之时，首届专门用途英语国际会议在中国的召开引起了全国各高校教师的重视，有 101 位来自世界各地的参会代表在 8 个分会场宣读了论文并进行了热烈的讨论。

首届专门用途英语国际会议的主题是专门用途英语研究，涉及内容广泛，有 ESP 体裁分析、ESP 教学法、ESP 课程设计、商务英语研究、ESP 教材评估、ESP 语料库研究、ESP 师资发展等十几个研讨方向。会议旨在通过研讨会不断促进专门用途英语领域的国内外学术交流，跟踪该学科的前沿研究动态，广泛深入开展专门用途英语各领域的研究活动。

首届“专门用途英语在亚洲”国际会议是亚洲乃至世界迄今所举办的大规模的专门用途英语专题研讨会之一，是 2009 年专门用途英语学术界里的一件大事，深受世界尤其是亚洲各国学者的关注，在中国专门用途英语学界具有里程碑意义。首先，在当时的环境下，专门用途英语长期以来未能得到应有的重视，学术界的目光较多地集中在英语作为外语（English as a Foreign Language，EFL）等语言习得的会议上，国际性的专门用途英语专题研讨会很少，因此，此次专门用途英语研讨会是语言类学术研讨会的一个新发展，引起学术界对专门用途英语研究领域的重视。其次，当时的大学英语受到社会抨击，大学英语专家与教师都在探讨大学英语应向何方去的问题，专门用途英语国际会议的召开，恰好为大家提供了一个思路。2010 年，中国专门用途英语专业委员会成立，每年召开国内专门用途英语研讨会，且在中国专门用途英语专业委员会旗下成立了各种行业分会，如学术英语教学学会、医学英语学会、重庆专门用途英语分会等。

对于首届“专门用途英语在亚洲”国际会议，重庆大学还做了另外一件有意义的事情。为加强中国与亚洲各国和地区之间的学术交流，推动专门用途英语教学和研究的发展，促进专门用途英语在亚洲国际学术会议工作的顺利开展，由重庆大学发起，重庆大学、《亚洲专门用途英语》国际学术期刊、亚太地区专门用途语言及专业沟通研究会（The Asia-Pacific Association of LSP and Professional Communication）、香港理工大学、对外经济贸易大学、北京外国语大学、宁波诺丁汉大学、西安交通大学联合成立了“专门用途英语在亚洲”国际学术年会，重庆大学为此学术年会的协调单位。自此，“专门用途英语在亚洲”国际会议每年均在亚洲各地区巡回召开。已分别在中国大陆（内地）、中国香港、中国台湾、日本等地区和国家召开。历届“专门用途英语在亚洲”国际会议暨中国专门用途英语研究研讨会情况见表 3.1。

表 3.1　历届“专门用途英语在亚洲”国际会议暨中国专门用途英语研究研讨会情况简介

时间	地点	会议名称	主题	主旨发言专家
2009 年 9 月 28—30 日	重庆大学	首届“ESP 在亚洲”[①]国际会议（The First International Conference of “ESP in Asia”）	促进亚洲专门用途英语研究，寻找专门用途英语研究问题及解决措施	Vijay Bhatia 教授（香港城市大学）、Paul Robertson 博士（《亚洲专门用途英语》期刊 CEO）、Brian Paltridge 教授（悉尼大学）、Winnie Cheng 教授（香港理工大学）、Roger Nunn 教授（雷丁大学、《亚洲专门用途英语》期刊总编）、孔献辉教授（香港中文大学）等

续表

时间	地点	会议名称	主题	主旨发言专家
2010年11月11—13日	宁波诺丁汉大学	第二届“ESP在亚洲”国际会议（The Second International Conference of “ESP in Asia”）	生态新世纪，语言更有力	Ken Hyland教授（香港大学）、John Flowerdew教授（香港大学）、顾曰国教授（北京语言大学）、梅德明教授（上海外国语大学）等
2011年10月21—23日	西安交通大学	第三届“ESP在亚洲”国际会议（The Third International Conference of “ESP in Asia”）	全球化语境下专门用途英语的教学与研究	John Swales教授（密歇根大学）、Vijay Bhatia 教授（香港城市大学）、John Flowerdew教授（香港大学）、Brian Paltridge教授（悉尼大学）、杨慧中教授（上海交通大学）、杨瑞英教授（西安交通大学）等
2012年12月12—16日	香港理工大学	中国专门用途英语专业委员会首届国际会议暨第四届“ESP在亚洲”国际会议（The 1st International Conference of the Chinese Association for ESP & the 4th International Conference of“ESP in Asia”）	绘制专门用途英语前沿蓝图：沟通教学、研究和实践（Mapping ESP Frontiers: Bridging Teaching, Research and Practice）	Vijay Bhatia 教授（香港城市大学）、蔡基刚教授（复旦大学）、John Read博士（奥克兰大学）、Elena Tognini-Bonelli教授（锡耶纳大学）、王立非教授（北京对外经济贸易大学）等
2013年9月27—29日	复旦大学	第五届亚洲专门用途英语教学国际研讨会暨第二届中国专门用途英语教学国际研讨会	高等教育国际化和经济全球化背景下的专门用途英语教学	Vijay Bhatia教授（香港城市大学）、Winnie Cheng教授（香港理工大学，《亚洲专门用途英语》期刊主编）、陈辉英教授（亚洲大学，台湾专门用途英语教学研究会会长）、孙有中教授（北京外国语大学，中国专门用途英语教学研究会会长）、蔡基刚教授（复旦大学）等
2014年10月3—5日	亚洲大学	2014年海峡两岸专门用途英语国际会议（2014 Cross-Straits International Conference on English for Specific Purposes②）	专门用途英语教学、研究之独特性与多元化	Sue Starfield教授（新南威尔士大学）、Kay Westerfield教授（俄勒冈大学）、Winnie Cheng 教授（香港理工大学）、蔡基刚教授（复旦大学）、Betty Samraj助理教授（圣地亚哥州立大学）等

续表

时间	地点	会议名称	主题	主旨发言专家
2015 年 9 月 25—27 日	中国石油大学（华东）	第四届中国专门用途英语教学国际研讨会暨第七届亚洲专门用途英语教学国际研讨会	专门用途英语在亚洲——回顾与展望	Brian Paltridge 教授（悉尼大学）、孙以琳教授（西雅图大学的 *TESOL* 前主席）、吴东英教授（香港理工大学）、John Flowerdew 教授（香港城市大学）等
2016 年 8 月 18—21 日	电气通信大学（日本东京）	第八届“ESP 在亚洲”国际会议暨第二届专门用途英语创新教学与研究国际研讨会（The Joint International Conference of the 8th International Conference on ESP in Asia & the 3rd International Symposium on Innovative Teaching and Research in ESP）	ESP 在亚洲：前沿与进步（ESP in Asia：Frontier and Advancement）	Laurence Anthony 教授（早稻田大学）、Paul Thompson 教授（伯明翰大学）、Helen Basturkmen 教授（奥克兰大学）、蔡基刚教授（复旦大学）、Yoshimasa A. Ono 教授（RIKEN Center for Emergent Matter Science, Japan，日本理化学研究所紧急物质科学中心）等
2016 年 11 月 18—20 日	云南财经大学	第五届中国专门用途英语研讨会暨亚洲专门用途英语学会成立大会	贯彻《大学英语教学指南》和《英语专业本科教学质量国家标准》，推进专门用途英语理论研究与教学改革	孙有中教授（北京外国语大学）、Han Zhaohong 教授（哥伦比亚大学）、Shi Jie 教授（电气通信大学）、Tad Davis 教授（哈佛大学）等
2017 年 10 月 27—29 日	北京外国语大学	亚洲专门用途英语学会首届年会暨全国第六届专门用途英语研讨会③	创新专门用途英语，融贯亚洲	孙有中教授（北京外国语大学副校长、亚洲专门用途英语学会会长、中国英汉语比较研究会专门用途英语专业委员会会长）、Christine Feak 教授（密歇根大学）、Ken Hyland 教授（香港大学）、Brian Paltridge 教授（悉尼大学）、Hajime Terauchi 教授（高千穗大学）等
2018 年 11 月 2 日—4 日	东南大学	第二届亚洲专门用途英语国际会议暨第七届中国专门用途英语研讨会	新时代高校专门用途英语：机遇与挑战	Vijay Bhatia 教授（香港城市大学）、Shahid Abrar-ul-Hassan 教授（不列颠哥伦比亚大学、菲莎河谷大学）、Winnie Cheng 教授（香港理工大学）、张文霞教授（清华大学）、李霄翔教授（东南大学）等

续表

时间	地点	会议名称	主题	主旨发言专家
2019年11月15—17日	重庆大学	第十届“ESP在亚洲”国际会议暨第三届亚洲专门用途英语学会年会及第七届中国专门用途英语研讨会	亚洲专门用途英语研究十年：回顾与展望	Karl Maton（悉尼大学）、张军教授（奥克兰大学）、Kohji Abe教授（电气通信大学）、Seung Ryul Lee 教授（韩国航空航天大学）、王立非教授（北京对外经济贸易大学）

注：①会议名称中通常使用“ESP 在亚洲”而非“专门用途英语在亚洲”，所以会议中文名称中采用“ESP在亚洲”的说法；②该会议没有标明是第六届“ESP in Asia”；③本届专门用途英语会议因为成立了亚洲专门用途英语学会，并开始首届年会，替代了“专门用途英语在亚洲”国际会议年会

中国专门用途英语专业委员会于2010年5月成立后，每年都召开一次全国专门用途英语研究研讨会暨“专门用途英语在亚洲”国际会议，学会迅速聚集了对专门用途英语教学与研究感兴趣的教师和学者。在教学上，与会者从专门用途英语课程设计、教学方法、教材、课程评估等方面进行了深入研讨。在专门用途英语研究方面，大家分享国际国内学者在专门用途英语语言与教学研究中的成果，在中国乃至国际上均有了一定知名度。2016 年 11 月，经过多次酝酿，中国专门用途英语专业委员会在第五届中国专门用途英语研讨会（在云南财经大学召开）上宣布了亚洲专门用途英语学会成立，并于2017 年 10 月在北京外国语大学召开了亚洲专门用途英语学会首届年会暨全国第六届专门用途英语研讨会。自此以后，“专门用途英语在亚洲”年会被亚洲专门用途英语学会的国际会议年会完全取代。2019 年，“专门用途英语在亚洲”国际会议年会迎来了她的十周年庆，重庆大学向中国专门用途英语专业委员会和亚洲专门用途英语学会申请，并拿到第三届亚洲专门用途英语国际会议和第八届中国专门用途英语研讨会的主办权，重庆大学作为首届“专门用途英语在亚洲”的主办方（又是“专门用途英语在亚洲”年会发起单位）向关注专门用途英语研究的学者与教师讲述“专门用途英语在亚洲”年会被亚洲专门用途英语年会取代及“专门用途英语在亚洲”年会的来龙去脉，以兹纪念“专门用途英语在亚洲”年会对亚洲专门用途英语研究的贡献及其不可取代的历史意义。

3.3.2 《中国 ESP 研究》期刊的诞生

一个研究领域的成熟通常有三个标志：学术刊物、学术会议和学术组

织。《中国 ESP 研究》于 2010 年见刊，是北京外国语大学专门用途英语学院创办的专门用途英语教学与研究学术期刊，主编为中国专门用途英语研究学会首届会长、北京外国语大学副校长孙有中教授，执行主编为时任北京外国语大学专门用途英语研究中心主任的朱梅萍教授。《中国 ESP 研究》是继首届专门用途英语国际会议后专门用途英语研究在中国发展与推动的又一个标志。每年两期（创刊时每年一期）的《中国 ESP 研究》坚持同行盲审制度，展示了中国高校专门用途英语研究成果，主要针对有关专门用途英语的理论与教学实践研究成果，内容涉及专门用途英语课程设计、开发与评价研究、教学模式与教学方法研究、测试研究、教材研究、网络资源开发与使用研究、教育培养模式与职业发展研究、职业需求分析研究等，主要栏目包括理论探索、语言研究、课程建设研究、教学法研究、教材研究等，同时还根据需要不定期开设了"本期约稿""学术争鸣""学界动态"等栏目。《中国 ESP 研究》的见刊标志着中国专门用途英语研究继首届专门用途英语国际会议掀起的专门用途英语研究热度又提升了。

每年年末，该期刊还会邀请学界知名学者撰写该期刊年度回顾，挑选该年度在专门用途英语教学与研究中有一定新意和具有一定影响力的论文进行综述与评论，帮助读者了解中国专门用途英语研究的前沿研究。该期刊还在创立自己的品牌，争取办出特色，成为其他语言类期刊不可取代的刊物。

3.3.3　中国专门用途英语专业委员会成立背景及其影响

2010 年 11 月，第二届"专门用途英语在亚洲"国际会议在宁波诺丁汉大学举办之际，复旦大学外文学院博士生导师蔡基刚教授莅临了会议。蔡基刚教授很早就意识到大学英语的问题，非常认可专门用途英语教学理念，并针对大学英语的弊端，于 2006 年出版了专著《大学英语教学：回顾、反思和研究》，并发表了多篇针对大学英语改革的论文，呼吁大学英语向专门用途英语方向改革。

1. 中国专门用途英语专业委员会成立背景

第二届"专门用途英语在亚洲"国际会议召开过程中，蔡基刚教授在与笔者交流时，建议成立一个中国专门用途英语学会，积聚一帮学者来专门探讨专门用途英语教学与相关研究。笔者和西安交通大学外国语学院杨瑞英教授认为这个建议非常具有建设性，具有划时代意义。于是，由蔡基刚教授执笔，以杨瑞英和笔者三人的名义联合向当时的外语教学研究会会长文秋芳教授写信，阐述了成立专门用途英语专门委员会的必要性，很快就得到文秋芳教授的肯定回复。2011年5月7日，中国外语教学研究会专门用途英语专业委员会暨第一届常务理事会在北京外国语大学成立。第一次工作会议在北京外语国语大学外语教学与研究出版社成功召开，北京外国语大学校长助理、专用英语学院院长孙有中教授（现北京外国语大学副校长）当选为首届会长。秘书长是北京外国语大学专用英语学院当时的王艳副教授（现李莉文教授为秘书长）；副会长有西安交通大学白永权教授、复旦大学蔡基刚教授、重庆大学李红教授、中国政法大学李立教授、北京对外经济贸易大学王立非教授、外语教学与研究出版社时任副社长徐建中、深圳职业技术学院徐小贞教授、上海对外贸易学院叶兴国教授，以及26名常务理事。笔者和西安交通大学杨瑞英教授作为首届中国外语教学研究会专门用途英语专业委员会常务理事与其他常务理事一起参加了成立大会。

中国专门用途英语专业委员会的成立标志着中国专门用途英语教学与研究有了专门的学术组织，对中国高校大学英语教学的发展产生了深远的影响和巨大的推动作用。

中国专门用途英语专业委员会成立之初隶属于中国外语教学研究会，全名为中国外语教学研究会专门用途英语专业委员会（English for Specific Purposes Committee of China' Foreign Language Teaching Association），后该专业委员会改为隶属于中国英汉语比较研究会，全名为中国英汉语比较研究会专门用途英语专业委员会（English for Specific Purposes Committee of China Association for Comparative Studies of English and Chinese）。中国专门用途英语专业委员会有严密的协会章程与组织机构，会员由国内从事专门用途英语教学、研究和实践的教师、学者和社会人士自愿组成；其宗旨是联络和团结国内专门用途英语领域的教师、学者和社会人士，开展专门用途英语教学与理论的研究，推动国内外相关学术交流，促进学界与业界的合作，为提高中国专门用途英语教学和研究水平做出贡献。

中国专门用途英语专业委员会从酝酿成立到现在已经走过了近9个春秋。前会长孙有中教授由于公务繁忙，不再担任中国专门用途英语专业委员会会长，为此，中国专门用途英语专业委员会常务理事成立了工作组，由孙有中教授担任组长，蔡基刚、黄萍和杨瑞英担任组员（后三人是最早提出成立中国专门用途英语专业委员会发起人）及秘书长李莉文教授组成。经过反复讨论，于 2018 年 11 月 2 日在东南大学召开的第二届亚洲专门用途英语国际会议暨第七届中国专门用途英语研讨会报道之日的晚上，召开了中国专门用途英语专业委员会常务理事会，并宣布了新一任会长由蔡基刚教授担任，名誉会长为中国专门用途英语专业委员会前会长孙有中教授，常务副会长由北京外国语大学李莉文教授担任，其他副会长和常务理事共 23 人组成常务理事会。

新一届中国专门用途英语专业委员会成立后，鉴于中国专门用途英语的迅猛发展，新形势下中国专门用途英语专业委员会应该承担起更重要的职责和任务，因此，蔡基刚教授首先起草了新一届常务理事会的工作内容，主要是建立中国专门用途英语专业委员会下的行业与学科分会，让专门用途英语研究领域更加规范，以便于管理与指导。其次，新一届委员会还制订了以后的发展目标，如定期开展专门用途英语教师发展培训，从理念转变、教学法探讨、课程设计、课程评估及专门用途英语语言研究方法方面进行定期培训。中国专门用途英语专业委员会还在思考如何将当时的《中国 ESP 研究》期刊在几年内打造为 CSSCI 期刊。

2. 专门用途英语委员会旗下各行业分会成立始末

中国专门用途英语专业委员会自成立以来多次组织或指导参与中国专门用途英语研讨会暨“专门用途英语在亚洲”年会以及其他各种学术教研活动，影响力在国内外越来越大。中国专门用途英语专业委员会组织发展迅速，专委会下属的各省级专门用途英语研究分会相继成立，如云南、山东和重庆等省市先后成立了专门用途英语分会，国内对专门用途英语的研究也处于蒸蒸日上的势头。各省专门用途英语分会的成立，从学术研究角度来说，更聚集专门用途英语专家和学者，定期的集会能够碰撞出思想的火花，帮助学者不断从新角度、新层面看待问题和解决问题。

从带动区域专门用途英语发展的角度来说，专门用途英语分会能够产生很大的带动作用。可以汇集区域的优秀教师，在此基础上共同研究和探讨区域英语教学的新方法，逐步推进专门用途英语教学法的广泛应用，为今后的教学发展打下坚实基础，促进当地英语教学质量的提升。

以重庆专门用途英语分会为例，在中国英汉语比较研究会专门用途英语专业委员会的指导下，重庆各高校开始着手准备成立专门用途英语专业委员会重庆分会。中国专门用途英语专业委员会重庆专门用途英语分会由重庆大学、重庆邮电大学、重庆医科大学、重庆交通大学、重庆工商大学等高校为主要发起单位，于 2017 年 7 月成立了分会筹委会。2017 年 7 月 19 日筹委会负责人召集分会发起单位在重庆大学召开了分会筹委会第一次会议，讨论了重庆分会章程与组织机构等主题。按照筹备会的日程安排，定于 2017 年 10 月 12 日在重庆大学举办中国专门用途英语专业委员会重庆市分会成立大会，会议特邀中国专门用途英语专业委员会常务副会长蔡基刚教授参加成立大会暨首届研讨会并做主旨发言。自此以后，每年的 10 月重庆专门用途英语分会都会举行一次研讨会。

2018 年 10 月 26 日，专门用途英语专业委员会重庆市分会召开了第二届研讨会，主题为“一带一路”背景下重庆地区校企融合英语能力培养研讨。本次会议主要探讨在“一带一路”和“双一流”背景下，国家与社会对高层次人才的需求越来越大，而校企融合也成为国家提倡与推动的重要举措。与此同时，随着现代技术的蓬勃发展，新工科、新技术背景下的大学英语教育如何满足国家战略和社会需求成为大学英语教师需要面对的重大挑战，为此，由中国专门用途英语专业委员会重庆市分会主办，重庆大学大学外国语学院承办了第二届研讨会。研讨会围绕重庆市企事业单位对英语能力的需求与当时重庆市各高校大学英语课程设置展开。在该届研讨会，来自重庆市各高校的大学英语负责人和教师都就各自高校的大学英语课程设计与企事业单位对英语能力的需求展开了研讨，对重庆各高校的专门用途英语教学与研究具有促进作用。

然而，各省的分会成立后，开展活动较少，分会形同虚设，新一届中国专门用途英语专业委员会常务理事会经过讨论，一致同意将各省分会转变为行业学会，因此，西安医学英语研究会、北京科技英语研究会相继成立，现有的法律英语学会、商务英语学会等由于已经自成体系，他们既独立于中国专门用途英语专业委员会，也可以是中国专门用途英语专业委员会的分支。

3. 亚洲专门用途英语学会成立背景

2016 年 8 月 18—21 日，第八届“专门用途英语在亚洲”国际会议暨第三届专门用途英语创新教学与研究国际研讨会（The Joint International Conference of the 8th International Conference on ESP in Asia & the 3rd International Symposium on Innovative Teaching and Research in ESP）在电气通信大学（日本东京）举行。承办方电气通信大学（日本东京）的史杰教授在日本专门用途英语研究学界小有名气，她和孙有中会长、蔡基刚副会长一起商量，并由她联系韩国专门用途英语学会，由中国、日本和韩国成立亚洲专门用途英语学会。2016 年 11 月，在云南财经大学召开第五届中国专门用途英语研讨会暨亚洲专门用途英语学会成立大会。中国专门用途英语学会会长孙有中教授发言并宣布亚洲专门用途英语学会正式成立，来自美国、日本、韩国的专家，以及云南省内外96所高校的170余名学者和正式代表见证了亚洲英语教学界又一具有历史意义的事件。亚洲专门用途英语学会应该是外语界第一个由中国学者主导话语权的国际学术组织。2017 年首届亚洲 ESP 国际会议论文集 *Asian Research on English for Specific Purposes: Proceedings of the First Symposium on Asia English for Specific Purposes, 2017* 于 2020 年由 Springer 出版社正式出版。这标志着亚洲专门用途英语教学与研究在国际上开始产生影响。

3.3.4　专门用途英语研究对大学英语的促进

中国专门用途英语专业委员会、各省市专门用途英语分会和行业研究会，以及亚洲专门用途英语学会的成立，让中国专门用途英语研究与教学的探讨与国际更接轨，每一年的专门用途英语国际国内会议均按时召开（有时两会并在一起举行，有时分开，同年分别在不同地方举行）。每次会议都会有国际著名专门用途英语专家做主旨发言，如 Brian Paltridge（*The ESP Journal* 前主编、现 *TESOL Quarterly* 主编、悉尼大学教授）、Ken Hyland （*Journal of English for Academic Purposes* 主编、香港大学教授）、John Swales（国际著名的语篇分析专家、密歇根大学教授）、Vijay Bhatia（香港城市大学教授）等，这些专家为中国专门用途英语研究带来了新的理论与研究视角，促进了中国大学英语教学的探讨与研究；显著影响之一是从前的《大学英语课程教学要求》（2007年版）对专门用途英语的介绍模糊、不太重视专门用途英语在大学英语（尤其是在高层次人才培养）中的作用到《大学英语教学指南》（2017 年拟定）提出了多样性、差异性和灵活性原则，避免全国一把尺子衡量各高校大学英语教学。孙有中在亚洲专门用途英语学会首届年会暨全国第六届专门用途英语研讨会中，向与会者透露了 2017 年拟定但当时尚未公布的《大学英语教学指南》，他指出"《大学英语教学指南》反映了专门用途英语的核心价值，所提倡的以需求为导向的原则无论在理论上还是在实践上，都凸显了专门用途英语的重要性，同时指出这对专门用途英语教学和科研提出了更多要求。”①

值得一提的是，新一届中国专门用途英语专业委员会会长蔡基刚在近十年间不断呼吁，撰写了很多文章，从国家战略需求、社会各行各业的需求和学生需求出发，分析了高校大学英语存在的问题及专门用途英语课程教学理念能够改变目前大学英语的局面，蔡基刚教授的不断呼吁对大学英语课程教学改革起到了促进作用，也对中国的专门用途英语教学与研究起到了宣传与推动作用。

① 来自亚洲 ESP 学会首届年会暨全国第六届专门用途英语研讨会开幕式特别报道。

中篇 专门用途英语语言研究

随着中国对外开放及经济发展的不断深入，各行各业专家都需要互通信息，进行学术交流，而英语作为国际交流的必备工具越显重要。在高校，学术英语也成为许多专业所开设的必修课，尤其是在硕士研究生和博士研究生阶段。然而有的本科生、硕士与博士研究生，乃至有的高校专业教师，英语运用能力还较差，不会写学术论文文摘，不能自如地与国外专家进行交流，涉及跨文化的语言使用的得体性也存在问题。鉴于此，笔者通过几年的思考与研究，整合体裁分析、修辞理论、语块理论、系统功能语言学相关理论，试图对专门用途英语的语言，尤其是学术语类的特点进行探讨，以服务于教学。希望本篇的研讨也能为广大的语言研究者、高校教师和从事学术研究的各专业研究人员提供参考，能对英汉学术语类对比研究产生一定的推动作用。

本篇分三章探讨学术语言。第 4 章综述了基于语料库的学术英语语类研究，并探讨了学术英语语料库在英语教学中的一些应用问题。第 5 章首先探讨了该章所用到的理论，然后分别从五个层面对学术期刊文章各部分的语步结构及语言进行了逐一探讨，该五个层面的探讨可以体现学术期刊文章各部分的语言特点，希望能为专门用途英语与研究者提供一种研究范式和视角。第 6 章从文化视角探讨了专门用途英语语言的使用，首先运用体裁分析模式，从文化价值观的角度探讨了文化价值观对学术论文作者认知结构的影响，然后运用体裁分析、互话语理论并结合多模态与超文本性相关研究，探究高校互联简介这一话语的体裁结构及互联网时代下文本的新特性，并为现实社会互联网话语的创作提供参考。

第 4 章

语料库运用于专门用途英语语类研究概述

随着国家经济的不断发展，国家对具备良好外语能力专业人才的需求逐渐突显。专门用途英语课程是基于学习者对英语的特定需求和实际需要而开设的，该课程与某种特定职业或学科相关，它在教学上应与时俱进并促进外语学习。语料库在专门用途英语中的运用则有助于实现这一目的。

虽然专门用途英语教学在全球范围内广泛存在，但它在中国起步较晚，各高校的专门用途英语仍然面临这样那样的问题。将基于计算机技术的语料库运用到专门用途英语教学中，将对专门用途英语教学有所帮助。专门用途英语教学的实用性和针对性都较强，是建立在需求分析（needs analysis）之上的。语料库为外语教学提供了空前丰富的原始材料，有助于促进专门用途英语研究的深化和发展，而专门用途英语的发展又有助于语料库质量的提高。

目前国际上已经具备很多成型、分类明确的大型的与语言相关的语料库，服务于特定学习目的的专门用途英语语料库也如雨后春笋般大量出现。许多学者对专门用途英语及其语料库也展开了一系列研究（如陈明瑶，2000；秦平新，2010；常宝宝、俞士汶，2009；邢靖文，2012；王利娜，2012；鄢克非，2014；赵丽珠，2014）。本章借用 Jordan 的二分法理论（1997），从学术英语和职业英语两个方面对语料库建立的相关研究进行综述，以期为专门用途英语学习者及研究者提供更精炼明确、更有层次的系统知识，帮助他们把握语料库运用到专门用途英语中的发展规律来预测发展或研究趋势。

4.1 语料库运用的相关研究综述

4.1.1 语料库的运用范围

语料库技术被广泛应用于语言研究、计算语言学、人工智能等多个领域，本小节将对语料库的两大主要运用领域进行简要概述。

1. 语料库和语言研究

在语言学领域，语料库方法为语言学研究带来了实证和量化这两个新的标志性特点，在语料库的支持下，关于语言的本质、构成和功能的任何描写与理论提升，都是在语言真实用例和量化数据的基础上进行的，而不是仅仅依靠语言学家的语言直觉。（常宝宝、俞士汶，2009：44）计算机技术的引入也使得语言学研究的工具实现了现代化，语言学家不仅可以凭借各种语料库构建软件进行快速构造和标注，构建满足他们研究需要的语料库，也可以使用基于计算机的语料库分析软件来帮助他们分析语料，检索和提取他们所需要的语言用例和数据。语料库对语言研究影响如此之大，以至于基于语料库的语言学研究方法被专门称作语料库语言学，形成了一个新兴的语言学学科。

除理论研究之外，语料库技术与应用语言学的结合也产生了大量的实用成果，最为突出的是产生了一批基于语料库的词典、语法书和教材资料。在词典编纂方面，目前国际上知名的词典出版社在编写词典时，大都会采用语料库技术，这些出版社不仅与相关的科研机构合作构建语料库，而且也推出了一大批基于语料库的优秀词典，如基于 COBUILD（Collins Birmingham University International Language Database）编写的 *Collins Cobuild English Language Dictionary*，如今已连续出版多个版本，广受好评；在语法书编写方面，Quirk 等基于 SEU 语料库编写的 *A Comprehensive Grammar of the English Language*（Quirk et al.，1985）已是英语语法方面的经典著作。

2. 语料库与计算语言学

20 世纪 90 年代以前，自然语言处理方法基本上是基于规则的方法，为了研制各种自然语言处理系统，研究人员通行的做法是根据所处理的任务，撰写各种规则，然后依据这些规则运用计算机对自然语言进行分析处理，产生预期的分析结果。

20 世纪 90 年代以后，语料库方法逐步进入计算语言学领域，逐步解决了一些使用基于规则的方法难以处理的问题。利用语料库解决自然语言处理问题，一般首先是建立进行语言处理的统计模型或者机器学习模型，然后交由机器从语料库中学习语言模型的参数，填充了模型参数的统计模型或者机器学习模型再被用来处理具体任务中的文本。

由于语料库反映了语言的真实使用情况，在语料库基础上构建的语言处理系统通常能比较高效地处理真实文本，使得自然语言处理系统逐步走向实用。语料库及其标注体系通常也为相关自然语言处理方法提供评价标准，研究人员可以将语料库提供的标准标注作为检验研究思路和方法的基础步骤。

著名的统计机器翻译学者 Franz Och 甚至认为只要有足够的平行语言资料（平行语料库），对于任何的两种语言都可以在几小时之内开发一个机器翻译系统（Mankin，2003；引自常宝宝、俞士汶，2009：44），语料库方法在计算语言学研究中的价值，由此可见一斑。

此外，语料库在计算语言学中的运用产生了一批自动语言标注工具，如词语切分工具、词类标注工具、句法分析工具、语义角色标注工具等。这些工具的产生又反过来进一步促进了语料库的建设，极大地加快了语料库标注的速度。从这个意义上讲，计算语言学技术又成了语料库建设和加工的技术基础，二者相互促进，形成一种良性互动的格局。

3. 专门用途英语语料库的建设情况

专门用途英语所研究的是在不同行业或专业中使用的、具有特定专业术语和特殊语义与语用规定的英语语体，因此，与通用语料库相比，专门用途英语语料库的针对性强、专业化程度高，在专门用途英语研究、教学及专科词典编纂方面的优势非常明显。随着计算机网络技术的发展和语料库开发应用资源的共享与合作，专门用途英语语料库的建设呈现出快速发展的趋势。

国际上已成功建立了大量与语言相关的语料库，著名的如由美国的杨百翰大学（Brigham Young University）的 Mark Davies 教授开发的美国当代英语语料库（Corpus of Contemporary American English，COCA）[①]、John Sinclair在20世纪80年代建立的COBUILD语料库、1959年由英国伦敦大学Quirk教授建立的SEU（Survey of English Usage）英语用法调查语料库等，此外，还有隆德英语口语语料库（London-Lund Corpus of Spoken English）、LOB（Lancaster-Oslo/Bergen Corpus）语料库[由英国的兰卡斯特大学、挪威的奥斯陆大学以及卑尔根大学合作的语料库]、BROWN 语料库（布朗语料库，第一个机读语料库，也是第一个平衡语料库）等。

尽管专门用途英语语料库在建设过程中会面临多种挑战，但限于其特定的语域（register）、话语范畴或研究主题等，具有社会语言学差异属性的专门用途英语语料库比大型通用语料库更适合用来研究专门用途英语。专门用途英语语料库在英语变体语料的规模和代表性方面，均比通用语料库要高，而且，有些话语类型[如课题计划申请书、申请入学的个人陈述等封闭式体裁（occluded genres）]在通用语料库中，由于不易收集而未涉及（Flowerdew，2004）。值得注意的是，专门用途英语语料库的研究者，通常也是该语料库的建库人，对所建语料库代表的特定话语背后的文化语境有着较为深入的了解，这有助于全面、准确地阐释语料数据。现如今，在许多高校专门用途英语研究者中，当进行某项特定研究（如体裁分析研究）时，研究者都会试图通过建立小型的专门用途语料库来服务于其研究目的。如芬兰赫尔辛基大学 Taavitsainen和Pahta（2007）的早期医学英语写作（1375—1750）项目为了考察早期医学学术话语的特征，按作为中世纪与近代思维演进方式节点的1550年分前后两段收集语料数据。Flowerdew（2004）认为，在建设专门用途英语语料库的过程中，需要考虑三大方面的参数：①建立语料库的具体目的以及与具体场景、参与人士以及交际目的等相关的交际的语境化（contextualization）；②语料库规模（约100万~500万词次，小型或子语料库则在 2万~25万词次）；③体裁、文本/话语类型、主题以及英语的变体。（Flowerdew，2004；黄大网、南佐民、王文斌，2010）

学术英语语料库中较具代表性的当属知名学术英语专家 Ken Hyland 教授的多学科学术期刊论文语料库（8个不同学科共240篇论文，合计约130万词次）和著名体裁理论权威专家 John M. Swales 教授的 MICASE（Michigan

① 美国当代英语语料库目前单词容量为4.25亿个，是美国目前最新的当代英语语料库，同时也是世界上最大的英语平衡语料库。该语料库的语料来自于 1990—2011 年，每年更新，检索功能强大，因此它是最佳的英语学习助手，有了一定英语基础的学习者都应该学会使用该语料库，它也是英语教师最好的教学资源之一。该语料库可以通过 http://www. americancorpus.org/访问。

Corpus of Academic Spoken English）学术口语语料库（各层次美国大学学生和教师、职员的课堂与非课堂言语交际，合计约 200 小时、170 万词次），职场英语语料库中关注度较高的有印第安纳大学的慈善话语语料库（取自 6 个不同非营利性慈善领域的劝募信函、个案陈述、项目申请书以及协会年报等体裁，合计约 200 万词次）。香港理工大学的 HKCSE（Hong Kong Corpus of Spoken English）口语语料库，是一个内部结构清晰的混合型语料库，含日常会话、商务话语、学术话语和公共话语四个大小相等的子语料库，采取逐字和韵律转录两种格式，建成后达 200 万词次。

此外，对于专门用途英语相关语料库的语料分析，有关语篇层次的研究表现相对欠佳，这一状况在近 20 年来有了较大改观。首先是美国著名语料库专家 Biber 和他的研究团队（Biber & Jones，2005：151-182）提出的多特征/多维度方法，在跨语域差异研究取得突出成果之后，又通过自动计算而识别出基于词汇的话语单元。其次，以香港科技大学 Flowerdew（2004）博士和美国印第安纳大学 Connor（2004）教授为代表的一批应用话语分析学者，采用体裁分析的理论框架和“认知–修辞”模型对语料库进行手工标注。

4. 语料库用于专门用途英语的相关研究

专门用途英语可分为三分法和二分法。三分法由 Hutchinson 和 Waters（1987）提出，将专门用途英语分为科技英语、商务英语和社科英语；每个分支又可再分为职业英语和学术英语两个次分支。在二分法中，Jordan（1997）则将专门用途英语分为职业英语和学术英语两大分支，且学术英语又可再分为专门学术英语和一般学术英语。这些分支有其相应的语料库，小节 4.1.2 按照二分法分别介绍学术英语语料库和职业英语语料库。

4.1.2　学术英语语料库

随着国际化进程的加快，中国学术界正在逐渐融入国际大家庭，国内外学者也有了广泛的交往与合作。在科学引文索引（science citation index，SCI）或工程索引（engineering index，EI）收录杂志上发表论文已成为衡量个人、单位学术水平的一个重要标志。相应地，很多国内一流学校也要求在读博士生在预答辩前在 SCI 或 EI 期刊上发表论文。这样的形势势必对中国学者的学术英语水平提出了更高要求，同时也是对中国英语教学的更高要求。这对学术英语语类（genre）的研究与学习具有很大的现实意义。

通常我们把专门用途英语分成学术英语和职业英语两个分支，而根据不同的学科和职业，它们又可分为更小的分支。学术英语作为一种语类，指用于学术目的的英语。就其更广的研究范畴来看，包括所有用于学术目的的演讲、专业学术语篇、期刊文章、教科书、调查报告、研究报告、经验总结、工作报告、专著、学位论文等使用的英语语言。学术英语也是学习者学习学术类课程所需的英语语言。正如 Thompson（2006：2）所述："学术英语关注的是在学术背景下的英语教学，针对的是那些想学习另一种语言的学生和那些为了专业学习而需要上英语课程的学生。"由于学术英语语类比较抽象，具体专业和研究方向的语篇语类的确定需要经过语域分析。因为某个具体专业的学术语篇的表征是某种具体的交际形式，而这种具体的交际是在一定的具体情境下进行的。换句话说，任何语篇都是在一定的语境下产生的，人们在相同或相似的语境下使用的语言有很多共同特征，这些特征的总和定义了该语境下所用语言的语类，使这一语类不同于其他语境下的语类。人们只有对某一种语类的特点及该语类与其他语类的异同有所认识，才能在学习过程中根据这些特点和差异去掌握这种语类并加以正确运用。因此，为使中国学者能够正确掌握学术英语语类，必须开展对学术英语，特别是学术英语语类的研究。

随着语言学发展阶段的推进，专门用途英语语言，包括学术英语，可以分成以下几个阶段：语域分析、修辞分析、语境分析、语用分析和语类分析（Flowerdew & Peacock，2001：1-20）。每一阶段各有其侧重点：语域分析主要讨论各个语域的英语文献在时态、语态、人称等方面的特征；修辞分析则注重修辞特点，研究句子是如何连接在一起来表达意义的，辨认语篇的组织模式和表现这些模式的语言手段；语境分析侧重研究被动语态在学术英语中的使用情况；语用分析则侧重祈使语气和模糊限制语在学术论著中的使用情况；语类分析则调查语篇的宏观结构模式和语言特点，并将相关发现应用到语言教学中。

与此同时，语言界的学者们意识到，语言材料在语言研究中发挥的作用已远远超出了人类的想象。我们需要通过建立语料库，观察和寻找现实生活中出现的大量的语例，来追求和强调语料的真实性和客观性。Thompson（2006）指出，语料库建设的目标之一就是为跨学科的高层次人才提供学术写作实践并为语言研究提供语料。因此，学术英语语料库的建立和研究有助于提高中国高层次学者的学术英语水平。

1. 学术英语语料库简介

最早的学术英语语料库是上海交通大学在 1983 年开始创建的上海交大科技英语语料库（Jiao Da English for Science and Technology，JDEST），该语料库包括文、理、工、医四大类，33 个专业，超过 400 万词。学术英语（Flowerdew，2001；Thompson，2006）分为一般学术英语和专门学术英语。对于学术英语语料库的分类，Thompson（2006）认为有四类。第一类为通用英语语料库，其包含一个学术英语语料库，如英国国家语料库就属于此类。BNC 是容量为一亿词的国家语料库，其中 15.8%的语料为学术英语文本。第二类为一般学术英语语料库，如 JDEST 及 MicroConcord-Academic（Scott & Johns，1993）专门收集的属于学术英语的文本。专门学术英语属第三类，如 The Hyland Corpus 选取了 240 篇来自各学科的期刊文章。第四类是学习者语料库，如中国学习者英语语料库（Chinese Learner English Corpus，CLEC），该库大量收集了中国中学、大学学生的英语作文文本。表 4.1 列出了部分学术英语语料库，是 20 世纪八九十年代到 21 世纪初期学术英语语料库发展的一个缩影。

表 4.1　部分学术英语语料库

序号	时间	名称及创建者	容词量（单位：百万）	简介
1	1983 年	上海交大科技英语语料库（杨惠中）	4	文、理、工、医 33 个专业，从英语国家正式出版物中选取。每个专业的语料由约 500 个词的连续语篇构成
2	1992 年	British National Corpus（R. Quirk）	100	15.8%的语料为学术英语文本
3	1993 年	MicroConcord-Academic（M. Scott & T. Johns）	1	选自书籍或文章
4	1997 年	中国学习者英语语料库（桂诗春、杨惠中）	1	收集了中国中学和大学生的英语作文，30%来自英语专业，30%来自大学英语，40%来自中学英语及其他
5	2000 年	The Academic Corpus（A. Coxhead）	3.5	选自 28 个学科的 414 篇文章、教科书、专题著作、手册等
6	2000 年	TOEFL 2000 Spoken and Written Academic Language Corpus（D. Biber et al.）	2.7	书面语料包括教科书、课程资料，口语语料包括上课、办公室交谈及学习小组的口头交际
7	2001 年	The Hyland Corpus（K. Hyland）	1.4	240 篇期刊文章

续表

序号	时间	名称及创建者	容词量（单位：百万）	简介
8	1999 年	The Uppsala Student English（USE）Corpus（M. Axelsson & Y. Berglund）	1.2	收集了 440 名瑞典大学生 1489 篇议论文及作文，以及他们的文学、文化课的书面作业
9	2002 年	Michigan Corpus（J. Swales）	1.7	大学生英语口语语料，也包括上课、会议及面试等的口语语料
10	2003 年	中国学生英语口笔语语料库（SWECCL）（文秋芳、梁茂成、晏小琴）	2	中国学生英语口语语料库（SECCL）的口语子库收入了 1996 年—2002 年英语专业四级口语考试语料；中国学生笔语语料库（WECCL）笔语子库采集了国内 9 所高校英语专业的 1—4 级学生的英语作文，文体为议论文，也有少量的记叙文和说明文，长度为 200~800 词不等，写作条件为课堂限时和课外非限时作文两种
11	2005 年	British Academic Spoken English（BASE）Corpus（H. Nesi & P. Thompson）	1.6	包括 160 堂课和 40 场讨论语料

近 20 年来，语言研究者更专注于不同语类和领域的研究，针对不同语类和领域而建成了各种专门学术英语语料库（Thompson，2006：5）。如 Hyland 建成的 The Hyland Corpus（Hyland 语料库）先是考虑学术语类，而后转向对八个学科语篇的研究。八个学科包括机械工程、电子工程、物理学、生物学、市场营销、应用语言学、社会学及哲学。The Hyland Corpus 收集了完整的文本，能够对语类进行较系统的研究。学术英语语类以及其生成的每个子语类的语篇都有其相应的宏观和独特的语篇成分结构，表现出相似性与独特性。各门学科、各个技术行业发展与形成过程不同，有的学术论文在语言的使用上存在很大差别。某个具体专业的学术语篇的表征是某种具体的交际形式，而这种具体的交际是在具体情境中进行的，所以在分析某个具体语篇时就必须考虑其交际内容、交际活动参与者、讲话媒介等因素。专门学术英语语料库可以帮助我们进行具体专业的学术英语语类研究，把具体专业的学术英语语类区分开来，分别考察它们的语言特点。学术英语语料库的另一个发展趋势是学习者语料库的兴起与发展。学习者语料库广泛收集语言学习者的论文、书面作业及口头语料等，成为大型的学习者语言数据库。学习者语言语料库对学习者语言进行全面而系统的调查和描述，并通过与本族语语料库对比，可以帮助观察和描述不同的母语背景与目的语接触程度差异对语言学

习的影响，分析母语在英语学习中的正负迁移现象。基于学习者语料库的分析提供学习者的典型困难以及在某一语言学习及运用方面的主要障碍，尤其可以给写作教学提供大量的可靠数据并产生积极的反拨作用。更进一步来讲，对于语言习得研究而言，对大量的学习者语言运用材料进行量化分析，能深化人们对语言学习机制的理解，还可以对语言本身的理解提供依据，从而使外语教学在大纲设计、教材编写以及课堂教学等环节更有效，更能适应学习者的需求。由广东外语外贸大学桂诗春教授和上海交通大学杨惠中教授主持完成的中国英语学习者语料库对我国外语教学及语言学与应用语言学研究都具有重大意义（杨惠中，2002：63）。

2. 基于学术英语语料库的研究

自 20 世纪 80 年代起，语料库就被运用到了学术英语领域，但是起初只是用来做纯学术研究。准确说来，学术英语指的是“学业用途英语”。从广义的角度上来说，学术英语关注的是“正规教育体系中以学业用途为目的的英语交流技巧”（Jordan，1997：1），学术英语又可细分为一般学术英语和专门学术英语两类（Jordan，1997：4-5）。一般学术英语强调学习技巧与实践，包括培养学生专业学习所需的学术英语阅读、写作、听讲座与做笔记、做学术报告、查阅英文文献等综合学习技巧（Jordan，1997：141）。专门学术英语强调专门学科的语言学习，包括词汇、语法、语篇、体裁等内容（Jordan，1997：228）。在以英语为第二语言的国家，本科生进行学术英语学习的目的是“在本国接受高等教育，如阅读专业学术文献；也可将其作为到英语国家留学深造之前的准备，如学习各项语言技能”（Jordan，1997：2）。

由于电脑检索能识别语料库文本中的任何符号标记，所以对语料库的使用往往是从检索某个形式开始。在掌握了该形式出现的频率和出现语境的大量信息之后再对其语义、语法和语篇等多方面功能进行分类、归纳和总结。分析的切入点可以从检索项的搭配形式，其在语句或语篇中所处的位置及其具有的语音、词汇和句法特征入手，再扩展到分析上述各层面的相互关系及协调运作。基于语料库的学术英语研究可以从语料库研究的四个层面进行（Kennedy，1998：338）：①词汇层面的研究，探讨某个词项的出现频率、出现语境以及邻近搭配，主要包括词语搭配、词义及词的用法的分布、单词拼写错误和语义韵（semantic prosody）；②句法层面的研究，在已经有了语法标注的语料库里，研究各种词性标记的组合模式以及对各类句型的使用做量化分析；③篇章结构层面的研究，注重口语和书面语篇章的连贯和衔接的语言基础，尤其是探讨话语交际的结构模式；④篇章类型层面的研究，研究各种篇章的语言特征组合情况，从而构建语篇或语体分类的语言标准。

语料库为更精确、更可靠的语言描述提供了基础。基于语料库的研究深化和拓宽了英语在词汇、句法、语义、语篇等方面的研究。基于语料库的词汇研究和词语搭配是语料库语言学研究活动中最为活跃的研究领域（卫乃兴，2001）。语言学者运用语料库语言学的方法和理念，对词语搭配进行了卓有成效的研究，而利用语料库对词汇的研究最常见的就是词典编纂（Kennedy，1998：91）。20 世纪 80 年代初，由 Birmingham 大学的 Sinclair 教授主持建成了专门用于词典编纂的大型语料库——伯明翰英语篇章汇集语料库（Birmingham Collection of English Texts）。之后出版商 Collins 和 Sinclair 合作建成 COBUILD。基于 COBUILD 编写的字典已被广泛地使用，并且获得了普遍好评。

近年来，随着话语分析与篇章语言学等研究的深入，人们不再局限于对语言本身的描述，而逐渐转向对语篇的宏观结构及其交际功能的探讨，以期将语篇归类，从而使看似繁杂无章的语料简单化和系统化。特别是利用语料库研究方法，我们可以处理大量的文本并精确地描写所选语类的语篇特征。通过对不同语类的语篇进行对比，不仅可以从微观上把握语料库中的语料的内在结构及其组织机制，而且还能从宏观上了解它们发生的社会或语篇环境。20 世纪 80 年代末以来，随着语篇研究的不断深入和语料库语言学的兴起，学术语篇的语言研究得以迅速开展，形成了以 Swales（1990）为代表的语类分析法（genre analysis）、以 Biber（1988）为代表的学术语篇的多维分析法（multi-dimensional analysis），以及以 Halliday（1994）的系统功能语法为出发点的分析方法这三个研究流派。何安平（2005）指出语料库语言学发展的热点之一是语料库语言学与话语分析的互动，学术话语研究论文大致可分为论文话语、课堂话语和教材话语三大类。

为了帮助中国学者提高学术英语水平，基于学术英语语料库的研究有必要在各个层面进行。如果一个中国学者刚开始用英语撰写自己研究方向的论文，他需要获得有关篇章结构方面的帮助。对于已经了解了学术英语篇章结构的学者，特别是博士生水平的中国学者，也需要接受有关词汇、语句、写作及修辞技巧方面的培训（Lee & Swales，2006）。

语料库用于学术英语的其他相关研究有很多，如蒋婷（2006）在对比分析 JDEST 学术英语语料库和两个通用英语语料库的基础上，进一步探析和归纳了九个情态模糊限制语的使用倾向及特征，由此揭示出情态模糊限制语会使学术语言的表达更委婉、更含蓄，达到写作者适度推测、缓和语气和自我保护的语用功效。Krishnamurthy 和 Kosem（2007）探讨了在编纂和设计学术英语语料库的过程中需要考虑的因素，如文本的选择和接收、数据注释、软件工具和输出、用户界面等。Lee 和 Swales（2006）从学习者和教师两个角度，为大家提供了一门基于语料库的课程的结构，以及教学中涉及的语言现象。

此外，还有关于多模态的相关研究。语言并不是人类交际的唯一符号资源系统，视像、色彩、空间等均是意义构建的重要选项，因此多模态文本语料库的语料是带有图表信息的印刷类文本、网页类超文本（Perez-Llantada，2006；转引自黄大网、南佐民、王文斌，2010），以及诸如电视广告、纪录片、摄制的课堂授课或商务谈判等动态文本。基于语料库的文本多模态分析可获得使用计算机分析多模态的文本数据并研究其文本的具体意义及意义构建过程。多模态语料库研究以意大利帕维亚大学（The University of Pavia）、德国不莱梅大学（Universität Bremen）、新加坡国立大学（National University of Singapore）居于世界领先地位，领军人物包括 Anthony Baldry、John Bateman、Leo van Leeuwen、Paul Thibault 等。通过对 60 则轿车广告的分析，Baldry（2004）发现轿车广告通常分为三类：轿车-驾驶（car-drive）、轿车-静止（car-stationary）、混合型叙事（hybrid storytelling）。其中大多数轿车是静态的或没有出现司机，近半数的广告刻意避免展示驾驶员的身份，而女性音质在画面配音中占主导（Baldry，2004）。与 OCP（Oxford Concordance Program）或 WordSmith 等传统语料库软件不同，多模态语料库软件（如 Mutlimodal Corpus Authoring System，MCA）实际上是间接从文本数据中搜索规律，而该类语料库事先已由其多模态标注工具描写处理。万雯婷（2014）在《基于语料库的管理学论文结论部分的体裁分析》一文中，基于语料库，利用语步/步骤模式对科研论文结论部分进行体裁分析，探讨了管理科学类科研论文的语类结构和语言特征，为学术论文的阅读和写作提供了指导，具有参考价值。研究所采用的语料库由 30 篇管理科学论文结论部分组成。通过分析，笔者提出了 4 语步模式宏观结构，发现其中“总结研究”是结论部分的核心部分。研究还发现管理科学研究者倾向于指向和期待将来的研究方向，并且经常使用主动语态。以上是基于研究者的特定研究目的，在建立小型语料库的基础上进行的研究。这类语料库研究是作者自己在研究过程中通过阅读大量文献、总结文献特征而形成的特定类型的小型语料库，语料偏少，服务于特定的学术研究。

Grabowski（2013）从语域的角度，基于语料库探讨了病人信息活页（patient information leaflet）中关键词的使用及其功能。Grabowski（2013）通过建立小型的词汇和语法语料库，探讨了英文医药文献的语言及语法变异特征，为专门用途英语教学提供了启示。Cho 和 Yoon（2013）采用语料库的方法，探讨了来源于真实语料的财报电话会议记录的体裁分析在专门用途英语中的价值。

3. 学术英语语料库在英语教学中的应用及问题

语言是不断发展变化的一个庞杂系统。对语言材料进行单一直觉的总结、归纳、判断并用于教学中势必会与现实应用有所不同。例如，在语言教学的课本和教学实践中，很多例子来源于直觉或者第二手资料而非现实生活；而语料库正好给我们提供了得天独厚的语言教学资源，语料库中的例句给学生提供了现实生活中真正会碰到的语言材料，它应该是语言教学研究的出发点。外语教学大纲、教材、教学内容、教学重点、语言点的教授顺序等都应通过特定语料库进行统计、分析后加以制订，只有这样才能使学生掌握的知识和技能更接近于真实英语。语料可以作为实际运用语言的词库，可以服务于不同水平的外语教学。首先，从微观上讲，语料库语言学可以帮助确定词汇教学侧重点、对某些语法项目和词汇的统计分析确定讲授顺序，在教师讲解语言点及语言使用时，提供真实的语例或生成补充教学材料等。其次，教师可以通过建立学习者语料库，从中找出学生常犯的错误进行分析，再把相关语料运用到教学中进行比较学习，也可以根据统计结果确定教学难点，避免学生犯诸如此类的错误。再次，从以学生为中心的角度来讲，教师可以引导学生运用语料库进行语言调查研究。学生通过自主的学习方式，能够更深刻地掌握语言知识。语料库提供的大量语例及使用语境可以让学习者习得相关语言点的用法并形成长久记忆。这种基于语料的语言知识层次性排列，会大大节省学习者的时间，提高学习效率。

然而针对学术英语语料库在教学中的应用，学者们也提出了一些问题和质疑（Thompson，2006）。Dudley-Evans 和 St John（1998）提到学生更愿意由教师而不是他们自己来分析并解释语料库文本，这样也更节约时间。因此，首先要帮助学生培养起自主学习的强烈愿望，强调学习者的主体地位和主观能动性在学习中的重要性，让学生和教师充分认识到，学术英语语料库可以为自主学习提供一个不受时间和地点限制的终身学习的机会。近年来，中国的一些高等院校也已经开发或正在组织人力开发适合自己院校专业特色的中小型资源库或扩展规范集，但是，这些资源库的开发和建设常局限在各自院校内，各自开发的系统缺乏标准化、规范化和兼容性，资源库没有实现校际之间的联系，信息资源难以共享。因此，建立以网络技术为依托的学术英语共享资源库尤其重要。

4.1.3　语料库用于职业英语的相关研究

职业英语所指的英语不是以学术为目的（黄萍，2007b），而是指在职业或工作岗位中需要使用的英语（龚敏，2003）。例如，以下方面所用到的英语：自我介绍和简历的设计；求职、辞职等信函的撰写；面试及其注意事项；与同事交往、与顾客沟通、请示上级的技巧等，其相关研究如下。

Kim（2008）在其 *English for Occupational Purposes: One Language?* 一书中，探讨了在作为一般的职场培训和发展的职业环境下的特定实例的英语教学领域。这是第一本将职业英语和一般培训相结合加以探讨的书。Bhatia 开展的“公司披露文件中体裁融变之分析”（Analyzing Genre- bending in Corporate Disclosure Documents）研究项目所构建的语料库，收集了香港本土上市公司的公司年报、董事会声明、发布会新闻稿、季度性盈亏通报等文件。中医英语是一个相当特殊而且本土化程度很高的专门用途英语分支，而且中医英语发展的落后阻碍了中医国际化的进程（李照国，2006）。国内近年来已开始有关中医英语的建库工作和研究，如南京中医药大学施蕴中的中医英语语料库和江西中医学院陈丽旦、周志刚的中医英语语料库翻译教学平台（李照国，2006）。

夏小维（2014）认为在英语教学转向职业英语的过程中，任务教学法的应用有助于英语基础课程与职业课程的有效对接，可以有效治愈学生学习动力不足、教学与市场需要脱节的顽疾，进而为地方输送更多实用性的人才。杨洋（2014）从需求分析角度，探讨了医药从业人员的药学英语状况，其研究结果显示：医药从业人员普遍认识到药学英语的重要性和必要性，并且绝大部分医药从业人员对在校期间的英语教学感到不满意，普遍认为学校的药学英语教学强度不够，不能满足实际工作的需求，这表明，医学院校的专业英语课程设计与教学与其毕业生在工作中所需的语言能力之间还存在较大差距。王百杰（2015）以专门用途英语理论为指导，以内容为依托，就酒店英语的教学内容、技能培养、教学模式及评价手段等进行探索，突出学生的英语听说技能训练和运用英语进行交际和解决问题能力的培养，真正达到酒店英语教学目的。

Leech（1993）指出："从科学方法的角度，语料库研究方法是一种更强有力的方法，因为其结果是可以验证的。"（转引自陈明瑶，2000：60）将语料库的研究方法运用到专门用途英语教学中乃大势所趋。未来的语料库建设会更全面，专业化的专门用途英语分类语料库也将更为经济有效。大量研究表明，基于数据驱动学习模式的专门用途英语语料库教学研究，能够使我们更好地理解学术与职场语言的使用，以及培训新员工掌握不同职场语境下的各种体裁，同时也有助于培养学生的自主性学习能力。总而言之，对语料库与专门用途英语相关研究的系统了解，也有助于专门用途英语学习者或研究者更为有效地开展各类研究。

4.2 学术语类语料模块标注理论整合探索性研究①

4.2.1 引言

语篇分析是 20 世纪六七十年代发展起来的一门新兴学科并取得了引人注目的发展，它深刻影响了传统意义上的语言研究，对语篇分析的研究越来越吸引着各国、各学科的研究者。国内学术语篇的语言学研究近几年呈现不断发展的趋势，许多研究成果（如黄国文，2001，2007；秦秀白，1997b）借鉴国外相关研究，运用国外语言理论，在继承了多视角和跨学科性研究的同时，展现出了国内研究的特色及创新性。国内学者对于学术语篇的分析表现出越来越浓厚的兴趣，除了研究基本理论（如系统功能语言学理论、体裁分析理论等）在语篇中的应用之外，还着重研究英汉两种不同类型学术语篇的语言分析及篇章特点（如鞠玉梅，2004；杨玉晨，2003），其他学者（葛冬梅、杨瑞英，2005；曾蕾，2005）也做了相关的研究。从学者们研究成果来看，不同的理论都可用于分析同一语篇，差别在于分析目的、分析重点、分析方法和对语篇的解释等方面（慕清，2000）。从语言的发展趋势来看，语篇

① 本部分内容曾作为论文《学术语类语篇模块标注的理论整合探索》发表于《重庆大学学报（社科版）》2010 年第 6 期。

研究在语言学界是个永恒的话题。但是到目前为止，语篇分析还处在一个尚未定性的阶段，它没有一个单一的理论作为指导，也没有大家公认的唯一的、标准的分析方法与分析步骤（黄国文，2007）。

与此同时，伴随着科学的信息化、智能化，语言研究将语料库作为一种新的研究手段加以引进。传统上的学术语篇研究都涉及对语料的描写性分析，而“语料在数量上的不足则是目前研究学术语篇的共性和个性特征、探求其历时演变、研究其宏观与微观因素等问题上的一个瓶颈”（姜亚军、赵刚，2006）。语料库的运用将语言研究集传统的定性分析与客观的定量分析于一身，同时语料库由于语料丰富、便于操作与加工，其应用性与可信度也相对较高，因此语料库研究方法呈现出其他研究方法所难以比拟的优势。标注语料库，即赋码加工过的语料库，因有研究者特定的研究目的作为指导，信息更全面，更适用于研究，扩展了语言研究的广阔领域。

虽然语料库的研究领域越来越广泛，但在专门用途英语这个特殊领域，语料库的应用范围和数量却是相当有限的。语料库应用于专门用途英语研究始于 20 世纪末，专门语料库的出现不仅能够满足研究者的目的，同时指向性更强，应用更方便。Connor 和 Upton（1996）认为专门语料库的出现势在必行，他们认为越来越多的普通语料库在研究语言的结构及其使用中发挥了作用，但当遇到学术体裁和专业学科内的语言使用时发挥的作用就越来越小了。所以研究特殊体裁的专门语料库应运而生，专门语料库把焦点定位在一种特殊的体裁或者特殊的情境，而不是像普通语料库那样通过大量语言的交际功能的使用来研究语言的代表性。Flowerdew（2004）也指出未来将会出现更多基于小型、专门的语料库进行的话语分析研究。基于语料库的专门用途英语语类研究变得丰富起来，如 Marco（2000）试图用语料库证明医学研究论文中词汇使用和固定搭配的类型，Nelson（2000）对专门用途语类中商务英语语类的词汇特征进行了详细描述，与此同时，很多教学工作者开始运用语料库进行商务英语课程设计与教学（如 Curado Fuentes，2002）。

国外学者运用专门用途英语语类进行研究的成果比较丰富（如 Connor & Upton，1996；Flowerdew，2008），然而国内的相关研究却比较有限。已建成的专门语料库有上海交大科技英语语料库 JDEST、上海交大新视野大学英语教材语料库、解放军外国语学院的军事英语语料库（corpus of military texts）等。专门用途语类研究主要表现为专门用途语类翻译平行语料库研究述评、专门用途英语研究的发展状况等（如黄俊红、黄萍、范云，2004；黄萍，2007a）。到目前为止，笔者所收集到的与专门用途英语有关的语料库研究主要有由浙江理工大学谢建平主持的项目“专门用途英语翻译的多维思考”、浙江大学翟云华主持的项目“基于双语语料库的汉英体转换规则的形式研究”、北京师范大学彭宣维主持的项目“评价理论在文体学上的应用及评价语料库的研制”，但是这些研究都是利用语料库来探讨语言文体特征、分析句法词法等，而对专门用途英语语类模块进行标注研究及语料库建设在国内的相关研究中仍是空白。本书试图将修辞结构理论、体裁分析模式、语块研究结合为一体，探讨如何进行这项学术英语模块标注研究。

4.2.2　语篇标注主要理论回顾

在语料库语言学研究过程中，标注研究是研究者有目的、有步骤地对生语料进行加工使之变为熟语料，从而达到期待的研究效果。Kennedy（1998）曾归纳了语料库研究的四个层面，即词汇层面、句法层面、篇章结构和篇章类型。标注研究也体现在这些层面上，主要表现为语音标注、韵律标注、词性标注、句法标注、语义标注、语篇标注等，主要是对学术语类进行语篇上的标注。用于指导语篇标注的成熟理论主要有修辞结构理论（Rhetorical Structure Theory，RST）（陈莉萍，2007），其次还有最新的信息依存模型（Information Dependency Model，IDM）（李良炎，2009）。

修辞结构理论最初是由美国学者 Mann 和 Thompson（1987，1988）在系统功能理论的框架下创立的篇章生成和分析理论，受到系统功能语言学的影响，它从功能的角度研究句际关系进而扩展到语篇。修辞结构理论应用于语篇标注的核心观点如下：首先，语篇是由各具功能的部分根据功能关系构成的；其次，两个较小的部分按一定关系模式组成较大的部分，从而形成语篇的层次结构，同时，不同层次的关系模式具有非对称性，即核心与辅助的关系或多核心关系；再次，修辞结构理论的基本修辞结构关系有 20 多种，但它可以添加新的修辞结构关系，因此具有可扩展性。修辞结构理论结构关系的最小单位为篇位，一般是小句，通过结构段构成树型结构图。所以，修辞结构理论关注的焦点是语篇的核心性和关联性，展现了语篇的结构性和连贯性。

信息依存模型用于指导语篇标注的依据如下：将句子或段落看成一个意义单位，存在信息依存关系，即事物之间的关系对事物的依赖关系。主客观世界中的事物（entity，记为 e）并不是孤立存在的，它们之间存在相互作用关系（relation，记为 r），关系具有方向性和层次性。一个事物及其关系就可以被视为一个整体的意义，称为信息（information），可以用二元组<e, r>（前向信息）或<r, e>（后向信息）表示。此二元组的前后项 e 或 r 可以进行嵌套置换，进而构成相对复杂的组合信息（combined information）和完整信息（full information）。事物相对于关系具有相对独立性。信息中关系对事物的依赖关系称为信息依存（information dependency，ID），记为%。信息依存是融合关系的方向性和层次性得到的一种新型关系，便于准确而简洁地形式化地描述信息。但是二元组属于序列结构，因此只能表示关系的方向性，无法同时表示关系的层次性。在信息<e, r>中，r 信息依存于 e，可记为嵌套二元组<e, <%, r>>，简化记为层次结构 e‹r，‹称为向左信息依存符（left-ID sign）；在信息<r, e>中，r 信息依存于 e，可记为嵌套二元组<<r, %>, e>，简化记为层次结构 r›e，›称为向右信息依存符（right-ID sign）。e‹r 和 r›e 这种表示信息依存的信息层次结构称为信息依存模型，简称信息模型（information model，IM）。IDM 对语篇进行的标注，主要是从词形、句法和依存关系来进行，是一个集词性、句法与语篇综合标注为一体的模型理论。首先从两个中文句子及其 IDM 标注结构来理解此理论：

（1）我来了。（序列关系）他走了。
IDM 标注：
[我来了。]‹[r{序列关系}›他走了。]]

（2）我来了。所以他走了。
IDM 标注：
[[我来了。]‹[r{因果关系}›他走了。]

下面看一个英文例句及其 IDM 标注形式：

（3）Although many studies have examined the associations between occupational exposures and kidney cancer, the evidence is not consistent.
IDM 标注形：
[[[^Although>[[many>^studies]<[have>[^examined>[[^the>^associations]<[between>[[occupational>^exposures]<[and>[kidney>^cancer]]]]]]]]]<','>[[the>^evidence]<[[^is<not]>consistent]]]

看似复杂的标注结构，用李良炎（2009）自己开发的 IDM 图形软件（如

图 4.1 所示）却很容易理解。

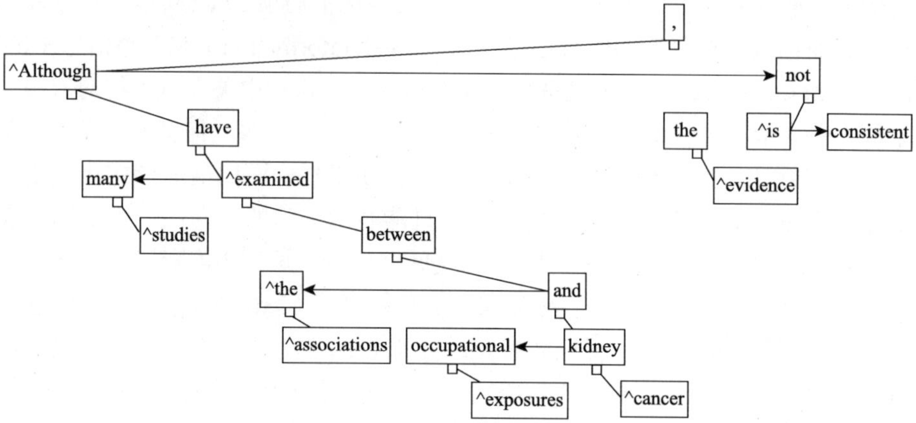

图 4.1　IDM 结构图

例（3）用函数 although（x, y）表示最为恰当，说明从句和主句之间的转折关系，还表示从句与主句之间的信息依存关系即[although, x]>[y]所示。在从句 x 中，也有一个函数关系，就是以动词 examine 为依存关系，examine（x', x"）表示 examine 之前的主语与后面宾语之间的依存关系，同理，主句 y 中 not 语义上传到 be 动词的位置，be 动词又依存于 evidence，相关信息层层上传，最后我们可以看到此例句通过信息依存关系结构的简化形式，即 although… studies... examine… between… and…, the evidence is not…，表示出每层结构中的主要信息点，这跟语块理论标注出的句型结构十分类似。IDM 对语篇标注的研究主要是从词、句以及句子之间的关系来体现的。

虽然语篇标注的这些指导理论在一定程度上是先进的、有成效的，但是基于研究者的不同研究目的，这些理论仍然不能够完全满足研究者自己的研究需要。与此同时，理论并不是孤立存在的，相互之间是有联系的。某些理论在研究某一领域时具有独特的优势，所以对相关理论的整合势在必行。

4.2.3　标注理论整合

由于语篇分析还处在一个尚未定性的阶段，它没有一个单一的理论作为指导，也没有大家公认的唯一的、标准的分析方法与分析步骤（黄国文，2007），同时由于语料库类型的不断丰富，用于指导语篇标注的理论也不统一，因此，怎样将前面的理论加以整合是本书研究的重要关注点。本书探讨将修辞结构理论贯穿于整篇标注的指导思想，以保证语篇内部及标注标签的层级关系，即保持语篇内部连贯性，同时，结合体裁分析理论“自上而下”的视角和语言语块理论“自下而上”的方法，从宏观和微观两个理论层面探讨学术英语语篇框架模块标注。

笔者将体裁分析理论作为宏观层面的主要指导理论，体裁分析理论（Swales，1981）旨在找出学术语类文章的布局形式，即如何有步骤地组织学术语篇的写作。Swales（1990）提出了著名的CARS（Create A Research Space）语步分析模式，为学术写作的宏观结构提供了理论支持，这一发现使专门用途英语的教与学有了新的理论指导，相关的研究有 Bhatia（1993）提出的学术语类 IMRC（Introduction，Method，Result，Conclusion）语步结构，以及Hyland（2000）对科技论文摘要分析的五步模式。体裁分析理论的研究着眼点是语篇的宏观结构，这种结构要么是整个语篇（如研究论文、硕/博士论文、书评和项目申请书），要么是一种语篇的某个组成部分（如论文摘要、论文引言部分和博士论文结尾部分等）（姜亚军、赵刚，2006）。然而，语类分析结构只是从语篇层面上对语类进行分析，不能在句子层面上对关键句和短语进行分析。本书试图在体裁理论的指导下，向读者分步清晰呈现一篇学术论文的结构，同时，在构建的语步框架结构基础上找出各语步段内的关键句，以帮助写作者在按照语步结构进行学术写作的同时运用各语步内的主要句型，提高学术写作的规范性和专业性。

笔者在本书研究中将语块理论作为微观层面的主要指导理论。语块是语言使用中固定或半固定化模式的板块，最早是由 Becker（1975）研究发现的，并提出了预制性短语（prefabricated phrase）的概念。Sinclair（1991）也把这类定形的习惯性短语称作半预制短语，“语言使用者可以使用大量的、构成唯一选择的半预制短语”。基于以上研究，Nattinger 和 DeCarrico 于 1992 年提出了语块理论，他们将人们习惯上认为的短语词汇定义为长度不等的词块，这些词块是语言中出现频率较高，形式、结构和意义较为固定，运用语境较为确定的成串的语言结构，同时兼具词汇和语法功能，由多个词组成，以整体形式被记忆、加工、储存和提取。语言学家 Lewis（1997）把语块分成 4 种类型：①聚合词，或称为单词和短语，即传统意义上的词汇和固定短语，如“for the most part”；②搭配词，即以较高频率出现的单词组合，如 solve 常与 problem 共现等；③惯用话语，指形式固定或半固定的惯用语句，可为完整的句子，也可为固定的句子开头，如 “The aim of the study is to investigate…”；④句子框架和引语，如“on the one hand, …; on the other hand, …”。

虽然 Wray 和 Perkins（2000）对语块进行了操作定义，也详细阐述了语块的功能，但由于语块的灵活性特征以及语言在不断更新，到目前为止还没有比较明确的界定，Wray 在 2009 年中国首届语块研究与教学研讨会上，也指出了语块研究的重点应进一步放在对其定义以及界定的研究上。所以，有关语块理论，笔者在本书中主要是采用 Lewis（1997）对语块的分类，对学术语类的关键词和句型进行定义，从而解决学术语类模块标注中的句型标注问题，使学术文章中的常用句型便于写作者记忆与运用。运用语块理论进行句型标注是本书研究的核心内容。

那么宏观层面和微观层面是如何连接的？它们如何和谐地构成本研究的整体性呢？笔者认为修辞结构理论可以解决这一问题。语篇是具有逻辑性和层次性的，这一点毋庸置疑，因为语篇内在是相互衔接与连贯的，Halliday 和 Hasan（1976）指出语篇不是一些无规则句子的堆构，也不只是由一些大量的语法单位构成的，构成部分还有语义单位。和修辞结构理论不同的是，他们认为词语、句子甚至语篇单位的连贯是由五种基本的衔接手段形成的。与此同时，修辞结构理论是通过篇位（可以是句子，可以是段落等）之间的关系来证明语篇的逻辑性和连贯性的，在本书的研究中体现在宏观层面和微观层面的衔接上。

4.2.4 理论可行性论证

语篇不是一堆任意组合的话语，有意义的合格语篇必须具有连贯性。对语篇的标注也是如此，孤立的语篇标注意义不大，甚至是没有意义的。

在体裁分析理论指导下进行宏观标注的同时，修辞结构理论也有其指导思想。在对整个语篇大框架进行标注时，题目、摘要、关键词、引言、理论综述、研究方法、结果讨论以及结论这些文章的必要组成结构通过修辞结构关系图也可以有所展示。这些结构框架以段落为篇位，体现出修辞结构关系中的序列关系。题目、摘要、关键词是整个语篇的浓缩，是学术论文必须具有的结构。引言主要介绍研究的背景、研究的意义等，起着铺垫作用；理论综述主要介绍本领域内已有的相关研究理论以及还存在的研究空间，即找到研究的空白来填补此项研究；研究方法是在理论指导下采取何种方式来进行研究；结果是研究方法的产物；讨论是对结果中的数据进行分析并进行阐释；结论是对整个研究做的总结。依此看来，单从学术论文的结构来看，引言到结论（分别用数字 1—5 来表示各结构，如图 4.2 所示）是一种序列关系，有时间和空间上的顺承性。

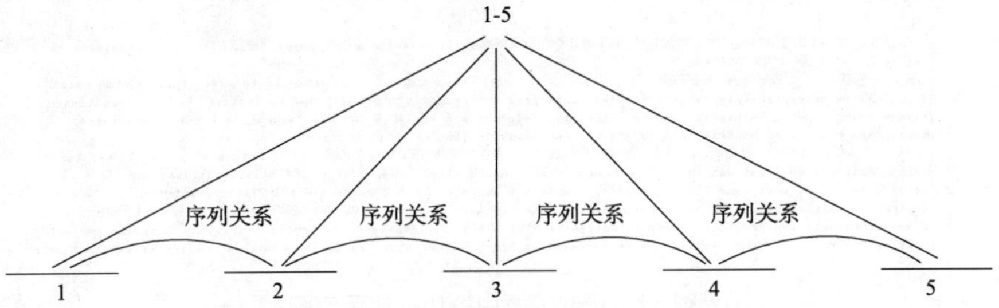

图 4.2 学术论文框架结构之间的修辞结构关系图

资料来源：王伟，1994

1 代表“引言”；2 代表“理论综述”；3 代表“研究方法”；4 代表“结果”；5 代表“结论”

如果是从各模块代表的意义功能来看，概述背景和概述目的之间，核心指向概述目的，两个模块之间是背景关系，概述目的是概述结果的环境关系，概述结论又是一个总结关系。各模块的结构图形如图 4.2 所示。

在语块理论指导下进行关键句标注的同时，修辞结构理论也表现出语块的衔接与连贯（见图 4.3）。

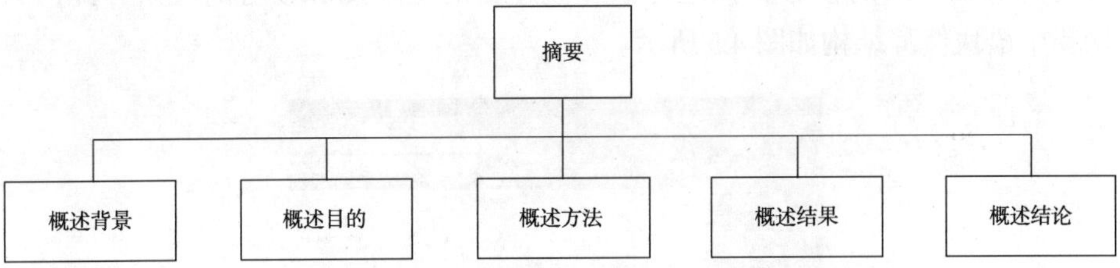

图 4.3 摘要语步标注示意图

在此，本章以具体语料的摘要标注为例[语料选自 *BRAIN RESEARCH* 期刊（2007）133-138]来说明修辞结构理论是如何体现语块间的衔接的。在摘要的概述背景中，笔者通过自己研发的标注软件（标注示意图如图 4.4 所示）标注出概述背景、概述目的、概述结果以及概述结论中的语块。

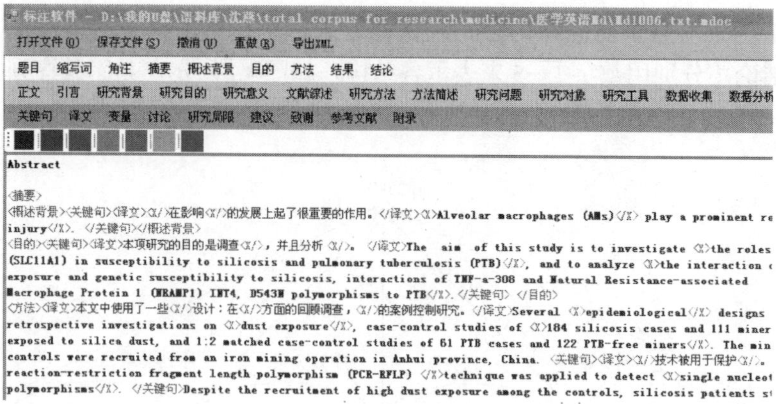

图 4.4　语料摘要中语块标注示意图

在这篇具体语料摘要（如图 4.5 所示）中，概述背景包含三个关键句（即语块）：“Given the prominent role attributed to…, …has been assumed to be one of the key…”（句 1）、“However, only a few studies have directly investigated the role of…”（句 2）和“Even more disappointingly, the results of these investigations have been far from conclusive.”（句 3）这三个句子之间的关系，从“however”和“even more”这两个词就可以体现出来，句 2 和句 1 是让步（Concession）关系，句 3 和句 2 是阐释（Elaboration）关系。概述目的中的语块是“In the present study we further addressed this issue by evaluating…”。概述目的是摘要模块的核心，概述背景和概述目的是辅助和核心的关系，此语料摘要中语块修辞结构如图 4.5 所示。

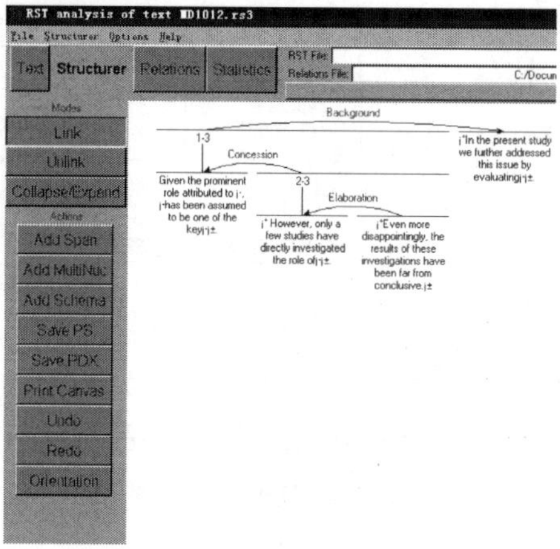

图 4.5　语料摘要中语块修辞结构示意图

摘要中模块之间的连贯关系如图 4.6 所示：1—3 句是概述背景，句 4 是概述目的，句 5 是概述方法，句 6 是概述结果，句 7 是概述结论。

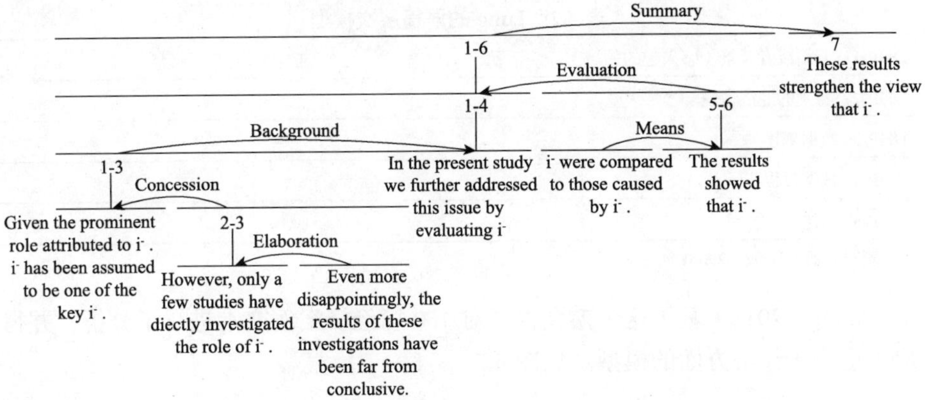

图 4.6　语料摘要中摘要模块和模块内关键语块修辞结构总体示意图

综上所述，摘要各构成部分从宏观层面和微观层面都存在着修辞的结构关系，所以说三个理论具有稳定的三角关系，相互作用、相互支撑，可以作为本书学术语类模块标注的指导理论。

4.2.5　语篇层次模块

文本是指对语言资源的运用，如词汇语法和语篇标记语等。通过分析文本可以发现交际目的如何在语步中实现，以及各个语步如何构成相应的语篇模式。社会方面则指的是文章涉及的社会因素，以及作者如何在文章中融入自己的个人特色。基于前人的研究，Lung（2008）提出了语篇层次模型（discursive hierarchical patterning）。Lung（2008）描述了各个独立的语篇模型（discursive pattern）是如何有层次有等级地加以组合的，并将语篇的分析与学科的特点更进一步结合了起来，指出这个模式包括了文本、语类和社会三个方面。为此，Lung（2008）综合了针对体裁的几个观点：首先体裁是一种特殊的修辞行为，它与社会行为相联系；其次体裁是阶段式的、目标明确的社会过程；同时，体裁是一系列的交际行为，有着共同的交际目的；最后，体裁不是一般的交际事件，在建构语篇时，我们必须遵循某种特定体裁所要求的惯例，但是尽管体裁有其惯例和制约性，内行人可以在体裁规定的框架内传达个人意图或交际目的。基于这几个理论，Lung 通过将 271 篇法律和管理案件的文本材料进行详细对比分析，总结出了一套语篇层次模型（discursive hierarchical pattern，DHP）（见表 4.2）。

表 4.2　Lung 的语篇层次模型

DHP-1：开篇或者背景（感兴趣的领域）经济活动
DHP-2：特别的经济情境
DHP-3: 数据陈述
DHP-4: 数据过程
DHP-5: 结语

资料来源：Lung，2008：428

Lung（2011）基于这个模型，又对 150 篇经济案例文本进行了分析，并得出了适用于经济方面的模型。如图 4.7。

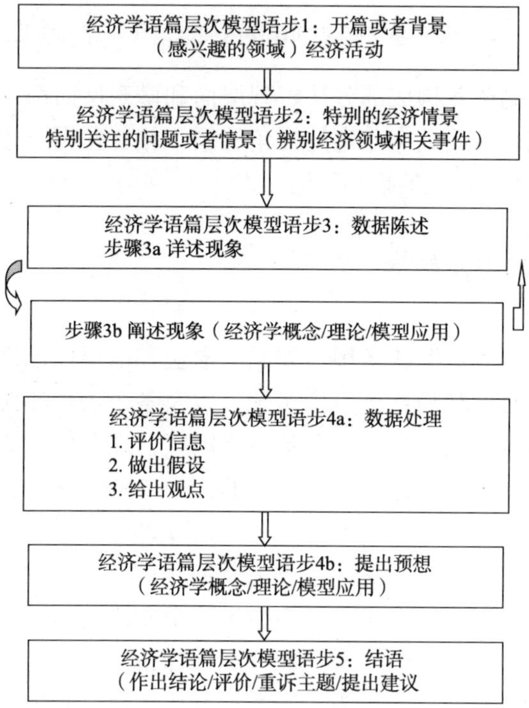

图 4.7　经济学语篇层次模型

Lung（2008）认为语篇分析应该结合文本、社会和语类三个方面来进行研究，这样才能得出更全面的且适用于特定领域的研究结果。因此，本节研究结合 Lung（2008）的模型（见图 4.7）从文本、社会、语类三个方面对经济类期刊英语学术论文的引言部分进行分析，得出经济类学术论文引言部分的语篇层次模型，同时分析语篇是如何围绕该模型展开的。图 4.8 即为此处研究的分析框架。

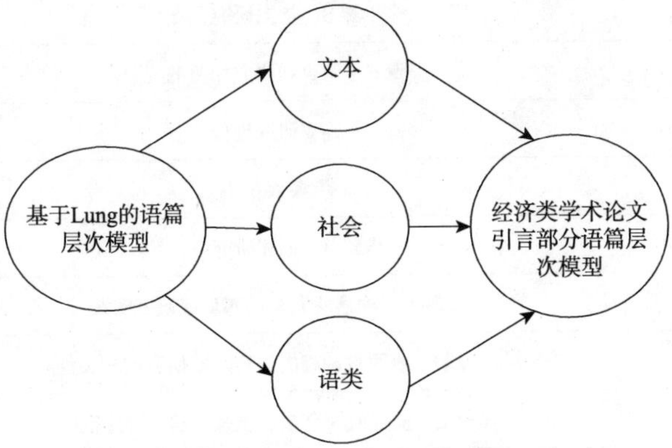

图 4.8　经济类学术论文引言部分结构分析框架

4.2.6　语篇层次结构理论模型

本节所做研究的理论模型基于宏观与微观两个方面：宏观上采用了 Kwan（2006）基于 Swales（1990）的 CARS 模型修改后的语步模型，微观上采用了 Halliday（1994）的主位分类和定义、Danes（1974）的主位推进类型，以及黄衍（1985）提出的 7 种主位推进模式，对各语步所表现的主位结构进行了分析。这些理论都旨在研究每个语步中的主位推进模式。基于这三种理论，笔者为本节研究建立了全新的分析模型。

1. 宏观结构

Swales（1990）基于对文章引言部分的分析提出了 CARS 语步模型，CARS 语步模型包含 3 个语步，每个语步中又包含相应的实现步骤。Kwan（2006）提出的应用语言学博士论文中的文献综述语步结构（表 4.3）是从 CARS 语步模型和 Bunton（2002）修订的 CARS 模型发展而来的。Bunton（2002）主要是将 Swales（1990）提出的 CARS 语步模型加以细化，尤其是语步 3，由原来的 4 个实现步骤细化成了 8 个实现步骤。根据 Kwan（2006）的研究，许多论文中的文献综述章节都呈现为“简介—正文—总结”的形式，并且文献综述的正文部分可以进一步分成 3 个语步，每个语步又包含几个步骤。

表 4.3　Kwan（2006）提出的应用语言学博士论文文献综述的语步结构

语步 1	建立研究领域
	步骤 A　综述相关文献
	步骤 B　指向研究重点
	步骤 C　调查和研究相关的现象
语步 2	确立研究地位
	步骤 A 反诉
	步骤 B　描述研究空白
	步骤 C　确认所调查的知识或研究实践
	步骤 D　表明被调查的内容与本研究的相关性
	步骤 E　提取或综合观点主张以建立理论框架
语步 3	占据研究地位（可选择的）
	步骤 A　研究目的、研究重点、研究问题或研究假设
	步骤 B　理论框架
	步骤 C　研究设计
	步骤 D　论文中使用的术语解释

2. 微观结构

Halliday（1994）提出，一个句子不仅可以分为两个语法部分，即主语和谓语，而且还可以分为两个语义部分，即主位（theme）和述位（rheme）。1994 年，他将主位分为单项主位、复项主位和句项主位。单项主位指的是“仅由一个结构元素组成的句子的主位”，它通常包含一个语义成分，即名词词组或副词词组或介词短语等。相比之下，复项主位指的是包含了多个语义成分的主位，即该主位“由主题主位与其之前任何成分一起构成”。复项主位可以进一步分为语篇主位、人际主位和概念主位。第三个主位分类即句项主位，它指的是在一个复合句中，由一个子句作为主位的情形。

此外，黄衍（1985）提出语篇中有 7 种主位推进模式：平行型主位推进模式、连续型主位推进模式、集中型主位推进模式、交叉型主位推进模式、并列型主位推进模式、分裂型主位推进模式和跳跃型主位推进模式。在平行型主位推进模式中，前一句的主位和后续的句子共享同一个主位。在连续型主位推进模式中，前一个句子中的述位或部分述位成为后面句子的主位。在集中型主位推进模式中，所有句子共享相同的主位。在交叉型主位推进模式中，前一个子句中的主位成为后一个句子的述位，以此类推。在并列型主位推进模式中，段落中的奇数句子共享相同的主位，偶数句子共享另一相同的主位。在分裂型主位推进模式中，第一句的述位是后面每个句子的主位。在跳跃型主位推进模式中，每个句子的主位和述位之间没有明显的联系。值得注意的是，后面的句子中使用的主位或述位的内容不一定需要延续前面句子中的内容。

以 Kwan（2006）提出的三语步模型作为宏观结构，Halliday（1994）的主位分类和黄衍（1985）的主位推进模式作为微观结构，本节研究采用的理论框架如表 4.4 所示。

表 4.4　基于体裁结构、主位和主位推进模式的分析框架

Kwan（2006）的三语步模型	Halliday（1994）的主位分类	黄衍（1985）的 7 种主位推进模式
1）确立研究领域 2）确立研究地位 3）占据研究地位	1）单项主位 2）复项主位 3）句项主位	1）平行型主位推进模式 2）连续型主位推进模式 3）集中型主位推进模式 4）交叉型主位推进模式 5）并列型主位推进模式 6）分裂型主位推进模式 7）跳跃型主位推进模式

4.2.7　主位推进模式

主位在语篇所有子句中如何被组织的方法被称为主位推进。主位推进模式主要研究句子怎样被衔接起来而形成连贯的语篇，并提供一条有效的方法去解释一篇文章是如何组织起来的。Danes（1974）提出了三种基本的主位推进模式，即简单线性模式（simple linear pattern）、连续型主位模式（constant theme pattern）和派生型主位模式（derived theme pattern）。在简单线性模式中，每一子句的主位都来自前面句子的述位。该模式对讲述一系列事件的描述性文章尤为实用，而 Eggins（1994）在主位推进模式中也采用了相似的模式（见图 4.9）。

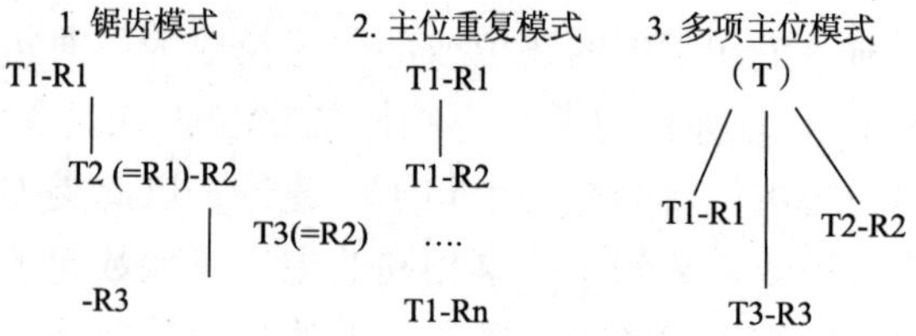

图 4.9 主述位模式

资料来源：摘引自 Eggins，1994

锯齿模式（zigzag pattern）=简单线性模式（simple linear pattern）；主位重复模式（theme reiteration pattern）=连续性主位模式（constant theme pattern）；多项主位模式（multiple theme pattern）=派生型主位模式（derived theme pattern）

第5章

基于学术语类的学术期刊论文各部分结构及其语言特征研究

本章是笔者约 10 年间在专门用途英语语言研究中进行的一些应用研究，均围绕专门用途英语语言如何运用到专门用途英语教学实践中，为笔者及所在的专门用途英语团队设计的国际学术交流英语、专业交流英语两门课程的开发及校本教材的开发打下了基础（见第 10 章）。

5.1 经济类学术论文引言部分的语篇层次结构探讨

5.1.1 引言

随着全球一体化，英语已成为学术交流的核心语言。作为主要的信息交流媒介，学术期刊在国内外学术交流中扮演着越来越重要的作用。对于中国的研究者来说，阅读和撰写英文学术论文成为了解国际最新科研动态及与国外同行交流研究成果的重要途径。引言作为学术论文的开场白，通常需要简单、扼要、精炼地叙述研究的目的、背景、前人的工作和研究空白、理论依据、研究基础及方法、主要研究结果等。一篇学术论文能赢得多少读者，是否能吸引读者继续阅读全文，在很大程度上取决于引言部分写得是否成功。因此，国内外许多专家都对引言的结构和写作方法进行过研究。早在 1981 年，Swales 就对引言的交际目的与语篇体裁结构之间的关系进行了分析，并于 1990 年修正了自己的研究模型，即著名的 CARS 语步分析模型，用以分析不同的体裁结构。自此，越来越多的专家学者将分析的重心放在了修辞语步的结构分析上，不仅把体裁分析扩展到了人文、社会学、语言学等领域（Brett，1994；Holmes，1997），分析的内容也涵盖了学术期刊论文的引言（Swales，

1990）、摘要（Salager-Meyer，1990；Samraj，2005）、方法（Bruce，2008）、结论（Brett，1994；Williams，1999；Bunton，2005）等部分。

国内对体裁分析的研究近 20 年在理论和实证研究方面取得了一定的发展。其中早期的相关研究比较盛行，如鞠玉梅（2004）运用体裁分析理论对英汉学术论文摘要语篇进行了对比分析，黄萍（2008）运用体裁分析理论对中外 TESOL 期刊英语摘要进行了语类对比研究，丁茂平（2007）基于 Swales 的 CARS 模型对医学英语研究性论文引言和讨论部分分别进行了体裁结构和语言上的分析。但这些研究均仅限于体裁分析，只能看到各领域学术期刊论文引言部分的语步结构与异同，看不到引言部分的语言是怎样的，国内外许多专家运用语言学相关理论做了很多相关研究（如 Wei，2016；Samraj & Monk，2008；Poole，2016；王远、任再新，2014；黄萍、胡力方，2014；韩萍、贺宏，2012)。虽然对引言部分的研究不少，但对经济学方面的英文引言的研究还很少，为了拓宽相关研究视野，了解和掌握规范的英文学术论文引言部分的模式，本节研究基于 Lung（2008）提出的语篇层次模块对 24 篇经济类英语学术论文引言部分进行了分析。笔者试图通过对模块特点的分析，为中国学者提供经济学英文学术论文引言部分的撰写模式和框架，为高校的高层次人才培养提供一些教学案例和范本。

5.1.2 研究方法

本节研究采取以定性分析为主、定量分析为辅的方法。

1. 研究样本

本节研究从经济类期刊中选用 24 篇论文建立原始语料库。为了保证研究结果的可靠性，同时减少笔者的主观性影响，语料的收集严格按照科学的抽样方法。对于样本的选取，笔者采取了 Nwogu（1997：121）的抽样原则，即代表性、权威性和可获得性。本节研究是在 2012 年开展的，样本选自具有代表性的外语类核心期刊且论文新颖（均发表于 2012 年）。为了保证权威性，本节研究根据英文经济类期刊的世界排名来选择期刊。为了保证可接触性，本节研究的论文都要以能够从网上直接下载下来为准。

基于以上三个原则，本节研究首先搜索 Elsevier SciVerse ScienceDirect①，

① http://www.sciencedirect.com/.

并下载了三个英文经济类期刊，以排名靠前的 2 个期刊为主要收集来源，分别为 *Journal of Economic Theory*（世界排名 21 位）和 *Journal of Financial Economics*（世界排名 11 位），本节研究从这两本期刊中选用论文建立一个小型语料库。

两本期刊均为月刊，且每期有 12 篇文章。为了能尽量做到客观地选取语料，避免作者的主观影响，笔者按照每 12 篇文章里取第 5 篇的方法，从 2012 年期刊中进行选择。最终获得包含 24 篇文章的语料。

2. 文本分析

基于 Lung（2008）的语篇层次模块，这里先对 10 篇语料进行了前期分析处理，得出了经济类学术论文的语篇层次模块，如表 5.1 所示。

表 5.1　经济类学术论文引言部分语篇层次模块

语篇层次模型 1（EconDHP-1）: Opening paragraph and/or background information 开篇/关于某经济话题的背景信息
语篇层次模型 2（EconDHP-2）: Specific Economic Situation 详述经济话题的现状
语步 1（EconDHP-2-M1）: Identifying the economic issues 识别出存在的争论点
语步 2（EconDHP-2-M2）: Presentation of research 描述相关研究
步骤 1（EconDHP-2-M2a）: Detailing the previous research 列出前人研究
步骤 2（EconDHP-2-M2b）: Explaining the research（Application of Economic Concepts/Theories/Models）解释本研究（如对概念、理论、模式的运用）
语步 3（EconDHP-2-M3）: Data Process 数据处理
步骤 1（EconDHP-2-M3a）: Data Orientation 数据的情况介绍
步骤 1.1（EconDHP-2-M3a-1）: Assessing Information 评估信息
步骤 1.2（EconDHP-2-M3a-2）: Making Assumptions 建立假设
步骤 2（EconDHP-2-M3b）: Making Predictions 对结果进行预估
语篇层次模型 3（EconDHP3）: Closing 结束语（介绍论文结构）

5.1.3　结果与讨论

本节研究基于 Lung（2008）的语篇层级模块，主要回答如下研究问题：①经济类学术论文引言部分的语篇层次模块是怎样分布的？②引言部分的语篇由哪些信息组成了每一个语步？这些语步如何构成语篇模式的？③语篇层次模块在经济类学术论文引言部分中的特点是什么？

1. 经济类学术论文引言部分的语篇层次模块的分布情况

根据表 5.1 对 24 篇引言进行的分析统计，可得出其各部分出现的频率，如

表 5.2 所示。

表 5.2　语篇层次模块及语步在引言部分的出现频率

语篇层次模块	语步（*n*=24）	频率（%）
语篇层次模型 1：开篇/关于某经济话题的背景信息	22	91.6
语篇层次模型 2：详述经济话题的现状	20	83.3
语步 1：识别出存在的争论点	24	100.0
语步 2：描述相关研究	23	95.8
步骤 1：列出前人研究	24	100.0
步骤 2：解释本研究（如对概念、理论、模式的运用）	22	91.6
语步 3：数据处理	10	41.7
步骤 1：数据的情况介绍	8	33.3
步骤 1.1：评估信息	4	16.7
步骤 1.2：　建立假设	7	29.2
步骤 2：对结果进行预估	10	41.7
语篇层次模型 3：结束语（介绍论文结构）	17	70.8

注：*n* 为语步数

表 5.2 显示，每一层次的模块及下面的语步的频率有所不同。总体来说，经济类学术论文层次模块与 Lung 的模块基本相同，但其三大层次之下的语步和步骤选择有显著不同。从表 5.2 可以看出，模块 1 几乎在所有论文中都会出现。模块 2 中，语步 1 和语步 2 的出现频率较高，而语步 3 的出现频率相对较低。相对地，语步 2 中两个步骤的出现频率也要高于语步 3 中的几个步骤。

2. 引言部分语篇层次模块的语步构成

在 Lung（2008）的分析中，经济类案例文本是以介绍研究对象和研究背景开篇的，即为话题提供语境。在经济类学术论文引言部分中也是以该部分开头。这样做的交际目的是打开话题，为读者接下来的阅读提供准备。这部分提供的重点信息是与主题有关的经济形势或者行为的背景信息。主题多种多样，如税收、通货膨胀、拍卖、货币、薪水、进出口业务等。引言部分涵盖面广，大到国家的普遍性经济热点问题，小到日常生活中的买进卖出。例如：

（1）How to sell goods to the buyer who values it the most is one of the main questions of the theory of auctions. When each buyer knows how much she values the good, any common auction format is efficient.①

例（1）中，文章开篇就讨论拍卖中所涉及的主要问题。作者开篇就提出文章将要涉及的主题，开门见山地提出该行业的主要问题。

介绍完话题涉及的背景后，经济类学术论文引言部分开始详细阐述相关理论及现有的数据。如表 5.2 所示，在经济类学术论文引言部分，该模块分别通过三个语步来实现。

语篇层次模型 2“详述经济话题的现状”中的语步 1（识别出存在的争论点）可以说是引言部分中至关重要的内容，包含了相关理论或者观点。例如：

（2）What are the opportunity costs of being a student attending higher education? Is the opportunity cost to the individual of attending higher education different from the opportunity costs to society as a whole?②

（3）Samuelson [18–20] provided the first clear statement of a theory of public goods and presented an analysis of public good economies within a general equilibrium context. His main concern... Starting with Foley [10], there have been various attempts to address that problem by introducing public goods into a standard general equilibrium model. Malinvaud [13, p. 213] proposed to study a completely decentralized, market-oriented model, where the public good is to be financed by voluntary subscription, with each household making a contribution to increase the production of public good...③

从例（1）~例（3）可以看出，经济类学术论文引言部分以理论的冲突或者从某一客观性的问题入手（即语步 1，识别出存在的争论点），其或是从总体的经济角度或是从更为社会化的层面切入问题。此外，所探讨的主题（问题）都是建立在相关理论基础上的，如例（2）中“What are the opportunity costs of being a student attending higher education?”，同时以理论上的冲突来凸显问题。

另外，相对于叙述性的语言，经济类学术论文引言部分更多的是以评论性的话语来提出问题以明确主题。如例（2）中“Is the opportunity cost to the

① 引自“On efficiency of the English auction”，2012，p. 1398.

② 引自“‘Opportunity Cost: The Cost and Benefit of Education’ in Sloman”，2000，p. 2280.

③ 引自“Subscription equilibrium with production: Non-neutrality and constrained suboptimality”，2012，p. 407.

individual of attending higher education different from the opportunity costs to society as a whole?"。

语步 2"描述相关研究"这部分则是在前一层结构的基础上，进一步阐述与主题相关的现象、理论、模式与研究等。这一语步由两个步骤组成：步骤 1：列出前人研究；步骤 2：解释本研究（如对概念、理论、模式的运用）。这两个步骤常常是整合在一起的，并未分得很清楚。如例（3）中，"Samuelson [18–20] provided the first clear statement of a theory..."和"Malinvaud [13, p. 213] proposed to study a completely decentralized, market-oriented model..."，在列举 Samuelson 和 Malinvaud 的研究理论中，也解释了该研究涉及的理论和模式。

同时，在详细阐述的过程中，文章作者也通过反映与主题相关的理论之不足、研究的不充分等方式来涉及该主题的研究空间。例如：

> （4）To the best of our knowledge, the literature still lacks a theoretical model of economic growth with a fully specified banking sector able to generate the contrasting predictions that the evidence suggests.①

此外，从例（4）"To the best of our knowledge"可以看出，与其他学术类论文不同，经济类学术论文引言部分并没有那么客观化，相反，使用第一人称的频率较高。

语篇层次模型 2 中的语步 3 即数据处理方法紧接在描述相关研究之后，和上述解释相同，在经济类学术论文中这个部分更多的也是对理论等的处理，是作者自己对将要涉及的理论、模式和研究等的处理。表 5.2 显示，这一层比较复杂。从内容上分析，这一部分更偏向于研究假设、运用和处理，例如：

> （5）We assume that the public good is produced by a public firm whose goal is to maximize the amount of production under the constraint that costs have to be financed by the total amount of households' voluntary contributions.②

① 引自"Credit quantity and credit quality: Bank competition and capital accumulation"，2012，p. 968.

② 引自"Subscription equilibrium with production: Non-neutrality and constrained suboptimality"，2012，p. 407.

如例（5），assume 体现了作者在倾向于运用某个经济学理论以后，进行了一个对情况或者结果的假设。但是，从表 5.2 可以看出，数据处理这一语步在经济类学术论文引言部分中运用不是很多，仅占 41.7%。

有关结论部分，在 Lung（2008）语篇层次模型中也分成了好几个语步（给出结论和建议），但通过对语料的分析统计发现，在经济类学术论文引言部分中结论部分多为对整个学术论文结构的简述，如包含哪些部分、每个部分有些什么内容。如例（6）：

（6）This paper is organized as follows. Section 2 introduces some basic notation and definitions, the discrimination curves and the discrimination partial orders. Our equivalence theorem is set out and discussed in Section 3. Section 4 concludes the paper by suggesting some applications and extensions. The proof of the result is given in Appendix A. ①

例（6）中作者详细介绍了论文由几部分构成、每一部分的内容是什么。

3. 语篇层次模型在经济类学术论文引言部分中的特点

从前面对经济类学术论文引言部分的语篇层次模型的语步构成及其嵌入形式的分析也可以总结出该部分的特点。首先从上面的分析中可以看出，语篇层次模型与学科特征有很大的关系[如例（1）]。作者将经济与社会哲学紧密相连，在撰写经济类学术论文引言部分时会从理论的冲突或者某一社会客观性的问题入手，其或是从总体的经济学角度或是从更为社会化的层面切入问题。同时，由于文章作者在撰写时多以评论性话语来提出问题并进行分析，因此与其他领域的学术文章相比，经济类学术论文在语言方面并没有那么客观化，相反，使用第一人称的频率比较高。使用第一人称缩短了研究者与读者之间的距离，使读者更轻松地进行阅读。因为如“we”或者“ours”之类的第一人称词，不仅指作者和读者社交和交际的角色，而且还表明作者和读者之间研究工作和研究目标的一致性，还有一个重要原因就是作者要强调他们自己对这一研究和这一领域所做出的贡献。

① 引自“A stochastic dominance approach to the measurement of discrimination”，2012，p. 1343.

5.2 经济学博士论文中文献综述部分的语步与语言研究

5.2.1 引言

英语作为一种全球性的语言，已经证明了其在社会生活方方面面的重要性。英语相关学科也引起了学者的广泛重视。其中，被广泛应用且具有强大实用性的专门用途英语指的是一种基于学习者需要、服务于特定目的的英语教学，它主要是为了研究英语在各个领域的使用情况。诚然，学术英语语篇在语法和风格方面受到了相当多的关注（Bhatia，1993；Swales，1990），如关于时态、语气和形容词的功能等的研究（Burrough-Boenisch，2003；Hinkel，2004；Soler，2002）。此外，学术论文中的各个部分基本都被研究过（Hyland，2000a；Bunton，2002；Shehzad & Abbas，2016；Kwan，2006；Soler，2002；Aull & Swales，2015；Nguyen & Pramoolsook，2016)，所有的相关研究都有助于学术语篇的发展。在这些研究中，Kwan（2006）的研究总结了博士论文中文献综述部分的 3 个语步结构，为本节研究奠定了基础。此后，关于学术语篇中文献综述的研究也引起了很多关注（Booth，Sutton & Papaioannou，2016）。

文献综述作为学术写作中引言和正文之间的过渡部分，对于介绍研究空白和研究主题具有重要意义。文秋芳（2001）提出，文献综述部分阐述了研究者对研究主题的概念性理解及其研究的必要性。总的来说，文献综述部分向我们展示了研究者对一个特定研究的相关领域和背景信息的理解，这在学术写作中应该是最困难的部分。此外，文献综述撰写的好坏已经成为衡量一个人语言组织能力或其内在的学术思维是否连贯和是否符合逻辑的重要标准。

然而，许多人不太重视文献综述部分的写作。他们认为文献综述部分的写作只是完成整个语篇写作的常规步骤，只要有足够的字数和丰富的文献即可，且大多数时候，文献都是随机出现在写作中，或者只是单纯地被一条一条列出来，却并没有考虑到文献与内容之间的关系及其文章的内部逻辑。此外，大多数有关文献综述的研究都是有关文体特征、体裁对比或句法分析的（Kwan，2006；Soler，2002；Aull & Swales，2015），这些分析均对文献综述写作做出了贡献，却很少有人将其与基于体裁和主位推进理论的英语博士论文文献综述部分的内在连贯性结合进行分析。

本节研究通过宏观和微观结构分析，从 ProQuest 学位论文库中抽取了 20 个经济学博士的英语论文作为样本，旨在探讨这些论文中，文献综述部分的体裁和主位推进模式之间的关系及主位推进模式的类型。基于 Kwan（2006）的三语步模型、Halliday（1994）的主位分类，以及黄衍（1985）的主位推进模式分类，本节的研究采用了 Strauss 和 Corbin（1994）和 Freeman（1998）的数据分析模型，通过定性和定量的研究方法来进行文本分析。最后，本节的研究旨在弥补先前关于主位推进模式的研究在理论上的不足，并帮助博士生训练其在文献综述部分学术写作的逻辑性和连贯性。本节的研究旨在回答如下 3 个研究问题：①经济学英语博士论文中文献综述部分的语步是如何分布的？②在经济学英语博士论文文献综述的各个语步中，分别采用了什么样的主位类型和主位推进模式？③文献综述的体裁风格和主位推进模式之间的关系是什么？

5.2.2　研究方法

ProQuest 学位论文数据库是目前中国可以提供大量不同领域高质量全文论文的数据库。本节的研究对象是 2013—2015 年经济学领域金融专业的 20 篇博士论文。选取标准是，在 ProQuest 学位论文数据库中，设定检索出版年限为“2015—2019”时发现，2015 年只有 17 篇论文，这 17 篇论文在数据库中都按搜索的相关性（relevancy）排列；进一步浏览出版年限为“2010—2014”时发现，2014 年有 14 篇论文检索结果。最后，为了保证研究的时效性，2015 年检索的 17 篇论文都运用于本节研究中，而根据检索结果在数据库中的排列顺序，2014 年只有前 3 篇论文应用于本节研究中。

本节研究采用了定性研究和定量研究相结合的研究框架。一方面，基于 Kwan（2006）的三语步模型、Halliday（1994）的主位分类、黄衍（1985）的主位推进模式分类，本节研究采用了 Strauss 和 Corbin（1994）和 Freeman（1998）的数据分析模型进行文本分析和数据编码，即采用定性研究方法。另一方面，本节研究还采用了语料库检索软件 AntConc 来对文献综述文本进行定量分析，目的是检索每个语步中主位推进模式和主位类型的具体数字。

5.2.3 结果和讨论

1. 经济学英语博士论文文献综述中语步的分布

基于 Swales（1990）的 CARS 语步模型、Bunton（2002）改进的 CARS 语步模型，以及 Kwan（2006）的 3 语步模型（见第四章 4.2.6），经济学英语博士论文文献综述部分一般可以分为三部分：引言、正文和结论。在本节研究中，研究人员主要关注的是文献综述的正文部分。

根据对这 20 篇经济学英语博士论文文献综述的分析，文献综述部分的宏观语步结构和 Kwan（2006）提出的语步结构基本相似，但是正文部分各个语步之下的步骤还略微存在差别。具体语步结构如表 5.3 所示。

表 5.3 经济学英语博士论文文献综述的语步结构

引言	简要列出研究目的、研究框架和后面正文部分的主题	
正文	语步 1 确立研究领域	步骤 1 调查与研究无关的现象或观点主张
		步骤 2 调查和研究相关的现象
	语步 2 确立研究地位	步骤 1 反向宣称
		步骤 2 描述研究空白
		步骤 3 表明关于调查的观点或研究实践的确认性主张
		步骤 4 表明被调查的主张与自己研究的相关性
		步骤 5 提取或综合观点主张以建立理论框架
	语步 3 占据研究地位（可选择的）	步骤 1 研究目的、研究重点、研究问题或研究假设
		步骤 2 理论框架
		步骤 3 研究设计
		步骤 4 论文中使用的术语的解释
结论	总结文献综述整个章节的主要思想，重申文献综述的主要目的	

2. 经济学英语博士论文文献综述部分的主位类型和主位推进模式

1）经济学英语博士论文文献综述部分的主位类型

基于 AntConc，笔者分析了经济学英语博士论文文献综述各个语步的主位类型比例，如表 5.4 所示。

表 5.4　经济学英语博士论文文献综述各部分中的主位类型

主位类型	引言		正文						结论	
			语步 1		语步 2		语步 3			
	频数	频率（%）	频数	频率（%）	频数	频率（%）	频数	频率（%）	频数	频率（%）
单项主位	93	76.86	1152	51.02	967	53.78	844	61.07	205	56.63
复项主位	28	23.14	1034	45.79	788	43.83	516	37.34	152	41.99
句项主位	0	0	72	3.19	43	2.39	22	1.59	5	1.38
总计	121	100	2258	100	1798	100	1382	100	362	100

如表 5.4 所示，经济学博士在英语博士论文中对单项主位和复项主位的使用明显多于句项主位的使用。此外，本节研究发现单项主位广泛应用于文献综述正文部分的每个语步中，如表 5.4 所示，主要以名词词组、副词词组或介词短语的形式出现。例（7）中的画线部分即典型的单项主位，且以名词词组的形式出现。

（7）(2015-15)：

Colleges and universities(T1)| have taken advantages of the price-demand relationship in student enrollment by employing tuition discounting strategies to increase revenue(R). A discounting strategy (T1)|requires a tuition price that (combined with other sources of revenue) exceeds an institution's costs per student(R). The price of tuition(T1)| is then discounted in the form of grants paid for with foregone revenue(R).

复项主位最常用的结构是“语篇/人际+概念主位”，而其中“语篇+人际+概念主位”的形式很少使用。在例（8）中，“However, others”即一个复项主位，形式为“语篇+概念主位”。毫无疑问，像人际主位一样，语篇主位也可以进一步分为持续成分（如 yes、no、well、now）、结构成分（如 and、if、who）和连接成分（如 in other words、for instance、however）。因此，例（8）中的“However”只是作为连接句子的连接成分，并且根据每种成分的分类，属于语篇主位中的连接成分。

（8）(2015-10):

However, others(T2)| found students to be less sensitive to aid than they were to tuition, the effect changing depending upon the type of aid(R). Enrollment (T1)|was generally more sensitive to grants than to loan or work study wages(R).

2）经济学英语博士论文文献综述部分的主位推进模式

由表 5.5 可知，经济学英语博士论文文献综述部分主要采用了平行型主位推进模式、连续型主位推进模式和跳跃型主位推进模式。20 篇语料中，分别只有 1 篇文献综述在其正文部分的语步 1 和语步 2 使用了集中型主位推进模式，有 2 篇文献综述在正文部分的语步 3 也同样使用了该主位推进模式。此外，也分别只有 1 篇文献在正文部分的语步 1 和语步 2 中使用了分裂型主位推进模式。

表 5.5　经济学英语博士论文文献综述部分的主位推进模式及结果

文献综述部分的语步结构		文章数量和主位推进模式所占的比例													
		TP1		TP2		TP3		TP4		TP5		TP6		TP7	
		数量	比例（%）	数量	比例（%）	数量	比例（%）	数量	比例（%）	数量	比例（%）	数量	比例（%）	数量	比例（%）
引言		20	100	3	15	—	—	—	—	—	—	—	—	—	—
正文	M1	20	100	15	75	1	5	—	—	—	—	1	5	4	20
	M2	20	100	20	100	1	5	—	—	—	—	1	5	2	10
	M3	20	100	16	80	2	10	—	—	—	—	—	—	14	70
总结		20	100	12	60	—	—	—	—	—	—	—	—	6	30

基于黄衍（1985）给出的平行型主位推进模式的定义，在例（9）中的句①和句②就共享一个主位，即“This study”。虽然“the purpose of this study”和“this study”之间存在细微区别，但前者实际上是后者的一部分。因此，它们本质上是相同的。因此，根据 1985 年黄衍的定义，句子①和句子②就形成了平行型主位推进模式。同样地，句③和句④也有一个共同的主位“the review”。虽然在句④中，主位应该是“This”，但从分析可以推断，“This”实际上指的就是文献综述（the review）。因此，句③和句④也构成了平行型主位推进模式。

（9）(2015-04):

[TP1] ① The purpose of this study(T1)|is to better understand the privatization efforts of public AAU institutions by examining the changing proportions of revenue coming from tuition and state appropriations(**R**). ②This study(**T1**)|will also simultaneously look at whether there was a change in the total of tuition and state appropriations revenue that public AAU institutions received per student(**R**). **[TP1]** ③Therefore, the following review (**T2**)|of literature covers topics related to four-year public institutions of higher education and their changing resource acquisition as they looked for ways to financially adjust to their changing external environment(**R**).④This(**T1**)|includes topics such as the declining state support for higher education, increasing tuition prices, and the "new normal" or the discussion that recognizes how institutions are now part of an environment where state support is not expected to return to previous levels(**R**).

此外，基于黄衍（1985）提出的连续型主位推进模式的定义，在例（10）中，句②中的 T1（higher education）是句①的述位的一部分，如下划线所示，"all aspects of higher education"。因此，根据连续型主位推进模式的定义，句①和句②构成了一个连续型主位推进模式。

（10） (2015-06):

[TP2]①Trow (**T1**)|(1973) discussed the substantial ways that the three types of access differed through all aspects of higher education, including size of student body, student perceptions of attendance, admissions requirements, the curriculum, student interactions with faculty, administration, and the role the institutions play in society(**R**). ②Access to higher education(**T1**)| is reflective of society's attitude towards the purpose of college(**R**).

此外，基于黄衍（1985）的理论，跳跃型主位推进模式意味着每个句子的主位和述位之间没有明显的联系。并且表 5.5 表明除了平行型主位推进模式和连续型主位推进模式之外，文献综述中还广泛使用了跳跃型主位推进模式。在例（11）中，句①和句②的主位或述位之间没有关系。这种主位推进模式就被定义为跳跃型主位推进模式。

（11）(2015-08):

[TP7]①The state of Colorado**(T1)|** (Colorado Department of Education, 2014a) mandates that every school district in the state receive a per-pupil minimum state guarantee as authorized by Public School Finance Act of 1994 passed by the Colorado Legislature in 1994 and reauthorized every year as part of the Colorado Constitutional requirement**(R)**.②The financing of this 2012–2013 budget**(T1)|** included over $5.5 billion to Colorado school districts**(R)**.

---

3. 体裁风格和主位推进模式之间的关系

显然，一篇论文中文献综述主要是用来证明研究的价值，并说明为什么它不同于文献中所涉及的相关研究（Creswell，2003），它主要是用来列举具体研究的相关主题，因此包括许多名词词组。因此，单项主位被广泛用于文献综述文本中的正文部分的所有语步中。

为了实现文章的内部连贯，在每个语步中尤其是语步 1 里面，复项主位被大量使用。单项主位和复项主位之间的主要区别在于主位的组成部分。语步 1 和语步 2 主要讨论了与某个研究相关的特定主题，或研究空白，或是被调查的主张与作者的研究之间的相关性等。因此，在这类语步中就会提供一些关于主题的新信息，以便进一步提炼主题或进行补充解释。因此，在这类写作中，作者更倾向于采用复项主位。复项主位在语步 1 和语步 2 中的数量明显大于在语步 3 中的数量，这是因为研究目的、研究重点或研究问题通常已经在整个论文的方法部分或引言部分中进行了说明。此外，为了确保文献综述文本的一致性和连贯性，语篇中采用了许多以"语篇/人际+概念主位"形式构成的复项主位，因为这些连接成分或情态/称呼成分（如"therefore""however""certainly""unquestionably"）可以使长篇文献综述文本更流畅。

就主位推进模式的使用而言，由于需要提供相关或非相关研究现象的基本或新信息以及与研究相关的肯定性主张，或者是相关主张与该研究的关系，经济学英语博士论文文献综述中主要采用了平行型主位推进模式和连续型主位推进模式。文献综述文本的内容主要是相关研究领域里与研究相关的事实或观点，这些事实或观点通常由作者以平行的方式或连续的进展模式进行语言组织，以确保文献综述文本能够具有逻辑性且行文流畅，并避免文本的粗糙和僵化。再者，长篇的经济学英语博士论文文献综述中的这些信息彼此之间可能没有联系。为了保证相关信息的完整性，文献综述中也大量使用了跳跃型主位推进模式，这些跳跃型主位推进模式中的句子通常以文献综述的主题为中心，但不会直接反映在主位-述位结构中。

总而言之，根据 Bhatia、Flowerdew 和 Jones（2008：23）提出的观点，“体裁本质上指的是在传统的交际环境中的语言使用，来表达一系列具体的交际目的……通过对词汇语法的使用和语篇布局强加约束来产生稳定的结构形式”。因此，经济学英语博士论文文献综述文本的体裁服务于某些交际目的，而主位和主位推进模式在每个语步的应用有助于确保内部的连贯性和逻辑性，以及内容的流畅性，主位和主位推进模式又服务于具体的语步。

5.3　语言类和数学类国内核心期刊学术论文摘要的体裁对比研究

5.3.1　引言

摘要以一种浓缩的形式体现了整篇文章的结构，它向读者提供了文章的主要信息，提示读者是否与自己所寻文献相关，从而节约了读者的宝贵时间。很少有学术期刊对文稿的要求不需要附上摘要的。因此，分析学术论文中英文摘要的语篇结构及其语言特征是非常有意义的，它不仅对研究者在中英文摘要的写作方面有所帮助，而且对其学术论文的撰写也有重要意义。

自从 20 世纪 80 年代 John Swales 将体裁这一概念与语篇交际功能结合起来并引入专门用途英语教学（Swales，1981，1990），体裁分析越来越受到语言学家和教师的关注。体裁分析在中国的起步晚，大约始于 20 世纪 90 年代，其主要代表人物有方琰（1998）、秦秀白（1997a，1997b，2000，2003）、张德禄（2002a，2002b）等。

对于摘要而言，一些研究者已经从其语篇结构和语言特点等方面进行了研究，如 Salager-Meyer（1990，1992，1994）、Bhatia（1993）、Melander、Swales 和 Fredrickson（1997）、葛冬梅和杨瑞英（2005）、杨瑞英（2006），但是以语言学和数学类论文为研究对象，并同时从中文摘要和英文摘要两个角度对摘要做系统分析的可谓寥寥无几。

5.3.2 研究方法

本节研究基于 Bhatia（1993）的体裁分析理论，通过定量与定性分析，对 84 篇语言学和数学类核心期刊学术论文中英文摘要进行结构及语言特点对比研究。

1. 语料的收集

语言类文章和数学类文章是社会科学和自然科学分支的文章的两个主要代表，笔者试图通过对这两个具有代表性的语料进行分析得到社会科学和自然科学两大分支学科之间的异同之处。出于上述研究动机，考虑到所选样本应具有权威性、可行性和实时性，笔者参照了2005年国内5种语言类核心期刊和5种数学类核心期刊的学术论文摘要。这10种期刊分别为《外国语》《外语与外语教学》《现代外语》《外语教学与研究》《中国翻译》《计算数学》《数学年刊》《数学学报》《数学研究与评论》《应用数学学报》，这些期刊是国内公认的比较权威的学术期刊。通过浏览和筛选，笔者先按 6 选 1 的方法进行选择，然后在选出的语料中再按 3 选 1 的方法随机选取，最终得到 39 篇语言类核心期刊文章的中英文摘要和 45 篇数学类核心期刊文章的中英文摘要。这样得到语言类和数学类核心期刊的论文中文摘要和英文摘要各 84 篇的研究语料。

2. 语步（Move，M）的确定

分析过程以 Bhatia（1993）提出的摘要 4 语步模型为参照，先分别对两类文章随机抽取了 10 篇摘要做了一个前测分析。根据前测分析的结果，笔者对 Bhatia 的语步模型做了适当补充，发现除了 Bhatia 提出的 4 语步，又得到一个新语步——背景介绍。最终确定了以下 5 个语步（表 5.6）。随后对每个语步做了解释附以例句。为了方便研究，每个摘要都进行了编号，例如，LE（1）表示语言类期刊中编号为 1 的英文摘要。

表 5.6 语步分析框架

语步	名称	特点（关键词）
语步 1（M1）	背景介绍	前人研究理论、研究现状
语步 2（M2）	目的介绍	目的、假设、目标、问题

续表

语步	名称	特点（关键词）
语步 3（M3）	方法描述	设计、数据、程序、方法、研究范畴
语步 4（M4）	结果总结	观察、结果、发现、结论
语步 5（M5）	结论陈述	启示、建议、评价

注：基于 Bhatia（1993：78-79）体裁分析理论

语步可被解释为“由一组表现同一意旨取向的语言特征组成的、表达一定交际功能的语篇片段”（Bhatia，1993：78）。在分析过程中，每一个语步都是从语篇功能和语境出发，通过语篇中的语言线索来被辨认和确定的。如果一个或几个句子传达同一交际信息，那么他们就被视为一个语步。同样，如果一个句子中不同语言片段传递的是多个交际信息，那么他们就被确定为几个不同的语步。对于一些缺少信号提示词的语步，笔者通过语义分析来确定其属于五个语步中的哪个语步。正如 Paltridge（2001）所说，用认知的角度去划分区域，而不是仅仅依靠一些语言的特征去划分。

虽然所分析的语料来自两个不同学科，但其主要交际目的都是相同的，都是以简明概括的形式让读者更全面地了解学术文章的主要内容，因为对所有数据的分析都是按照以上提出的五个语步及名称进行的。

3. 词汇特征的分析

上文已指出语篇的交际功能是通过一定的语言信号传达出来的。因此在进行体裁分析的过程中，统计一些语言特征在语篇中的分布能增强我们对摘要这一体裁的认识和理解。前面已提及有些研究者已经对摘要的语言特征有所研究。笔者主要从随机统计词频的角度去分析摘要的语言特征，统计出语言类和数学类中英文摘要排名前 10 的主要词汇。对每一篇摘要，笔者都按以上方法进行了中英文统计，然后计算出这两类不同学科论文摘要的分析结果，最后分析所得结果从而得出由于学科的不同对摘要的体裁结构可能造成的影响及语步的选择对其语言表现形式可能造成的影响。通过计算每一语步在摘要中的分布情况及语言词汇特征在各语步中的分布情况，来验证摘要的语篇结构是否因学科的不同而存在显著性差异，以及词汇语言特征是否因学科和语步的不同而存在显著性差异。

5.3.3 结果与讨论

1. 语言类和数学类摘要语步比较

表 5.7 解释了语言类和数学类学术论文摘要中各语步的分布情况。可以看出在语言类和数学类摘要撰写过程中，似乎存在一些潜在的规则。

表 5.7 语言类和数学类论文摘要语步分布频率

语步	LE (*n*=39)		ME (*n*=45)		LC (*n*=39)		MC(*n*=45)	
	频数	频率（%）	频数	频率（%）	频数	频率（%）	频数	频率（%）
M1(B)	19	48.7	8	17.8	25	64.1	8	17.8%
M2 (P)	33	84.6	36	80.0	30	76.9	36	80.0%
M3(M)	27	69.2	21	46.7	27	69.2	21	46.7%
M4 (R)	26	66.7	38	84.4	24	61.5	38	84.4%
M5(C)	13	33.3	16	35.6	13	33.3	16	35.6%

注：LE：语言类学术论文英文摘要；ME：数学类学术论文英文摘要；LC：语言类学术论文中文摘要；MC：数学类学术论文中文摘要；*n*：语料数量

从表 5.7 可以看出，除了在 Bhatia（1993）提出的摘要模式中出现的语步，又出现了一个新语步——背景介绍（M1）。这一语步出现的原因是中国作者试图开门见山解释其研究的权威性，也就是说，他们想用更多语言建立起研究的重要性，从而在接下来的语步中提出研究的主题思想。

无论是语言类还是数学类摘要，出现频率较高的三个语步为 M2、M3、M4。在语言类英文摘要中出现频率最高的语步是 M2（84.6%，研究目的），出现频率最低的是 M5（33.3%，研究结论）。相对而言，在数学类英文摘要中，M4（84.4%，研究结果）是出现频率最高的语步，而频率最低的语步为 M1（17.8%，研究背景）。这一现象表明了语言类和数学类之间的学科差异性。语言属于社会科学的一个分支，其研究侧重于事物现象本身，研究者试图通过研究现象去找到一些事物发展的规律性及其结果。但语言类英文摘要的 M5（研究结论）出现的频率较低，是由于在很多情况下，在现象的背后，其规律性并不是很显著，每个现象都有其自身的特点。数学是自然科学的一个分支，其研究主要侧重于真理的证明及其实验的验证结果，因此其研究关注的是最后的结果，研究者最想告诉读者的是其研究的内容及其结果，因此数学类英文摘要中 M1（背景介绍）的出现频率仅为 17.8%。这也许是由于研究者想浓缩摘要，或是由于期刊社对来稿摘要字数的限制，所以研究者在摘要中只给出了最重要的信息。笔者查阅了所有期刊的摘要字数要求，发现数学类期刊要求投稿摘要的字数不超过200字，不少于50字便可接受，大部分研究者选择了精简摘要内容。

在语言类中文摘要（LC）和数学类中文摘要（MC）中，各语步所占比例及排名顺序基本与英文版的相同，其中数学类中文摘要与英文摘要中的语步分布结果完全相同，其原因是两者之间是一一对应的英汉意义之间的转换，所以其对应语步也是相同的。而在语言类英文摘要（LE）和中文摘要（LC）中，M1（背景介绍）与 M4（研究结果）的排列顺序相互交换了位置，也就是说在语言类中文摘要中，M1 出现的频率要超过其在英文摘要中的出现频率，这一现象也许是因为语言研究者更注重英文与中文两种语言写作过程中的表达模式的差异性。当他们写中文时按照中文的方式去思维，而写英文时按照英文的习惯表达方式思维。中国人受古代孔夫子三个道德准则的影响颇深，这三个基本道德准则是“卑微、谦逊、权威学问至上”原则。这就是为什么中国人喜欢含蓄的表达方式以避免与别人发生正面冲突，尤其在那些长者或权威人士面前更是如此。在语言类中文摘要中，M1（64.1%，背景介绍）所占的比例远远高于语言类英文摘要（48.7%），表明中国作者常常喜欢在提及论文主题之前，介绍更多背景知识。

除了在语言类中文摘要中排名前三的 M2（76.9%）、M3（69.2%）和 M1（64.1%）之外，语言类英文摘要（LE）和数学类英文摘要（ME）和数学类中文摘要中，出现频率较高的三个语步都是 M2、M3、M4。这表明无论是语言类还是数学类论文作者，他们都比较重视文章的研究目的、研究方法及研究结果，特别是在数学领域，M4 所占比例达到了 84.4%，这进一步证实了摘要最基本的交际功能是在学术领域发现新的结果。对于 M1 的出现频率来说，语言类作者比数学类作者更注重使用 M1（LE：48.7%，LC：64.1%，ME：17.8%，MC：17.8%）。M2 的高频率现象（LE：84.6%，ME：80.0%，LC：76.9%，MC：80.0%）表明了研究者倾向于作者责任（Hinds，1987）的写作风格。换句话说，就是作者要承担更多的交际责任，必须注重读者的视角，作者要把自己的写作意图清晰地展示给读者，而不需要读者费尽心思地去猜测。

2. 语言类和数学类摘要语步模型比较

在语言类和数学类摘要中并不是所有的摘要都是严格按照 5 语步模型出现的。语言类和数学类摘要的语步模型如图 5.8 所示。

表 5.8　语言类和数学类论文摘要语步模式

语步	LE (n=39)		ME (n=45)		LC (n=39)		MC (n=45)	
	频数	频率（%）	频数	频率（%）	频数	频率（%）	频数	频率（%）
M1	1	2.6	2	4.4	1	2.6	2	4.4
M2	8	20.5	17	37.8	8	20.5	17	37.8
M3	20	51.3	21	46.7	21	53.8	21	46.7
M4	9	23.1	5	11.1	6	15.4	5	11.1
M5	1	2.6	0	0	3	7.7	0	0

表 5.8 表明，出现频率比较高的语步有 M3、M2、M4。撰写一个摘要，要想完成其在论文中的语篇功能，要包括 5 个语步中至少 2 个语步，有 2~4 个语步的情况比较常见。在这 3 个摘要模式中，3 个语步模式是最受欢迎的，不管是语言类还是数学类摘要都具备以上特点。这可用马颖和蒲十周（2005）的观点解释：无论社会科学和自然科学关注哪类研究，它们都是对客观世界的真实反映，因此在研究分析客观世界的过程中会存在一些相同之处。

不管是语言类还是数学类摘要，5 语步模型出现的频率均较低，其原因有二：一是数学摘要的语言更注重简洁明了；二是受摘要字数的限制。

3. 语言类和数学类中英文摘要的词汇特点

表 5.9 统计了语言类和数学类中英文摘要中出现频率分别排名前 7 位的词。

表 5.9　词汇统计

主要英文词汇	give	prove	obtain	show	discuss	use	conclusion
主要中文词汇	分析	探讨	通过	对	发现	提出	结论

注：按出现频率高低的顺序排列

1）语言类和数学类英文摘要的词汇特点

在这两个领域中，作者运用了不同关键词汇来组成摘要内容，而且每一语步出现的关键词及出现频率都是不一样的。虽然两个领域的关键词汇明显不同，但两者之间仍然存在一些相同之处。表 5.9 中的词汇就是两类摘要的共享词汇。它们分别是：show、discuss、use，而且它们出现的频率排序从高到低均为 show→discuss→use 。

在语言类英文摘要中，show 出现了 8 次[M2（1 次），M4（7 次）]。在数学类英文摘要中 show 也出现了 8 次[M1（1 次），M4（4 次），M5（3 次）]。这表明语言类研究者更倾向于用 show 来表示其研究结果及讨论语步，而这两语步经常融合在一起。

discuss 在语言类英文摘要中一共出现了 5 次[M2（4 次），M3（1 次）]，而在数学类英文摘要中出现了 7 次[M2（5 次），M3（1 次），M4（1 次）]。这说明不管是语言类研究者还是数学类研究者，在 M2 中他们都用 discuss 介绍研究目的，因此 discuss 可被认为是 M2 的一个关键信号词。

use 在语言类英文摘要中出现了 5 次[M1（3 次），M4（1 次），M5（1 次）]，在数学类英文摘要中也出现了 5 次[M2（2 次），M3（1 次），M4（2 次）]。这表明语言类摘要更倾向把 use 用在 M1 中来完成其背景介绍的功能，而在数学类英文摘要中，在 M2 和 M4 中使用 use 的频率较高，这也许是由于 M1 在数学类英文摘要中所占比例较少的原因（17.8%）。因此，在数学类英文摘要 M1 中没有出现 use 的使用。

从以上词汇分析，我们可以得出，在语言类英文摘要和数学类英文摘要中所出现的前 7 位词均为动词，说明动词在表达意义时具有不可或缺的重要性，这可以用吴为章“动词中心论”的观点来解释。

2）语言类和数学类中文摘要词汇特点

表 5.9 给出的语言类和数学类中文摘要中位居前 7 位的词中有以下几个是重合的，它们分别是“探讨”“通过”“提出”和“结论”。

“探讨”在语言类和数学类中文摘要中均出现了10次，其中8次都出现在 M2 中。这说明“探讨”在完成研究目的（M2）这一语步中起着非常重要的作用。

“通过”在语言类中文摘要中出现了 9 次，其中 M1 和 M2 中分别出现 1 次，其余 7 次全部出现在 M3 中。然而在数学类中文摘要中 6 次“通过”都出现在 M3 中。这说明无论在语言类中文摘要还是数学类中文摘要中，“通过”是表示研究方法的一个重要标示词。

“提出”在语言类中文摘要中一共出现了 6 次，这 6 次全部出现在 M4 中。在数学类中文摘要中出现了 19 次，其中 4 次出现在 M2 中，1 次出现在 M3 中，12 次出现在 M4 中，2 次出现在 M5 中。很明显看出，“提出”是实现 M4 很重要的关键词，它表达了论文的结果。

“结论”在语言类中文摘要中出现了 5 次，且全部出现在 M3 中。在数学类中文摘要中一共出现了 17 次，其中 7 次出现在 M4 中，10 次出现在 M5 中。这说明，“结论”这一词在这两个学科中对于结果（M4）和讨论（M5）这两个语步的实现起着非常重要的作用。

以上词汇的分析同样支持了吴为章（1994）和陆锦林（1980）所提出的“动词中心论”原则，他们认为动词是完成句子及短语功能最重要的词汇。因为以上所有统计结果除了汉语摘要中的“意义”“方法”“结果”“通过”“对……”“以……为”“从……入手”外，其他中英文词语均为动词。在汉语排名前十的词语中有如下三种介词出现的频率也较高，他们是“对……”“以……为”“从……入手”，虽然说介词没有实体意义，它是一种用来表示词与词、词与句之间的关系的词，而且在句中不能单独作句子成分，但是若没有介词，整个句子的表达也将失去意义。所以，和英文不同，介词在中文摘要中发挥着重要作用。

通过对比分析代表自然科学和社会科学两个学科分支的语言类和数学类学科论文摘要之间异同点，我们可以更进一步了解语言类和数学类摘要之间结构与词汇的异同点，从而在阅读与写作摘要时能够更得心应手。

5.4 英汉学术期刊实验性论文研究方法的语篇建构对比研究①

5.4.1 引言

研究方法是指为完成研究主题所采取的手段，学术论文中这一部分通常是叙述研究的步骤或程序，其目的是允许实验的可重复性（Swales，1990），它既是学术论文的基础和重要组成部分，又是判断论文科学性、先进性的主要依据。对于实验性论文，方法部分更是文章的重中之重。因此，写好研究方法是写好一篇高水平论文的关键。

然而，由于科技论文中研究方法结构的不确定性，以及它对读者背景知

① 本部分内容曾作为论文《英汉学术期刊中实验性论文研究方法部分的题材结构对比研究》发表于《中国 ESP 研究》2011 年第 1 期。

识要求较高的特点（Swales，1990），一些语言学家一直以来只是简略地分析了科技论文方法部分的语言特点和修辞结构（Swales & Feak，1994），对其体裁的分析并不充分。尽管随着体裁分析理论的提出和应用，以 Swales（1990）为代表的语言学家开始研究学术论文各部分的体裁结构，但这些研究主要集中在学术论文引言部分（如 Swales，1981，1990）、讨论部分（如 Holmes，1997；Hopkins & Dudley-Evans，1988）和结论部分（如 Brett，1994；Williams，1999），而对方法部分的研究较少。其中 Brett（1994：49）发现，一般研究方法应包含三个语步：①描述数据的收集；②解释研究中变量和概念工作的原理；③陈述获得实验结果的统计技术。Nwogu（1997）通过对 15 篇医学语料的分析，得出医学论文研究方法也有常见的三个语步：①描述数据收集的过程；②描述实验过程；③描述数据分析的过程。Lim（2006）进一步运用体裁分析法分析了经济类学术论文研究方法，并找到了该部分的常用语步和实现各语步的语言结构，但他们的研究要么语料太少，要么局限在某单个领域，很少有进行对比分析的研究。

虽然近年来中国学者开始注重论文写作的宏观结构，他们在国外期刊上发表的文章数量有所增加，但英汉两种语言本身的差异导致中外学者在语篇建构方面呈现不同的特征，而中国学者在向国外期刊投稿时却没有意识到这一点，从而导致投稿失败，阻碍了学术交流。Mohan 和 Au-Yeung Lo（1985）提出英汉学术论文结构对比研究的迫切性；Taylor 和 Chen（1991）也建议应该更多注意英语本族语者和非本族语者，以及学科领域之间在学术论文写作中的区别；Paltridge（2001）进一步指出对学术文章进行体裁分析可以帮助提高英语学习者的学术论文的写作水平。显然，对比英汉学术论文有着重要的意义。

Berthoff（1982：47）认为“思维和语言的关系是辩证的，语言孕育着思维，而思维使语言得以产生”。本节研究认为，方法部分的语篇建构必然受论文作者所处的研究领域与语言社区的影响。笔者从中外核心期刊医学与语言学领域中选取英汉实验性学术论文各 15 篇，共 60 篇，分析了论文方法部分的语篇结构，试图回答以下问题：①代表科技领域的医学论文和人文社科领域的语言学论文，其研究方法部分是否有其固定的语步结构？如果有，其常用的语步有哪些？②同一领域中英汉语学术论文的研究方法是否有异同？③不同领域内用同一语言（英语或者汉语）写作的研究方法是否有异同？

5.4.2 研究方法

基于 Swales（1981，1990）体裁分析理论，采用定性与定量相结合的方法，笔者试图探索相同或不同领域中，用相同或不同语言写作的学术论文方法部分的语篇体裁结构的异同。

1. 语料的收集

笔者所使用的语料均来自笔者所在课题组自建的语料库。为确保分析结果的信度并减少作者的主观因素带来的负面影响，本节研究在数据采集中严格遵循了科学采样的原则。期刊的选择以 Nwogu（1997：121）提出的“有代表性”“有知名度”“可获得”为基本原则，考虑到语言的不断变化和发展，又增加了“时效性”原则。

在语料的选择中，笔者采取了随机数字选择方法，先从已建的英汉双语语料库中分别选取了符合“有代表性”“有知名度”“可获得”为基本原则的论文共 164 篇，为确保所选文章为实验性论文，所选论文须包含实验部分，并剔除了文献综述、编者按、翻译文字等不含研究方法部分的文章。再用 3 选 1 的方法选择了英语医学论文、英语语言学论文、汉语医学论文、汉语语言学论文各 15 篇，共 60 篇。

2. 语步的分析及数据整理

在语步的分析与确定环节，笔者依照 Nwogu（1997）提出的步骤和原则，即通过语篇的上下文寻找相关信息，并参考对应的话语特征信息，如明确的固定表述和动词的形式等。对于缺乏语篇标记的上下文，则以话语主题为主要参考依据。此外，如果一个句子具有双重功能，则按照显著性原则确定该句的语步归属。在语步分析的过程中，找出相关的词汇标识作为确定语步的参考；采取反复研读，并与其他研究方法进行对比来消除不确定性；之后绘制相关的图表，对数据进行登记。

3. 实验前测

为确保实验的可行性，首先从所选的 60 篇语料中选取 20 篇进行了实验前测，研究发现，尽管语言环境或领域的差异使医学和应用语言学论文方法的写作存在差异，但它们都包含相同的四个语步：①介绍研究目的、问题或提出研究假设；②介绍研究对象；③介绍数据收集和实验的过程；④介绍数据分析。各语步及实现的主要步骤如表 5.10 所示。

表 5.10　医学与应用语言学学术论文中研究方法部分的常用语步及其实现步骤

语步	实现语步的步骤
语步 1：介绍研究目的、问题或提出研究假设	
语步 2：介绍研究对象	2.1 研究对象的来源 2.1.1 介绍选择研究对象的标准 2.1.2 介绍研究对象 2.1.3 介绍可能影响实验的其他变量
	2.2 研究对象的分组 2.2.1 介绍分组标准 2.2.2 介绍每组具体情况
语步 3：介绍数据收集和实验的过程	3.1 介绍进行实验的时间、地点或环境
	3.2 介绍所使用材料或工具
	3.3 介绍实验的具体步骤 3.3.1 实验前测 3.3.2 描述实验实施的过程 3.3.3 介绍参与实验的研究员
语步 4：介绍数据分析	4.1 数据分析的目的
	4.2 数据分析的步骤 4.2.1 数据分析工具及检验方法 4.2.2 设定有统计学意义的显著性差异标准

5.4.3　研究结果与讨论

通过对所选的 60 篇论文进行统计，笔者发现不同的作者对方法部分所采用的标题也各不相同，共有 10 种不同的标题：11 篇采用“材料与方法”（materials and methods），19篇采用“方法”（method），7篇应用语言学汉语论文采用“研究设计”或者以其他不同的称呼表达方法这一主题，5 篇应用语言学英语论文采用“研究”（the study），另外 8 篇采用类似的称呼表达方法这一主题。为了叙述和论证的方便，本节研究使用“方法”一词表示具有描述研究步骤或程序这一功能的所有部分。

笔者发现，医学和语言学领域中英汉实验性论文方法部分存在共同的语步，另一方面，尽管医学和语言学论文方法部分包含相同的语步，但实现各语步的步骤出现在不同领域和用不同语言写作的论文中的频率存在差异。表 5.11 显示了语料中方法部分常见的语步及各步骤出现的频率。

表 5.11　研究方法中常见语步及各步骤出现的频率（单位：%）

语步及其步骤	学科和语种			
	医学（汉）	医学（英）	语言学（汉）	语言学（英）
1　提出目的、问题或假设	—	13.33	53.33	40.00
2.1.1 介绍研究对象选择标准	53.33	93.33	—	26.67
2.1.2 介绍研究对象	73.33	86.67	93.33	93.33
2.1.3 介绍实验变量	33.33	13.33	6.67	40.00
2.2.1 介绍分组标准	53.33	13.33	66.67	20.00
2.2.2 介绍每组具体情况	53.33	13.33	66.67	20.00
3.1　介绍实验时间、地点或环境	46.67	66.67	73.33	53.33
3.2　介绍实验材料或工具	93.33	93.33	93.33	93.33
3.3.1 实验前测	—	—	20.00	—
3.3.2 描述实验过程	93.33	93.33	93.33	93.33
3.3.3 介绍参与实验的研究员	13.33	13.33	20.00	13.33
4.1　介绍数据分析目的	—	—	—	6.67
4.2.1 介绍数据分析工具及检验方法	80.00	86.67	93.33	93.33
4.2.2 设定显著性差异标准	13.33	20.00	20.00	6.67

注：文章总共 60 篇；“汉”代表汉语论文；“英”代表英语论文

表 5.11 显示，语言学中，53.33%的汉语论文和 40.00%的英语论文包含了语步 1（提出目的、问题或假设），而医学语料中，只有 13.33%的英语论文包含了此语步；在语步 2.1.1（介绍研究对象选择标准）中，一半以上的医学汉英论文（分别占 53.33%和 93.33%）均包含了该语步，但无语言学汉语论文，语言学英语论文也只有 26.67%；在汉语论文中，一半以上的医学论文（53.33%）和语言学论文（66.67%）包含了语步 2.2.1（介绍分组标准），而包含此语步的英语论文只占语言学论文的 20.00%和医学论文的 13.33%；有 53.33%的医学汉语论文和 66.67%的语言学汉语论文包含了语步 2.2.2（介绍每组具体情况），但只有 13.33%的医学英语论文和 20.00%的语言学英语论文包含了该语步。

通过定性和定量研究方法，笔者对 60 篇中外医学和语言学学术期刊中的实验性论文方法进行了分析，研究发现，医学语言学论文方法的写作有其固定的结构，常用的语步有 2.1.2（介绍研究对象）、3.1（介绍实验时间、地点或环境）、3.2（介绍实验材料或工具）、3.3.2（描述实验过程）、4.2.1（介绍数据分析工具及检验方法）。这是由方法这一体裁决定的，同时，这也说明中外研究者对方法部分写作的体裁意识较强（吴宁，2008）。另一方面，根据 Nwogu（1997：119-138）的标准，具有约 50%以上的研究样本的语步可视为必要性语步，由此可知，语步 2.1.2（介绍研究对象）、语步 3.2（介绍实验材料或工具）、语步 3.3.2（描述实验过程）、语步 4.2.1（介绍数据分析工具及检验方法）是英汉医学及语言学方法的必选语步，这也进一步体现了方法这一体裁的交际目的，即描述研究步骤或程序。

同一领域中，英汉语作者所采用的研究方法总体上是一致的，但仍然存在着细微的差别，主要表现在汉语论文更注重介绍研究对象的分组标准和各组的具体情况，而英语论文对这两个部分的介绍较少。这进一步表明，虽然学术论文的主要目的是使研究更加科学，结果更加可信，但对于不同的民族或语言环境，作者为达到这一目的所采用的手段是不一样的（Kramsch，2000），这也表明中国学者在同国际学术接轨方面还要加强研究。

领域的不同导致出现的语步频率不同，语步下的具体步骤出现的频率也不同，主要表现在以下几点。①语步 1（提出目的、问题或假设）在语言学论文中出现的频率高于其在医学论文出现的频率（见表 5.11）。这是由这两个学科写作惯例的差异导致的。虽然根据 Swales（1990）的研究，介绍研究目的或研究问题是论文摘要和前言的必选语步，但为使论文更具整体性，语言学领域作者往往在方法部分重新介绍研究目的或研究问题；而医学领域体现了自然学科文章简洁的特点，所以在方法部分常省略这一步骤。②语步 2.1.1（介绍研究对象选择标准）在医学领域中运用的频率远远高于语言学领域（见表 5.11），这说明医学论文更注重对研究对象选择标准的介绍，这是由自然学科更加注重科学的严谨性这一特点导致的。③20%的语言学论文包含实验前测，而医学论文并无这一语步，这说明实验前测这一步骤不是这两个领域中方法部分的共同必选语步；语言学领域更倾向于进行实验前测是由于语言学领域的实验结果更易受外界变量的影响，而医学领域的实验结果因为可以通过逻辑推理进行预测而具有较高的可预测性。此外，为提高实验结果的可信度，在语言学论文中，6.67%的作者常通过实施多个实验来寻求某个研究问题的答案或达到实验目的，而医学论文通常只包含一个实验。④学科不同，影响实验的变量必然不同；医学领域的实验更容易受到实验器材的制约，而受试本身的素质（如其受教育水平）必然影响语言学领域实验的结果，所以为提高实验的信度，不同领域的作者在介绍如何减少变量对实验结果的影响时其侧重点不同，如在介绍实验对象时，语言学论文提供了有关受试的学历、专业及其相关成绩的详细信息，而医学论文更多介绍受试的健康状况和病史方面的信息。本节研究发现，医学论文对实验步骤的叙述并无语言学论文详细，有的实验步骤中标有“见文献”的字样，这也进一步说明科技论文中方法部分对读者背景知识有较高的要求（Swales，1990）。

第6章

文化价值观对专门用途英语语言的影响研究

本章主要从两个方面对专门用途英语语言进行探讨。首先从文化价值观方面探讨文化对论文作者认知结构的影响，并从文化差异的视角探讨了外贸商务信函的体裁；其次从多模态角度，对互联网高校简介体裁进行分析和阐述。

6.1 文化价值观对学术论文作者认知结构的影响

6.1.1 引言

近年来语言学界对不同文化间的研究非常重视（Kaplan，1966；Atkinson，1999；Chu，Swaffar & Charney，2002；Connor，2004；Holmes，2004；Brick，2006）。Atkinson（1999）对跨文化写作及不同文化间的修辞结构进行了研究。所谓不同文化之间的修辞研究，指的是“各学科在理论与研究方法上的研究”（Connor，2004：291），重点研究第二语言习得、写作与修辞、人类学、翻译学、语篇分析及体裁分析等理论与研究方法。Holliday（1994，1999）认为不同文化间的修辞研究需要考虑群体中复杂而又相互影响的文化间的差异。Hyland（2000）通过访谈和问卷调查发现，在外语写作过程中，文化、情境和上下文之间存在不同之处。这些研究都说明了在外语写作研究及修辞研究中不同文化之间的研究的重要性。

许多语言学研究者（如Martin，2003；Holmes，1997；Upton & Connor，2001；L. Flowerdew，2000；J. Flowerdew，2001）都对体裁分析进行了研究和对比。Swales（1981，1990）和 Bhatia（1993）分别提出了体裁分析结构模

式，这一结构模式对分析体裁和写作教学非常有用。Swales（1981）的体裁分析结构原理是通过在特定专业领域中完成相应的交际活动，运用分层次图式结构，即语步结构，来分析文本。每一种体裁都有其交际目的，每一语步也为某一特定交际目的服务，而该交际目的也是体裁中整个交际目的的分支。本节研究综合了 Swales（1981，1990）和 Bhatia（1993）的语步结构模式，并结合本节研究的前期研究，总结出了如表 6.1 所示的语步分析综合模式。该模式包含了中外期刊摘要中可能出现的语步模式。本节研究将基于该模式对 64 篇中英语言教学研究期刊文章摘要进行语步分析。

表 6.1　语步分析综合模式

语步 1	介绍研究目的
1.1	背景知识（可选择）
1.1a	介绍主题或者划定相关主题
1.1b	提出相关研究问题
1.2	指出本研究的目的
语步 2	介绍研究方法
2.1	介绍即将使用的研究方法
2.2	介绍研究范围或者介绍前期研究（可选择）
语步 3	介绍结果
	归纳本研究中最重要的结果或者发现
语步 4	做出结论
4.1	提出建议
4.2	指出本研究对以后研究的意义（可选择）

资料来源：Swales（1981，1990）和 Bhatia（1993）的语步结构分析

本节研究运用 Swales（1981，1990）体裁分析理论，采用定性与定量相结合的研究方法对 64 篇中外英语教学研究期刊英语摘要进行体裁分析，并采用半结构式访谈对西部某重点高校 15 名英语教师进行访谈，拟从主观和客观两个方面研究不同文化间的认知结构，探讨在写作过程中文化对中外作者的认知结构所产生的影响，因为文本分析只能从已经发生了的事实中找到规律，但是不能观察到“作者的行为、情感和人们怎样解释周围世界的态度”（Merriam, 1998：72）。

6.1.2　研究方法

笔者综合了定性与定量分析研究方法，从 2003 年中外英语语言学领域学术期刊中分别找到四种语言学领域公认的核心期刊（Gao，Li & Lü，2001），

从中下载所有英语摘要，采用三选一，得到样本64份。从4种国际期刊中获得27篇摘要；从4种中国语言学研究核心期刊中获得37篇英语摘要。

在访谈中，采用半结构式访谈，半结构式访谈比结构式访谈更具灵活性，因此也能够得到更丰富的数据（Merriam，1998）。访谈问题开始都是设计好了的统一问题，但不带任何提示。然后根据访谈内容进行开放式访谈。

本节研究的访谈对象包括教授、副教授和讲师，因为本节研究的重点是探讨期刊作者对摘要写作的看法，这3类受访者更有可能有发表期刊论文的经历。本节研究最终选择了15名访谈对象，包括5名教授、5名副教授和5名讲师。由于在外语教学领域中，女性教师占的比例较大，因此，访谈对象也是女性居多，其中有3名男性教授、2名女性教授、5名女性副教授、4名女性讲师和1名男性讲师。

6.1.3　结果与讨论

笔者发现文化价值观对人们的认知结构可产生巨大影响，正如 Kaplan（1966）所说，文化价值决定人的思维结构和修辞抉择。笔者发现中国儒家思想（如敬畏权威、长辈和集体主义）对学术写作的影响直接影响中国作者在学术写作中的文献引用方式、用词与语言结构等。

根据Swales（1981，1990）的语步分析，笔者对64份样本进行分析的结果如表6.2所示。

表 6.2　应用语言学类中外期刊摘要语步结构对比分析

期刊类别	语步 1				语步 2				语步 3 结果		语步 4 建议/启示	
	1.1 介绍背景		1.2 研究目的		2.1 方法		2.2 研究基础					
	频数	频率（%）	频数	频率（%）	频数	频率（%）	频数	频率（%）	频数	频率（%）	频数	频率（%）
国际期刊（27）	8	29.6	20	74.1	24	88.9	7	25.9	25	92.6	7	25.9
国内期刊（37）	21	56.8	28	75.7	18	48.6	8	21.6	29	78.4	4	10.8

1. 文献引用与剽窃

由于东西方价值观的不同而导致认知结构不同，从而导致对专家观点的引用有不同的看法。正如前面所说，敬畏权威和长辈是中国儒家价值观的具体表现，这一点也会反映到学术写作上，西方对文献引用有非常严格的标准。虽然摘要中的文献引用频率不高，但也存在一些不同之处。表 6.2 显示 56.8%的中国期刊摘要中有语步 1.1（介绍背景），而国际期刊摘要中出现语步 1.1 的只占 29.6%。在语步 1.1 中，中国期刊中有文献引用的情况，而国际期刊中文献引用相对较少。从例（1）和例（2）中可以看出它们之间的不同。两例都提到了相关前期研究，但是，例（1）的国际期刊只关心前期研究，而例（2）却用了相关专家的话来说明相关研究的重要性，虽然这样的情况不多，但是可以从一个侧面反映出其差别。

（1）(国际期刊) (Move 1.1) In the last two decades there has been a growing volume of discourse-based research in a wide range of professional settings. These studies differ considerably in terms of their choice of analytic frameworks and data sites, but also with regard to the professed/implied interrelationship of the researchers with the potential consumers of such research. One particular issue which concerns us in this paper has to do with how discourse-based findings are fed back to practitioner professionals and the extent to which the feedback received from the latter can set the agenda for further discourse analytic work. For the purposes of illustration, we draw upon our earlier consultancy work with the Royal College of General Practitioners.... [*Applied Linguistics*, 2003 (24) 3: 338]

（2）(中国期刊) (Move 1.1) Grice (1957) defined conventional implicatures as inferences that are simply attached by convention to particular lexical items or expressions. Levinson (1983, 2000) outlined the distinctive properties of conventional implicatures. However, both Grice and Levinson failed to pin down the way in which conventional implicatures are derived. This paper employs three types of mappings in Space Mapping Theory (Fauconnier 1985/1994, 1997) to uncover the cognitive processes in which conventional implicatures are calculated. Fauconnier's Access Principle delineates the interlocutor's cognitive strategy of using one concept in one mental space to refer to and consequently trigger another concept in a different mental space....[《外语教学与研究》, 2003，1(35): 26]

访谈数据也显示了受访者对引用与剽窃的混淆和看法。受访者 3 为副教授、在读博士，其研究领域与中国文化有关。她解释了中国作者在摘要写作上与国外作者的不同点。

> 我想主要是思维方式的不同，我的意思是不同的语言在表达方式上很不一样。有这样的说法，即中文的表达方式凭感觉，强调美学，而英语的表达更赋予逻辑性。……自从亚里士多德以来，英语的表达就是以逻辑性和分析为主要表达手段，西方学术上称之为“LOGOS”式，而中文却以“道”为中心，“道”强调“只能意会不能言传”的境界。如果说出去了，（意思）就没有了，而“LOGOS”却以智慧为核心。（受访者 3，访谈实录，2005 年 6 月 14 日）

此外，中国人尊敬长辈、敬畏权威的传统也在一定程度上影响了学术写作，被西方国家抨击得最厉害的就是对专家理论的引用，有的中国写作者引用他人的理论或观点没有写明文献出处（尽管他们现在已经开始注意），而西方学术论文却非常注重这一点。过去，有的中国学者对西方的学术理论进行编译，但是却没有自己的研究和思想，本访谈的受试者也谈到了这个敏感问题。

> 我觉得那些有点名气的专家论文更容易发表，但是他们的论文的质量也不一定比其他的论文好，他们能够发，有的是因为他们的名气，而不是文章的质量。有些专家的论文只是把西方一些专家的研究进行了编译就很容易地发在了核心期刊上，而有的没名气的教师，虽然用心写了一些有价值的学术文章，却发不了……。（受访者 2，访谈实录，2005 年 4 月 20 日）

应该说受访者 2 说的情况是存在的，有些年轻的学者对这样的局面感到忧心。虽然期刊的任务之一是介绍国外前沿理论，但是，有的学术文章没有自己的原创研究，只是对国外的相关理论进行泛泛介绍却可以发表。有的期刊收稿时主要看作者的名气，而给青年学者的机会少。这些都需要加以审视。

此外，也有学者喜欢直接引用外国研究者的理论，尤其是编译别人的理论，虽然已在文章后面指明了出处，但是大段引用或者介绍他人的观点，这从学术规范上来说是剽窃，中外写作者可能都存在这种现象。例如，在语言学类学术期刊中，属于理论综述类文章且没有注明出处的论文还不少。

2. 语言表达

中国传统教育中，对写作的要求之一是词句优美，如学生被鼓励背诵，唱诗在中小学早自习中是一种很普遍的课堂教学环节。笔者认为，这是由于儒家思想提倡尊敬长辈或权威，谦虚是一种美德这样的价值观，就形成了中国人特有的认知结构进而影响了写作思维，这样的认知结构又对课堂教学产生了影响，进而影响了写作思维。

在访谈中，受访者对中国作者的语言表达进行了剖析。他们认为，文化直接影响语言表达。中文喜欢含蓄表达，即不直接说明要表达的意思，因为中国文化鼓励尊敬长辈，照顾他人面子。下面是研究者和受访者 3 就中英文化差异对语言表达所产生的影响的对话。

研究者：从哪些地方可以看出中英文化差异可以影响语言表达，你能解释一下吗？

受访者 3：我觉得从文章的开始就可以看出。比如，中文喜欢先说一些客套话，而英语喜欢直奔主题。（受访者 3，访谈实录，2005 年 6 月 14 日）

此外，较长的开场白也是中文的一大特点，表示中国人崇尚文化知识。表 6.2 中，中国期刊有 56.8%的摘要有语步 1.1（介绍背景），而国际期刊却只有 29.6%，虽然两类期刊在研究目的（语步 1.2）的频率相近。受访者的观点也证明了这一点。

研究者：……为什么中文比英语的开场白长？

受访者 1：这可能是一种中文的习惯。比如，以摘要为例，我们喜欢使用“随着……的发展……”，再介绍相关研究，而英语却直奔主题。即研究目的、方法和研究结论。（受访者 1，访谈实录，2005 年 3 月 30 日）

中文写作相对比较松散而英语比较注重逻辑性。为了显示自己语言表达能力好或者有相关知识储备，中文更倾向于使用一些优美的语句，虽然这些语句表面与主题不相干，但是暗含的意义却是深远的。此外，为了显示自己的相关知识储备，尤其是语言知识储备，中文倾向于使用一些修饰词。以下是受访者之一的观点。

研究者：你说的优美词汇指的什么？

受访者 3：意思是在表达上，中文喜欢粉饰，所以使用一些修饰词，而英语强调平实，即简单语言，但是直奔主题。（受访者 3，访谈实录，2005 年 6 月 14 日）

受访者 4：有的喜欢玩弄语言以显示自己的语言知识。（受访者 4，访谈实录，2005 年 6 月 3 日）

笔者发现，中国人特有的思维方式影响了学者在写作上的表达方式，如较长的开场白是一种间接显示自己的知识和不同意见的形式，证实了 Chen（1986：515）认为中文写作倾向于间接而不是直接表达，与 Brick（2006）所提及的西方人喜欢使用归纳法而中国人喜欢使用演绎法相似。

本节研究说明文化价值观对人的认知结构产生影响，这种认知结构反映在学术写作上的一种表现是中文喜欢间接表达思想而英语则强调直接表达。这也印证了 Cai（1993）的发现，即中国作者更想表现出自己在知识方面的积累，敬畏权威，喜欢间接表达自己的主要思想，而西方作者却喜欢直接表达。本节研究认为，中国作者之所以擅长中国式“文献综述”，是受到了所接受的文化价值观的影响。笔者呼吁教师在写作或者指导学术论文写作时，应注重了解中英文化差异，分析认知结构，从而帮助学生理解中英文表达方式的不同。

6.2　高校互联网简介中体裁的特征：互话语、多模态与超文本性①

6.2.1　引言

随着语篇分析的深入发展，体裁和体裁分析作为其中一个新兴的、充满生机的领域，引起语言学家们的极大兴趣和研究热情。事实上，现代社会对体裁的关注，不仅停留在体裁分析单一的层面上，而是更多地关注对多模态使用的分析。在互联网时代，超文本性也通过超链接的使用得以轻松实现。

① 本部分内容曾发表于《中国 ESP 研究》2019 年第 2 期。

因此，对体裁的多角度、全面化、社会化的理解显得更具有意义。

Bhatia（1993）曾对体裁进行了定义，他认为体裁是一种内部结构特征鲜明、高度约定俗成的交际事件。这种交际事件常出现在特定的职业或学术社团范围，其显著特点是具有能被该社团确认和理解的一整套交际目的。显然，区分语篇体裁的最重要的标准是交际目的。体裁分析既涉及文体分析又涉及语篇分析，是多学科交叉研究的产物，其根本宗旨是研究交际目的和语言使用策略（韩金龙、秦秀白，2000）。

在体裁的基础上，有学者（如 Fairclough，1992；Bhatia，2010）提出了互话语（interdiscursivity）这个概念。互话语作为文本的一种内在属性，指的是体裁、话语、专业实践和专业文化之间的动态关系。Candlin 和 Maley（1997）给出了互话语的定义：在某一特定类型的、带有传统性质的、社会意义的话语和社会实践中运用其他话语和社会实践的构成成分。图 6.1 展示了专业实践中的互话语模型，A 和 B 两种体裁的混合、实践中的混合或文化的混合都表示了互话语性的存在。针对互话语，研究者主要进行了文学领域和批评话语分析角度的研究（Bakhtin，1981，1986；Jones，2010 等）。但正如 Bhatia（2010：35）指出，“目前专业体裁和专业实践的相关研究大多被孤立起来，没有意识到专业实践中的话语实际运用”，对实践中不同文本间的或同一文本中的互话语研究非常有限。

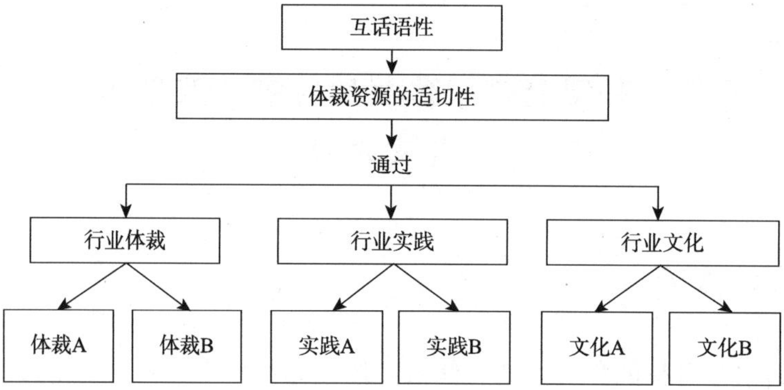

图 6.1　专业实践中的互话语模型

译自 Bhatia，2010

Genette（1997）提出了区分五种文本的“跨越关系”（transtextuality），其中包括超文本性（hypertextuality）：指通过简单转换或间接转换把一个文本从已有的文本中派生出来。超文本性是互联网的基本特性，通过超链接实现文本间的联系。这种联系可以是网站内部联系不同网页的链接，同时可以是网站外部联系不同站点的链接。超文本实现了不同“社会声音”的集合，同时改变了文本传统的线性的特性（Kress，2010）。互联网用户能够根据自己的需求和喜好决定浏览顺序和内容，增强文本读者主动性。

此外，数字时代文本的一大特点是多模态性（multimodality），即在设计某一符号性的产品或事件时运用不同的符号类型，并且将这些符号通过特殊的方式组合起来（Kress & Van Leeuwen，2001）。多模态话语分析指运用听觉、视觉、触觉等多种感觉，通过语言、图像、声音、动作等多种手段和符号资源进行交际的现象（张德禄，2009）。国内外众多学者对多模态研究做出贡献（O'Toole，1994；Kress & Van Leeuwen，2006；胡壮麟，2007；朱永生，2007；O'Halloran，2008 等）。互联网时代的科技发展使得高质量的多模态文本的设计和制造更便捷和自由，例如，运用不同的文本、布局、图像、声音等进行展示。因此多模态性研究能够更加全面、准确地理解话语意义，帮助人类综合使用多种模态达到社会交际的目的（朱永生，2007），但目前基于互联网的多模态研究还很少。

将超链接、超文本与语言学相结合进行的研究十分有限，笔者基于层次划分对高校简介互话语的使用进行分析，同时提出互联网时代下该语篇体现的多模态性和超文本性，旨在提供语言研究的新视角，以探究网络高校简介这一话语的体裁结构及互联网时代下文本的新特性，为语言研究提供符合时代特征的创新角度，并为现实社会互联网话语的创作提供参考。

6.2.2　研究方法

笔者采用定性和定量分析相结合的研究方法，运用体裁分析理论、互话语理论并结合多模态性、超文本性相关研究，对高校简介进行综合分析。研究问题如下：①高校互联网简介的体裁结构是如何建构的？②在该体裁结构下，高校互联网简介中存在哪些互话语的现象？③互联网时代下，高校简介中的多模态性、超文本性是怎样体现的？如何配合互话语的使用？

1. 研究对象

笔者采用了 2014 年世界 500 强大学前 25 名官方网站中的 ABOUT US 版块

（即高校简介部分）的内容，因为世界前 500 强大学的样本专业性更强，研究价值更高，并且网络渠道获取便捷。

2. 研究工具

笔者主要使用篇章分析作为基础研究工具。这是一套广泛应用于语言学、社会学、认知心理学、口语传播等学科的分析方式，可用以分析书面语言、口语、手语等不同的语言形式。

篇章分析强调语言分析应跨越单句的藩篱，着重句与句之间成章成篇的关联性与结构性；同时认为语言分析者应分析自然产生的真实语料，而应避免使用专为研究而造出来的例句。本节研究的内容不仅指文字内容，而是整个版块的所有呈现。分析角度包括文本的体裁分析、互话语分析、多模态性分析和超文本性分析。

3. 数据收集与分析

数据的收集主要通过浏览高校的官方网站，并将 ABOUT US 版块进行文字复制存档和截图存档。文字部分主要用于体裁分析和互话语分析，截图部分主要用于多模态性、超文本性研究。

首先，在 Bhatia（1993）提出的商务促销信七个语步和 Swales（1990）提出的 CARS 模型语步分类的基础上，笔者对 5 份样本进行了试点分析，并与另外一位研究者一起初步归纳出以下语步结构：M1 为欢迎语，M2 为概况描述，M3 为优势证明，M4 为管理结构，M5 为学校历史，M6 为涉外信息，M7 为提供联系方式。此后增加样本数量，并具体分析样本中各个语步的步骤构成及出现频率。

其次，对高校简介体裁每个语步的交际目的进行了归纳，并将该交际目的和以相同交际目的为突出特点的体裁类型进行对比。此后结合特定的职业或学术社团文化，对出现的所有体裁类型进行分类，总结各高校简介中存在的不同职业的多种话语。

再次，以功能语言学为基础，根据朱永生（2007）、张德禄（2009）的多模态话语分析理论，对高校简介文本中的非文字模态在语步中的出现频率进行统计，并观察非文字模态实现的功能。同时统计各语步中超文本的使用频率并总结超文本实现的链接功能。

6.2.3　结果与讨论

通过定性分析及统计，高校互联网简介体裁的语步、步骤、多模态、超文本的使用及出现频率如表 6.3 所示。

表 6.3　高校互联网简介体裁结构及其语步、步骤、多模态、超文本使用情况

语步（move）		步骤（step）	语步出现频率（%）	非文字模态使用频率（%）	超文本使用频率（%）	主要交际目的
M1	欢迎语	S1 欢迎语	88	100	100	宣传目的
M2	概况描述	S2 校园概况	100	96	100	提供信息
		S3 校训、使命				
M3	优势证明	S4 师资力量	100	88	100	宣传目的
		S5 学院专业				
		S6 科研力量				
		S7 荣誉成就				
		S8 优秀校友				
M4	管理结构	S9 校长	76	95	79	提供信息 宣传目的
		S10 组织结构				
M5	学校历史	S11 学校历史	100	84	40	提供信息 宣传目的
M6	涉外信息	S12 新闻出版	100	80	100	宣传目的 提供信息 提供指导 社交目的 展示经济状况
		S13 慈善捐赠				
		S14 来访参观				
		S15 年报数据				
M7	提供联系方式	S16 联系方式	100	80	80	社交目的

1.高校互联网简介的体裁结构

在交际目的驱动下，高校简介具有鲜明的体裁结构。笔者发现，高校简介体裁一般可分为 7 个语步（见表 6.3）：欢迎语、概况描述、优势证明、管理结构、学校历史、涉外信息、提供联系方式，该 7 个语步可细化为 16 个步骤。有关语步出现频率，M2、M3、M5、M6、M7 均为 100%，是必要语步（obligatory move），而 M1、M4 为可选语步（optional move）。

值得指出的是，在高校互联网简介中，不同语步和步骤的出现顺序非常灵活。M1（欢迎语）、M2（概况描述）和 M7（提供联系方式）3 个语步的顺序相对固定，出现在首尾位置，其他语步出现的位置并不确定。语步的灵活性体现了文本自身的复杂性，由于不同高校具有不同的特点和优势，其高校简介也会突出不同的部分，这既能够突出自身优势，也是个性化的体现。这样的高度灵活性一方面体现现代高校宣传对个性的追求，也从侧面显示了西方对教育的灵活开放的态度。

2. 高校互联网简介中的互话语现象

高校简介体裁本身并非某一类典型的话语，它运用了多种话语类型来实现其交际目的。根据表 6.3 中各个语步的主要交际目的和相关特点与职业文化，可以从高校互联网简介文本中划分出以下话语类型。

（1）宣传促销类话语：吸引网络读者的注意，并引导读者采取进一步了解相关信息的行动。例如，广告体裁就是典型的促销类话语。

（2）提供信息类话语：该类话语主要提供大量事实和信息。例如，新闻报道是此类话语的典型。

（3）社交类话语：用于建立或巩固人际关系，或形成话语群体的话语。例如，对话自身就是社交类型的话语。

（4）指导类话语：指的是引导网络读者进行下一步具体步骤的话语。例如，说明手册属于此类。

（5）经济类话语：告知读者关于经济状况的话语。例如，年报是对于年度经济情况的汇报，属于经济类话语。

具体而言，如高校简介中的 M1（欢迎语）的主要交际目的是吸引网络读者的注意，并且引起读者兴趣，与 Bhatia（1993）分析促销信体裁的第一个语步“建立信任”目的相似，因此属于宣传促销类话语。在高校简介的 M3（优势证明）中，高校会运用促销信的体裁特征来叙述，如师资力量和科研力量雄厚，学院专业排名靠前，已有诸多荣誉成就，并培养出杰出成功人士。这样的话语使用目的鲜明，能够帮助高校更好地突出自己的优势，吸引更多的学者选择本校，与促销信第二个语步“介绍产品”类似，提出自身的优势也属于宣传促销类话语。

笔者发现，在高校互联网简介体裁中共出现五种话语类型的混用，是互话语现象的典型案例。但应该注意的是，这些语步的交际目的大多能归入五种主要的话语类型，但很明显，许多语步能够同时实现多种交际目的，体现多个话语类型。例如，在 M4、M5 中，在介绍学校管理结构和历史时，不仅提供了事实和数据，存在提供信息类话语，同时为了体现学校优势还强调了历任校长的成就和历史的悠久性，起到了宣传的目的，因此也包含了宣传促销类话语。

上述情况表明，互话语现象不仅仅存在于同一体裁的不同语步之间，同一语步中也存在互话语成分。这从互话语的角度进一步表明该体裁的多样性和复杂性，这些特性在互联网时代的文本中表现更为明显。由于信息获取更加便利，尽可能地传递大量信息成为必要，网络文本因此变得更加丰富，不同类型的话语更加相互融合。本节研究也提供了更新颖的互联网体裁的研究角度。

3. 高校互联网简介中的多模态性、超文本性的体现及与互话语的关系

互联网时代下，人们不仅通过文字模态传递信息，还通过其他感官传递信息，例如听觉。在高校互联网简介体裁中，除文字外，还有非文字模态的使用，主要包括图片和视频。

正如表 6.3 所示，高校互联网简介体裁中，所有语步都有不少于 80%的非文字模态的使用，可见在互联网中，多模态的使用非常必要，对于传递交际目的和符合视觉审美方面都有很重要的意义。例如，笔者所研究的材料中的哈佛大学简介有大小图片的穿插使用，那些图片分别和相关主题对应，补充了相关主题的内容；在介绍人物部分使用采访视频，起到了强化表达的作用。总之，多模态的使用是互联网计算机的独特优势，也是现代社会人们表达的必要手段。

互联网信息技术赋予互联网的另一独特性是超文本性，通过超链接实现文本间的联系。超文本链接能够更好地辅助阐释文本内容，并帮助读者寻找相关信息。高校简介体裁广泛运用了超文本链接。如表 6.3 所示，超文本链接的使用频率比较高，除在历史叙述部分使用较少（40%），其他语步使用频率达到 79%~100%。

超链接主要是为了辅助读者阅读，对主要内容进行扩展、补充或解释；它与互话语、多模态的使用共同起到了增强表达效果、达到交际目的的作用；三者相辅相成，相互联系，相互补充。三者在高校简介中的相互关系如图 6.2 所示。

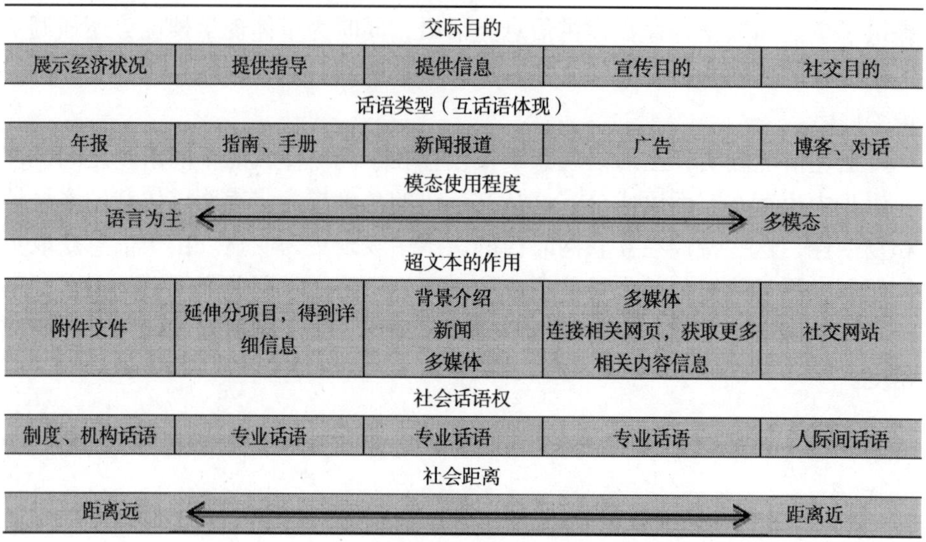

图 6.2　语步、互话语、多模态性及超文本性在高校简介中的相互关系

下篇　基于互话语能力的专门用途英语课程与教学设计研究

本篇基于中篇的应用研究，首先重点探讨专门用途英语课程教学理念如何运用到一线教学中，尤其是体裁分析中的互话语能力在课程设计中的重要作用。其次，基于课程设计的相关理论，介绍国内专门用途英语的课程设计模式。最后提出基于互话语能力的课程教学模式，并从职场多渠道沟通能力的课程教学模式和双语教学方面开展探索性研究。

第7章

基于互话语能力的需求分析调查

本章基于互话语能力的理念对多个大型企事业单位进行需求分析调查，探讨社会与高校对英语能力的需求匹配度，以便为后面的课程设计与开展教学提供数据支撑。

7.1 中国企事业单位英语能力需求情况研究①

7.1.1 引言

语言是进行中外沟通的桥梁。然而国内高校英语课程没有针对企事业单位用工需求进行恰当定位和准确设计，这导致高校毕业生空有语言知识，却不能将语言知识运用到实际工作中。鉴于此，教师和大纲撰写人需要思考和研究企事业单位对英语能力有何需求，高校英语课程应如何设置才能满足企事业单位的要求。

基于此，笔者有幸得到海尔、华为、阿里巴巴、腾讯、教育部学位中心、联合国教科文组织全委会等企事业单位的大力支持，对来自全国100多家企事业单位进行了英语能力需求调查。调查对象来自事业单位、私营企业、中外合资企业、国有大型企业（为方便表达，后文将企业和事业单位统称为企事业单位），同时对企事业单位所在地区进行划分。

本次调查目的是了解不同类型及地区的企事业单位对英语能力的需求，从而为高校英语（本科、硕士研究生和博士生英语）课程设计、大学英语考试委员会、大学英语教师等提供参考意见。调查要解决的问题如下：①中国企事业单位对英语能力有何看法？企事业单位类型和地区差异是否对其看

① 本部分内容曾发表于《中国ESP研究》2018年第1期。

法产生影响？②本调查结果对高校英语课程设计和改革有何建议？

7.1.2 调查方法

研究采用定量及定性相结合的方法，通过问卷调查，了解中国企事业单位需要的英语能力。问卷采用了封闭式量表及开放式问题。其中，封闭式量表基于 Bhatia（1993）提出的话语能力进行设计。

Bhatia（1993）认为，话语能力是指在学科间运用语言的共核能力，它在人才培养中非常重要，因为现实中的语篇是复杂动态的，但无论学术还是职场的语类都存在着互话语性和学科共核性。话语能力分为文本能力、体裁能力和社会能力。文本能力指从文本、上下文、语用方面理解话语的能力。体裁能力指通过构建、解释和运用存在于一定行业文化和惯例中的体裁规则，应对某种修辞情境的能力。社会能力指通过语言广泛而有效地参与到各种社会活动中，并表现社会身份的能力。关于语言能力的研究虽不少，但从话语能力的两个层面来对中国企事业单位所需英语能力加以研究的仍不多，本小节则是基于话语能力来调查中国企事业单位对英语能力的需求情况。

开放式问题包括对不同职业种类所需要掌握英语的选择，以及对高校英语课程改革有何建议。

1. 调查对象

本节选取国外、中国发达及较发达地区的企事业单位进行问卷调查，包括人力资源管理（HR）等共 25 种职业类型的企事业单位员工共 103 人参与了调查。

从企事业单位类型来看，受试者在事业单位的占 43.7%，在企业的占 56.3%，且以大中型企业为主，覆盖了中国发达地区和较发达地区以及海外。这些企事业单位在国内的知名度较高，根据智联招聘联合北大社会调查中心共同发起的“2016 中国最佳百强雇主”，笔者调查的企事业单位如海尔、阿里巴巴、华为、腾讯、招商银行等均在最佳雇主之列。所谓最佳雇主，是从外部求职者青睐和内部员工认可两个角度来评定的。所以，调查的企事业单位大部分是受到高校毕业生包括本科生、硕博士生格外青睐的，以此来确保企事业单位的建议对现行的大学英语教学及改革具有指导作用。

2. 数据收集及分析

问卷于 2016 年 8 月通过电子邮件发放，共发放 109 份，收回 105 份，有效问卷 103 份，有效率 98.10%。问卷共设置了 46 道问题，前 44 题采用利克特量表，要求受试者根据赞同度进行选择（5=完全同意，4=大致同意，3=同意，2=基本同意，1=完全不同意）。将题目归为三部分：第一部分 A 是与找工作相关的英语能力，涉及 3 种体裁能力（A1 为写邮件，A2 为写求职信，A3 为写英文简历）；第二部分 B 是与学习/工作相关的英语能力，涉及 6 种体裁能力（B1 为接待外宾，B2 为国外出差，B3 为与国外同事交流，B4 为参加国际会议，B5 为撰写相关文献，B6 为撰写各种邮件）；第三部分 C 是社会能力，涉及 7 种社会能力（C1 为面试社交，C2 为工作社交，C3 为接待工作，C4 为与同事交往，C5 为与上级交往，C6 为在晚宴中作为主人或者客人，C7 为在工作中了解各国文化差异）。采用 SPSS19.0 统计软件进行数据分析，数据结果包括了 A、B、C 三个部分的均值、标准差、概率。地区及企事业单位类型的差异显著性分析采用两个独立样本的秩合检验方法，得到 *P* 值。三部分的信度较好，第一部分的信度系数为 0.91，第二部分的信度系数为 0.92，第三部分信度系数稍低，为 0.86（见表 7.1）。

第 45 题是了解受试者认为哪一类工种需要掌握英语，第 46 题测试企事业单位人员对高校英语改革的建议。

表 7.1　问卷前 44 题结构及各部分信度系数

<table>
<tr><th>部分</th><th>问题</th><th>信度系数</th></tr>
<tr><td rowspan="3">第一部分 A：与找工作相关的英语能力</td><td>A1.1：写邮件</td><td rowspan="3">0.91</td></tr>
<tr><td>A2.2：写求职信</td></tr>
<tr><td>A3.3：写英文简历</td></tr>
<tr><td rowspan="6">第二部分 B：与学习/工作相关的英语能力</td><td>B1.4-6：接待外宾</td><td rowspan="6">0.92</td></tr>
<tr><td>B2.7-10：国外出差</td></tr>
<tr><td>B3.11-15：与国外同事交流</td></tr>
<tr><td>B4.16-23：参加国际会议</td></tr>
<tr><td>B5.24-29：撰写相关文献</td></tr>
<tr><td>B6.30-37：撰写各种邮件</td></tr>
<tr><td rowspan="4">第三部分 C：社会能力</td><td>C1.38：面试社交</td><td rowspan="4">0.86</td></tr>
<tr><td>C2.39：工作社交</td></tr>
<tr><td>C3.40：接待工作</td></tr>
<tr><td>C4.41：与同事交往</td></tr>
</table>

续表

部分	问题	信度系数
第三部分 C：社会能力	C5.42：与上级交往	0.86
	C6.43：在晚宴中作为主人或者客人	
	C7.44：在工作中了解各国文化差异	
问卷整体	1-44	0.92

注："A1.1"小数点后面的数字表示问卷的第 1 题，以此类推

7.1.3 结果与讨论

通过调查可得，中国企事业单位在具体的工作情境中对英语能力的需求较高（M>3.5，见表 7.2），说明英语能力（包括体裁能力、社会能力等）的重要性。虽然地区及企事业单位差异会对重要性看法产生一定的影响，但是总体的赞同度是统一的。

1. 与找工作相关的英语能力分析

求职能力是大学生、硕士研究生及博士研究生迈入社会后面临的第一项技能。从调查中发现，几乎所有企事业单位在招聘时既有中文面试又有英文面试，比如海尔、华为、腾讯等。笔者就是受邀作为海尔集团士官生招聘考官，萌生了调查中国企事业单位所需英语能力的想法。

首先，分析企事业单位对与找工作相关的英语能力的看法以及地区差异对看法的影响（这里将发达地区和较发达地区统归为国内，以下均同）（见表 7.2）。

表 7.2 与找工作相关的英语能力赞同度的地区对比

A	地区		均值（M）		数量	标准差	概率（P 值）
A1	国外		4.71		14	0.611	0.014
	国内	发达地区	4.08	4.26	38	0.724	
		较发达地区		3.94	51	1.240	
A2	国外		4.93		14	0.267	0.000
	国内	发达地区	3.91	4.21	38	0.811	
		较发达地区		3.69	51	1.273	
A3	国外		4.93		14	0.267	0.000
	国内	发达地区	3.92	4.08	38	0.912	
		较发达地区		3.80	51	1.233	

注：A 为与找工作相关的英语能力；A1 为写邮件；A2 为写求职信；A3 为写英文简历

由表 7.2 中的 P 值可以看出，地区类型对写邮件（A1）、写求职信（A2）及写英文简历（A3）的赞同度均有显著影响（$P<0.05$）；通过均值可以看出，受试者的赞同度从国外、发达地区、较发达地区逐级降低。经济越发达地区企事业单位参与全球竞争的可能性越大，更能代表其行业的领先地位。可以看出，先进企事业单位在招聘员工方面与较落后企事业单位有显著不同。发达地区企事业单位倾向通过电子化的邮件系统进行招聘，且认同求职信的含金量。高校英语课程应该以发达地区企事业单位的需求为指导，培养社会发展进步需要的人才。随着全球化趋势的不断增强，将有更多的企事业单位（不仅仅是发达地区的企事业单位）参与到全球竞争中来。所以写邮件、写求职信及写英文简历的英语能力，应在高校课程教学中有所侧重，以提高我国高校学生进入全球优秀企事业单位的竞争力。

其次，分析企事业单位类型差异对与找工作相关的英语能力看法的影响。与找工作相关的英语能力赞同度的企事业单位类型对比见表 7.3。

表 7.3　与找工作相关的英语能力赞同度的企事业单位类型对比

A	企事业单位类型		均值（M）		数量	标准差	概率（P 值）
A1	事业单位	研究型事业单位	4.52	4.51	45	0.695	0.002
	企业公司	私营企业	3.88	4.08	25	0.954	
		中外合资企业		4.50	8	0.756	
		国有大型企业		3.52	25	1.358	
A2	事业单位	研究型事业单位	4.39	4.38	45	0.912	0.002
	企业公司	私营企业	3.77	3.80	25	0.957	
		中外合资企业		4.50	8	0.756	
		国有大型企业		3.56	25	1.417	
A3	事业单位	研究型事业单位	4.46	4.44	45	0.755	0.001
	企业公司	私营企业	3.74	3.72	25	1.021	
		中外合资企业		4.50	8	0.756	
		国有大型企业		3.56	25	1.446	

注：A 为与找工作相关的英语能力；A1 为写邮件；A2 为写求职信；A3 为写英文简历

由表 7.3 的统计数据可知，在事业单位工作的受试者的赞同程度要显著高于在企业工作的受试者，不管是写邮件（A1）的能力（M=4.52，M=3.88），写求职信（A2）的能力（M=4.39，M=3.77），还是写英文简历（A3）的能力（M=4.46，M=3.74）。通过 P 值可见，企事业单位类型对受试者的看法有显著影响（$P<0.05$）。研究型事业单位与中外合资企业的赞同度较高，而国有大型企业的赞同度较低，这与研究型事业单位与中外合资企业较多参与全球化

而国有企业参与全球化程度较落后的实际情况不谋而合。然而，随着中国经济的进一步发展以及“一带一路”等国家战略的实施，私营企业和国有企业势必会更多地介入国际竞争。高校英语教学应顺应国家战略，培养更多有国际竞争力的人才。所以，教学也应根据不同专业的实际工作需求进行调整。例如，军工等特殊专业的本科毕业生、研究生大多进入保密性国有大型企业，其对找工作相关的英语能力需求较少。总体上看，大多数专业的高校毕业生参与全球化组织的概率会越来越高，这需要英语教学的相应调整。

2. 与学习/工作相关的英语能力分析

在进入工作岗位后，企事业单位员工对英语能力的需求并未降低，在工作中英语使用频率仍然很高，比如参加企事业单位内部晋升考试，撰写合同，写邮件等。所以笔者就职工在工作学习中需要的英语能力展开了调查。

首先分析企事业单位对与学习/工作相关的英语能力的看法以及地区差异对其看法的影响。（见表 7.4）

表 7.4　与学习/工作相关的英语能力的赞同程度的地区对比

B	地区		均值（M）		数量	标准差	概率（P 值）
B1	国外		3.98	3.9762	14	1.20869	0.724
	国内	发达地区	4.15	4.2105	38	0.81804	
		较发达地区		4.1046	51	1.10452	
B2	国外		4.30	4.3036	14	0.81558	0.466
	国内	发达地区	4.13	4.0789	38	0.98142	
		较发达地区		4.1814	51	0.86325	
B3	国外		4.73	4.7286	14	0.38115	0.378
	国内	发达地区	4.55	4.5842	38	0.59798	
		较发达地区		4.5216	51	0.61589	
B4	国外		4.80	4.7946	14	0.37534	0.016
	国内	发达地区	4.29	4.3586	38	0.73128	
		较发达地区		4.2304	51	0.90117	
B5	国外		4.60	4.5952	14	0.43713	0.001
	国内	发达地区	3.76	4.0219	38	0.78859	
		较发达地区		3.5621	51	1.06717	
B6	国外		4.47	4.4732	14	0.66538	0.014
	国内	发达地区	3.85	4.0296	38	0.85889	
		较发达地区		3.7230	51	0.99509	

注：B 为与学习/工作相关的英语能力；B1 为接待外宾；B2 为国外出差；B3 为与国外同事交流；B4 为参加国际会议；B5 为撰写相关文献；B6 为撰写各种邮件

通过分析表 7.4 中的 P 值，对前三项能力（接待外宾，国外出差，与国外同事交流），地区类型没有对赞同程度造成显著影响（$P>0.05$）；而对于后三项能力（参加国际会议，撰写相关文献，撰写各种邮件）而言，赞同程度有显著差异（$P<0.05$）。差异性较大的三项，国外、发达地区、较发达地区的赞同度逐级降低，且幅度较大。所以教学应与国外及发达地区的需求相契合，重视对后三项能力的培养，因为它们代表了高度参与全球化的先进企事业单位的需求。进一步观察，在后三项能力中，所有企事业单位（无论国内还是国外）对参加国际会议的能力（B4）最为看重。与撰写相关文献（B5）、撰写各种邮件（B6）的能力相对比，口语能力是参加会议的核心能力，表明了企事业单位对口语能力的需求，这也表明了目前国内英语教学必须与其专业对应，且必须思考如何培养学生进行国际交流的能力。在无差异性的前三项中，受试者对与国外同事交流这一能力的赞同度最高（B3，$M\geqslant 4.55$）；对国外出差能力的赞同度次之（B2，$M\geqslant 4.13$）；而对接待外宾能力的赞同度则较低（B1，$M\geqslant 3.98$）。因而对大多数专业（除了旅游服务等特殊专业）的英语教学，与接待外宾相关的内容可被省略。与国外同事交流一般采用电子邮件或者电话沟通，这再次表明了撰写邮件的能力和口语能力的重要性。此外，国外出差的核心能力也是口语。换言之，所有区域的企事业单位对 B2、B3 较为赞同也证明了口语能力的重要性。因而，高校英语教学应该更加重视对口语能力的训练，同时加强对撰写邮件能力的教学。此外，口语训练的场景可以选择参加国际会议、与国外同事交流以及在国外出差。

其次，分析企事业单位类型差异对与学习/工作相关的英语能力看法的影响。（见表 7.5）

表 7.5　与学习/工作相关的英语能力的赞同程度的企事业单位类型对比

B	企事业单位类型		均值（M）		数量	标准差	概率（P 值）
B1	事业单位	研究型事业单位	4.04	4.0222	45	1.08572	0.621
	企业公司	私营企业	4.19	4.1467	25	0.83931	
		中外合资企业		4.5000	8	0.75593	
		国有大型企业		4.1733	25	1.13497	
B2	事业单位	研究型事业单位	4.27	4.2500	45	0.88066	0.251
	企业公司	私营企业	4.07	3.9600	25	1.07935	
		中外合资企业		4.4063	8	0.77848	
		国有大型企业		4.1200	25	0.76076	

续表

B	企事业单位类型		均值（M）		数量	标准差	概率（P值）
B3	事业单位	研究型事业单位	4.66	4.6533	45	0.52639	0.236
	企业公司	私营企业	4.50	4.5280	25	0.64000	
		中外合资企业		4.7000	8	0.54511	
		国有大型企业		4.4320	25	0.62897	
B4	事业单位	研究型事业单位	4.48	4.4639	45	0.65746	0.318
	企业公司	私营企业	4.26	4.4000	25	0.79876	
		中外合资企业		4.4062	8	0.42125	
		国有大型企业		4.0950	25	1.07727	
B5	事业单位	研究型事业单位	4.18	4.1741	45	0.82950	0.004
	企业公司	私营企业	3.63	3.5867	25	1.09515	
		中外合资企业		3.7708	8	0.43587	
		国有大型企业		3.6467	25	1.07294	
B6	事业单位	研究型事业单位	4.10	4.0861	45	0.79764	0.168
	企业公司	私营企业	3.80	3.6450	25	1.13231	
		中外合资企业		4.4844	8	0.61397	
		国有大型企业		3.7900	25	0.95246	

注：B 为与学习/工作相关的英语能力；B1 为接待外宾；B2 为国外出差；B3 为与国外同事交流；B4 为参加国际会议；B5 为撰写相关文献；B6 为撰写各种邮件

通过比较表 7.5 中的 P 值，可以看出企事业单位类型除了对撰写各种文献能力有显著影响（B5，P<0.05），对其他能力均无显著影响（P>0.05）。在撰写各种文献的能力方面，研究型事业单位的需求明显高于其他三类企业。相对于本科生、硕士研究生而言，由于博士研究生会更多地选择研究型事业单位就业，因而英语教学对不同层次的学生也应做相应调整。随着学历的提高，英语教学对撰写各种文献能力的训练应逐步增加。在本科阶段的英语教学中，对撰写各种文献能力，尤其是学术规范能力的训练必须加强。同时，还可为准备继续深造的本科生开设更多的与学术相关的选修课程。在其他无显著影响的能力中，所有地区的企事业单位对与国外同事交流的能力最为赞同（B3，M≥4.50）；对参加国际会议能力的赞同次之（B4，M≥4.26）。类似于上一段中的讨论，这表明了所有企事业单位对口语能力和撰写邮件及文件能力的一致需求，因而英语教学应该重视相应内容。根据表 7.4 和表 7.5，所有企事业单位（不论企事业单位类型及所在地区）对与国外同事交流能力的赞同度都较高，所以对口语、撰写邮件的训练应成为高校英语教学不可缺少的内容，以满足各种企事业单位组织的需求，继而服务于国家的进步发展。

3. 社会能力分析

企事业单位的社会属性决定了职工不仅需要具备专业技能与知识，同时也需要一定的社会能力，如社交能力、跨文化交际能力等。笔者通过调查分析发现企事业单位职工对于诸多社会能力都有较高需求，而且企事业单位类型及地区类型的差异并没有对其看法产生影响。

首先分析企事业单位对社会能力的看法及地区差异对其看法的影响。（见表 7.6）

表 7.6　社会能力的赞同程度的地区对比

C	地区		均值（M）		数量	标准差	概率（P 值）
C1	国外		4.57	4.57	14	0.756	0.235
	国内	发达地区	4.28	4.24	38	0.852	
		较发达地区		4.31	51	1.010	
C2	国外		4.79	4.79	14	0.579	0.409
	国内	发达地区	4.67	4.84	38	0.370	
		较发达地区		4.55	51	0.856	
C3	国外		4.57	4.57	14	0.646	0.755
	国内	发达地区	4.47	4.45	38	0.724	
		较发达地区		4.49	51	0.880	
C4	国外		4.71	4.71	14	0.611	0.098
	国内	发达地区	4.27	4.47	38	0.687	
		较发达地区		4.12	51	1.243	
C5	国外		4.64	4.64	14	0.633	0.249
	国内	发达地区	4.30	4.42	38	0.722	
		较发达地区		4.22	51	1.205	
C6	国外		4.14	4.14	14	0.864	0.570
	国内	发达地区	3.91	3.95	38	1.089	
		较发达地区		3.88	51	1.107	
C7	国外		4.86	4.86	14	0.363	0.010
	国内	发达地区	4.19	4.34	38	0.966	
		较发达地区		4.08	51	1.246	

注：C 为社会能力；C1 为面试社交；C2 为工作社交；C3 为接待工作；C4 为与同事交往；C5 为与上级交往；C6 为在晚宴中作为主人或者客人；C7 为在工作中了解各国文化差异

通过比较表 7.6 中的 P 值可知，除了在工作中了解各国文化差异的能力外

（C7，P<0.05），地区差异没有对受试者的看法产生影响。通过比较 C7（在工作中了解各国文化差异）的能力的均值，可以看出赞同度从国外、国内发达地区、国内较发达地区逐级降低，这在一定程度上反映出，在国际化竞争中得以生存的公司对跨文化交际能力有很高的要求。不同行业预期参与国际化的程度不同，对员工的跨文化交际能力要求不同，如国际经济与贸易与马克思主义理论的毕业生参与全球化协作的预期概率是不同的。因而英语教学课程设置对跨文化内容的涉及程度，也应根据不同专业属性进行调整。在除 C7 以外的其他能力中，受试者对工作社交这一能力的赞同度最高（C2，M≥4.67），对在晚宴中作为主人或者客人能力的赞同度最低（C6，M≥3.91）。因此，在晚宴中作为主人或者客人的能力可以在教学中省略。与工作社交相关的核心英语能力是交际能力，均为产出性技能，而目前对大学英语抨击最大的就是哑巴英语或者惨不忍睹的写作能力，因此，加强大学英语、硕士博士研究生英语能力的关键还是在产出性技能的培养上。

下面分析企事业单位类型差异对社会能力看法的影响（见表 7.7）。

表 7.7　社会能力的赞同程度的企事业单位类型对比

C	企事业单位类型		均值（M）		N	标准差	概率（P 值）
C1	事业单位	研究型事业单位	4.39	4.38	45	0.747	0.897
	企业公司	私营企业	4.26	3.88	25	1.269	
		中外合资企业		4.25	8	0.886	
		国有大型企业		4.68	25	0.627	
C2	事业单位	研究型事业单位	4.74	4.73	45	0.495	0.869
	企业公司	私营企业	4.65	4.52	25	1.085	
		中外合资企业		4.88	8	0.354	
		国有大型企业		4.72	25	0.542	
C3	事业单位	研究型事业单位	4.43	4.44	45	0.755	0.442
	企业公司	私营企业	4.53	4.24	25	1.091	
		中外合资企业		4.63	8	0.518	
		国有大型企业		4.76	25	0.436	
C4	事业单位	研究型事业单位	4.41	4.40	45	0.837	0.773
	企业公司	私营企业	4.26	3.92	25	1.352	
		中外合资企业		4.88	8	0.354	
		国有大型企业		4.44	25	0.961	

续表

C	企事业单位类型		均值（M）		N	标准差	概率（P 值）
C5	事业单位	研究型事业单位	4.39	4.38	45	0.806	0.822
	企业公司	私营企业	4.32	4.04	25	1.274	
		中外合资企业		4.75	8	0.707	
		国有大型企业		4.48	25	1.005	
C6	事业单位	研究型事业单位	4.00	4.00	45	0.929	0.900
	企业公司	私营企业	3.89	3.64	25	1.350	
		中外合资企业		3.50	8	1.195	
		国有大型企业		4.28	25	0.843	
C7	事业单位	研究型事业单位	4.41	4.42	45	0.812	0.562
	企业公司	私营企业	4.18	3.84	25	1.491	
		中外合资企业		3.87	8	1.727	
		国有大型企业		4.60	25	0.577	

注：C 为社会能力；C1 为面试社交；C2 为工作社交；C3 为接待工作；C4 为与同事交往；C5 为与上级交往；C6 为在晚宴中作为主人或者客人；C7 为在工作中了解各国文化差异

通过比较表 7.7 中的 P 值可知，企事业单位类型没有显著影响受试者对各种社会能力的赞同度（P 均大于 0.05）。所有企事业单位对于工作社交这一能力的赞同度最高（C2，M≥4.65），对在晚宴中作为主人或者客人能力的赞同度最低（C6，M≥3.89）。此外，中外合资企业对工作社交和与同事交往能力的赞同度均值为 4.88，这是所有企事业单位类型对 C1—C7 赞同度的最高值，表明了中外合资企业对这两种能力的高度重视。由于这种类型企业具有深度国际化的业务分布以及高度差异化的员工来源，因而极为看重员工的工作社交和与同事交往的能力。因而，可以为预期进入中外合资企业的学生开设对应的选修课程。

4. 各职业需掌握英语程度结果分析

第 45 题调查受试者认为哪一类职业需要掌握英语。数据显示，对项目经理需要掌握英语的赞同度最高，约占 23%；对科研人员的赞同度紧随其后，约占 22%；而对企业非涉外性一线员工的赞同度就只占 4%。究其原因，在全球化以及中国企业“走出去”的创业浪潮大背景下，很多中国企业增设了跨国业务，而英语是必不可缺的交流工具。科研人员在学术研究中，经常需要参考国外的文献、会议资料，同时也有可能在国际刊物上发表论文，所以英语对于科研人员来说不可或缺。但是对于所调查的大多数企业非涉外性一线员工来说，其工作环境决定了对他们的英语能力没有强制要求。

7.2 对高校英语课程设计和改革的建议

Hutchinson 和 Waters（1987）认为有效的专门用途英语课程设计是以需求分析为前提的，没有需求就不会有语言教学。Long（2005）提到过很多语言学习者对语言教学并不满意，首要原因就是教学没有基于有效的需求分析，不能很好地权衡主次。蔡基刚和陈宁阳（2013）认为要分析英语学习者的英语需求，也要分析委托培养方——学科专业院系及用人单位的英语能力需求。虽然目前大学英语教学委员会、教育部学位与研究生教育发展中心都在思考并开始制订新的大学英语课程教学指南，并根据欧洲语言共同参考框架，对中国大学英语能力进行界定，但根据笔者的调查，各高校英语教学却不尽如人意，不能满足中国经济发展与社会需求，而本节研究的结论显示：①英语作为国际语言，是中国经济发展所必需的交际工具与桥梁。②高校英语是帮助专业学习的必修课程，但各高校由于长期以来的固有模式，还远远不能满足社会的需求。③不管采用何种课程指南，各高校都不应以一套教材或者统一考试来解决高校英语面临的问题，不应该忽视各高校的具体特点及国家社会的人才需求而一味地强调内容与形式。有受试者建议“应将教学内容进行细分，而不应该对所有学生一概而论”也印证了这一点。

笔者据此提出采用专门用途英语以学习为中心课程教学理念。专门用途英语是动态而灵活的课程设计理念，专门用途英语课程大纲要求根据不同高校专业及不同时期的学生需求来设置课程、制定大纲、选择教材、组织课堂、评估反馈。前人及本节的研究结果展示了社会对高校英语教学的需求和教学应该侧重的内容，专门用途英语可以用来满足上述英语教学的需求。专门用途英语基于学习、围绕目标情境展开，把课程看作一个整体，其设计是动态且随时根据学习需求来修正的。本节研究所调查的一些受试者也提出了相同建议，“课程设置不应拘泥于一种通用的形式，应该适时调整”（来自问卷第 46 题，建议）。

以学习为中心这一课程设计理念，不仅强调学习语言本身，更强调学习的主体，即学生的学习过程。专门用途英语以学习为中心的课程设计理念是学生自己通过接触实际任务去寻找所需技能和语言知识来完成任务（Hutchinson & Waters，1987；Dudley-Evans & St John，1998），这样在专业学习的过程中自然习得语言技能与知识。这也和受试者的建议非常一致，“英语教学应改变书本教学的模式，适当地‘放弃语法’，在学习过程中自然而然地收获语言知识，同时完成专业任务”（来自问卷第 46 题，建议）。

Dudley-Evans 和 St John（1998）建议专门用途英语教学可以使用个案分析法，即在课堂教学中分析不同领域的真实工作场景，使学生的知识、技巧等能够灵活地运用到实际的目标情境中。这与受试者的建议殊途同归，如“应将工作中使用的材料拿到课堂上分析和学习，这样教学材料就不只是以往的专业通识教材，而是更具有现实可能性及实际操作性的真实资料”（来自问卷第 46 题，建议）。

中国外语教育中存在的“学用分离”的问题长期为社会所诟病，以课文为中心的教学思想渗透在教学的全过程（文秋芳，2014）。教学本着“先打基础，后运用”的原则，等待“完全准备好的那一天”，但实际上已经错过灵活运用所学知识的最佳时间。文秋芳（2013）提出了基于“学用一体”理念的“输出驱动假设”，其核心思想是任何课程都要让学生用英语做事，在做事的过程中学习新材料、吸收新信息，边学边用，边用边学，使学与用之间或者说输入和输出之间无缝隙、无边界、零距离。这无疑强调了“用”的重要性。受试者提到，需要加强学生的应用能力，让所学有所用，拉平输入信息与输出能力。

第 8 章

基于互话语能力的大学专门用途英语课程设计①

本章首先探讨课程设计的相关理论及几种语言教学设计模式，然后探讨并介绍国内专门用途英语的课程设计模式，最后提出基于互话语能力的课程教学模式。

8.1 引　　言

课程设计是运用现有的理论及实践信息编制大纲，依据大纲选择、择取或撰写材料，确定教授这些材料的教学法并建立可以检查是否达到该特定目标的评估程序（文军，1996）。由此可见，课程设置是统领课程开设的关键因素，只有合理的课程设置才能符合学生的需求，达到满意的学习效果。专门用途英语自 20 世纪 80 年代起便登上舞台，然而目前国家还没有一套完整、统一的专门用途英语课程设计的方案，这是高校专门用途英语课程不能得以充分发展的原因之一。

专门用途英语课程建构经历了五个阶段（Hutchinson & Waters，1987；Dudley-Evans & St John，1998）：语域分析，修辞与语篇分析，目标情境分析，技巧与策略，以学习为中心的方法。语域分析理论的目的是找出特殊语域（如电子工程英语）与其他领域（如通用英语）的不同。语域分析关注科技英语的语法和词汇方面的特点，但是，语域分析把语言的研究重心放在句子层面，而语篇分析则将重点转向超出句子范围之外的方面，其目的是找出语篇的组织模式并确定所标示的语言意义（Lackstrom，Selinker & Trimble，

① 本部分内容曾发表于《中国 ESP 研究》2010 年第 1 期。

1973）。目标情境分析是通过语言分析与学习者的目的紧密结合起来构成一种过程，如某一门专门用途英语课程的目的是让学生在某一目标情境中恰当地运用语言，因此专门用途英语的课程设计就应该首先确定目标情境，然后对该情境的语言特色做出透彻的分析。这一过程常被称为需求分析（Munby，1978）。在 20 世纪 70 年代末和 80 年代初，人们对 Munby（1978）的需求分析模式进行了充分讨论。虽然很难辨认这一模式的特征，但这一模式的问世却表明“专门用途英语时代的到来”（Hutchinson & Waters，1987）。技巧与策略的重心是隐含于语言运用之中的思维过程。语言学家认为任何语言的运用都有思维和解释过程，语言运用应放在深层的解释策略上，而不是放在语言的表层形式上。它是由功能/意念材料自然发展而产生对技巧与交际的兴趣，因为仅仅依靠语言教学来教会学生解决问题的能力是远远不够的，除了语言教学之外，还必须指明语言使用中所包含的思维过程（Williams，Swales & Kirkman，1984）。技巧是通过内容而传授，而阅读或听力文章的选择是以共同的学术兴趣和真实性为基础，通过练习技巧可以将选择阅读或听力文章转换为学生自己的具体任务。因此，Hutchinson 和 Waters（1987）提出了以学习为中心的方法，他们认为专门用途英语课程建构经历的前四个阶段都具有根本性的缺陷，因为这四个阶段所依据的都是对语言使用的描写，而 Hutchinson 和 Waters 认为专门用途英语所关注的不仅仅是语言的使用，而是语言学习。学生需要“目的行为—最终产品—基本技能”。这一思路要充分考虑学习过程和学生的学习动机，而且要正确无误地了解学生达到最终目标的需求。

从专门用途英语发展的五个阶段可以看出，专门用途英语既与通用英语的教学与研究共同发展，又有其专有的特点，即从单纯的语言使用发展到以学生学习为中心的方法，专门用途英语注重的是学习过程，课程根据学生的需求随时调整，是一种具有灵活性而又注重学习过程的方法。

8.2　外语教学中有关课程设计的理论

课程设计就是运用现有的理论及实践信息来编制大纲，依据大纲选择或撰写材料，确定教授这些材料的教学法并建立可以检查是否达到该特定目标的评估程序（文军，1996）。外语教学中涉及的课程设计的理论模式并不是很多，主要有以下几种。

Bell（1981）认为，一种理想的课程模式应该是在实践过程中不断完善、不断进行自我调节的。他将这种模式称为调节式（adaptive）模式，如图 8.1所示。

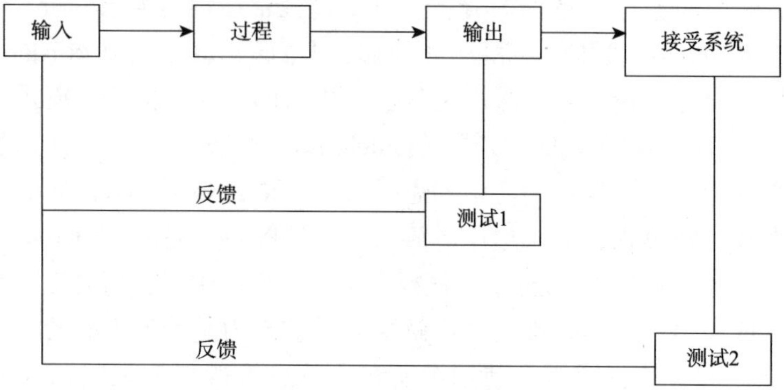

图 8.1　语言课程调节式模式

图 8.1 中“输入”表示语言材料的选择、学习者的选择等；“过程”表示实际教学培训的过程；“输出”指经过培训后的学习者；“接受系统”指社会、用人单位或公司。这一模式的优点在于有两种测试向课程设置者提供反馈。“测试 1”通过学习者和教师提供信息反馈，“测试 2”通过社会、用人单位提供反馈，而这两种反馈无疑为课程设置者修正和改进组织模式提供了极为重要的依据。

Candlin（1984）认为，课程设计主要是对语言学习的性质、目的、过程、评估、教师和学生的作用等问题做出阐述。

Dubin 和 Olshtain（1985）提出，课程设计主要包括以下几个阶段：①了解事实（fact-finding）阶段，即对各种社会因素进行调查，其中包括对社会的语言使用情况、外语学习背景、社会对外语的需求、社会和个人对外语的态度以及国家的政治和民族环境等的调查。调查的结果可以帮助确定外语教学的基本环境，如学习者的情况、师资情况、外语课程的必要性、外语课程实施的地点和方法等。②确定课程和大纲设计的理论和实践依据。课程设计者在对外语的社会需求和个人需求进行分析之后，确定切实可行的教学目标。③将教学目标转化为教学计划，确定教学目的、教学内容，即制定外语教学大纲。④准备教学材料，编写教材。

Nunan（1988）认为，课程设计主要负责教育项目的计划、实施、评估、管理和行政工作，它具体包括以下几个方面。①课程计划，即决策方面：分析学习者的需求和目的，确定目标与目的，对教学内容进行选择和分级，对教学做出安排，对学生进行分班，选择、改编或编写适当的学习材料，选择学习任务和评估方式。②实施：观察课堂教学过程以了解课程计划者意图的执行情况。③评估：了解学习者的学习成绩，寻找失误的原因，为今后改进教学提出建议。④管理：研究教学资源的利用情况。

8.3　语言课程设计模式

在教育学界，课程设计模式经历了以教为中心和以学为中心两个阶段。史密斯-雷根模式是以教为中心模式的代表（转引自何克抗，1998），该模式分为教学分析、策略设计、教学评价三个模块。教学分析包括学习环境分析、学习者特征分析和学习任务分析，其任务是确立教学目标，并据此编写测验项目。策略设计的任务是研究怎样有效传授教学内容，据此编写教材，它包括组织策略设计（即大纲、教材等如何组织）、传递策略设计（即如何使信息在各要素间有效传递）、管理策略设计（即如何高效地管理教学资源）。该模式的亮点在策略设计部分，它将学习目标如何转化为学习成果的过程具体化，其理论基础是行为主义与认知主义相结合的“联结-认知”学习理论（何克抗，1998）。教学评价包含了教学目标、教学过程、教学内容、教学效果、教学方法与手段等方面的评价，是依据教学目标对教学过程及结果进行评判，并为教学决策提供服务。教学评价是课程设计中必不可少的部分，是对教学过程的价值做出判断的过程。

以学为中心的课程设计的理论基础是建构主义认知学习理论，它包括七个步骤：教学目标分析、情境创设、信息资源设计、自主学习设计、协作学习环境设计、学习效果评价设计、强化练习设计（何克抗，1998）。其中从情境创设到协作学习环境设计的四步都在解决怎样学的问题，相当于史密斯-雷根模式中的怎样教的策略设计部分。该模式强调学生的自主学习，认为创设一个情境，提供必要的信息资源，引导学生进行自主学习和协作学习，学生便能完成自己的意义建构。

在英语教学课程设计中通常有三种模式，第一种是以语言为中心的课程设计模式（Hutchinson & Waters，1987：66-76），这种模式的目的是在目标情境分析与专门用途英语课程内容分析之间建立直接的联系。第二种是以技能为中心的课程设计，即突出培养学生的四项基本技能为课程设计中的最终目的。这两种设计看起来似乎都很完美，因为它起源于学生，是经过了调查分析才写出的大纲。但是，由于这两种大纲设置都强调英语语言本身，大纲一旦形成，就很难改动，中国的大学英语教学大纲就是如此。例如，中国第一个版本的大学英语教学大纲，经过 20 多年才开始改进。在这 20 多年期间，由于对外开放政策，中国的社会、经济、文化发展对人才的需求都在改变，对英语的要求也越来越高，而滞后的大纲远远不能满足社会变化的需要。如果课程负责人不能灵活地使用大纲，其课程将变得不能满足学生的需要、社会的需要，这也是社会抨击大学英语的原因所在，学生学了 10 多年英语，仍然不能很好地运用。

第三种课程设计是 Hutchinson 和 Waters（1987）提出的以学习为中心的课程设计。他们认为专门用途英语课程设计应是可商讨的可灵活设置的，需求与资源可以随时间的变化而变化。课程设计注重教学法的多样性，以保证学生学习积极性。课程设计还注重学生运用语言的能力，并注重课堂中的资源是否能满足学生和教师对各项技能的运用。这第三种课程设计固然很好，能够极大地满足学生的实际需求，但是却有一个致命的弱项，即不能统一，只能够满足培训机构中小部分特殊人群的需求，而不能运用于大学英语课程体系，这是因为大学里多学科、多行业的性质决定大学英语课程大纲不能统一，以学生为中心的理念会让许多管理者甚至教师感觉不便于管理。因此，本节所做研究试图找到一条合理的路径来建立一个既合理又便于操作的课程体系。

专门用途英语作为外语教学中的一部分，其课程设计的方法也遵循语言课程设计的模式，根据其演变过程，经历了以语言为中心（language-centered）、以技能为中心（skills-centered）和以学习为中心（Hutchinson & Waters，1987）的课程设计阶段，目前最为推崇的是以学习为中心，这被认为是专门用途英语课程设计有别于其他语言课程的精髓。以语言为中心的课程设计的目标是要尽可能在目标情境分析与专门用途英语课程内容之间建立直接联系（见图 8.2），因它源自学习者及其需要，所以看似与以学习者为中心的方法类似，但事实上它并未将学习者至于中心地位，相反，学习者只是被作为确定目标情境的工具。以语言为中心的课程设计未考虑这样的事实：学习者是人，学习并不是一个直截了当、逻辑井然的程序。学习过程中学习者因受环境、动机和情感等因素影响，其所需和学习愿望在学习过程中会随时发生改变。因此，语言大纲仅仅考虑了目标需求（Hutchinson & Waters，

1987），即社会与未来岗位的需求[必须掌握的语言]，也许也考虑到了学生学习该课程时他们缺乏什么，但却忽略了学生本身的愿望与需求，也就是学习者在学习过程中因环境、动机和情感发生改变而引起的学习需求的变化，学习需求的变化会导致学习动力发生改变。

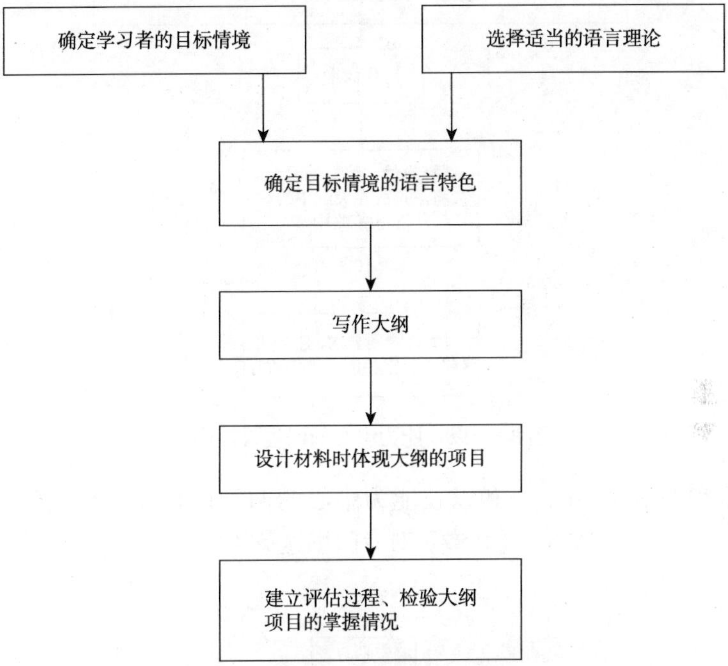

图 8.2　以语言为中心的课程设计模式

以技能为中心的课程设计将专门用途英语课程看作帮助学生提高专门用途英语技巧和策略的过程，它的目的不是提供语言知识大全，而是将学生变成更好的信息处理者。图 8.3 就是以技能为中心的课程设计模式。以技能为中心的课程设计与以语言为中心的课程设计一样，均从需求分析开始，但重点不仅是语言知识，更强调语言技能与策略，不注重语言形式，而是为学生提供如何根据技巧与策略来学习语言的方法，以使其能够达到举一反三的功效。尽管以技能为中心的方法注重了学习者，但它在方法上仍只将学习者当作语言的使用者而不是把他们当作语言的学习者，因它所关注的过程也是语言的使用过程而不是语言的学习过程。

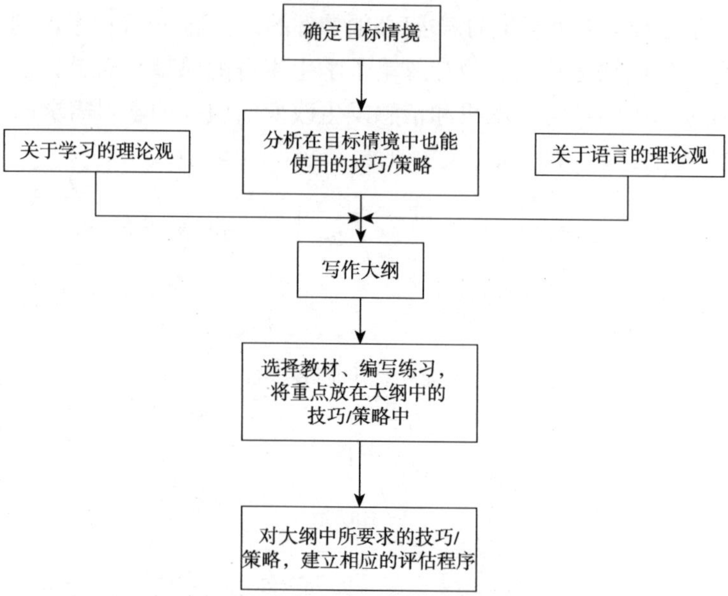

图 8.3　以技能为中心的课程设计模式

在总结以语言为中心和以技能为中心的两种课程设计模式特点的基础上，Hutchinson 和 Waters（1987）对专门用途英语的课程设计提出了自己的看法，如图 8.4 所示。

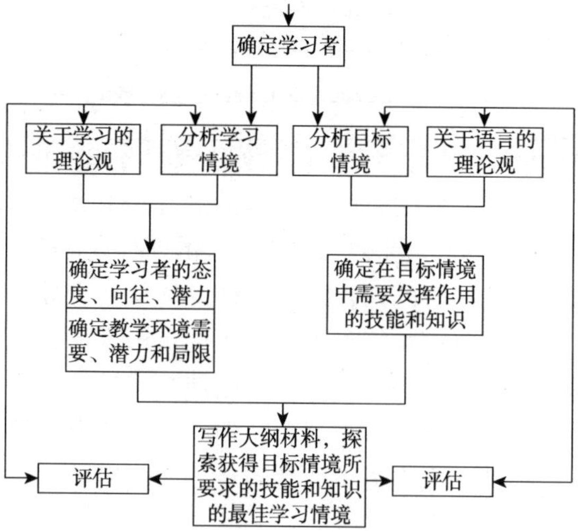

图 8.4　以学习为中心的课程设计模式

他们认为课程设计是可以商讨的，是个动态的过程，可以随着课程中出现的变化而变化；课程设计关心的是学生如何有效地获得所需的知识，也就是说，无论是以语言还是以技巧（策略）为中心的课程设计，最重要的是需要关注学习过程、注重教学法的多样性，以保持学生的兴趣。课程设计注重学生语言能力的运用，注重课堂中资源要满足学生和教师的需求；课程设计注重学生运用母语来辅助学习语言的方法；课程设计注重学生对课程开设的态度，包括对所选材料、教学方法等的态度；课程设计还注重学生对课堂练习所采取的方法。不难发现，以学习为中心的方法在课程设计的每个阶段都考虑学习者，并且将与学习有关的因素融合在课程设计的各个阶段，将学习情境的潜能发挥至极限。尽管早在 1987 年 Hutchinson 和 Waters 就提出以学习为中心的课程设计理念，但迄今为止，很少有人能够在语言课程中真正做到，其原因在于以学习为中心的课程设计理念对教师的要求更高。与传统的语言教学相比，教师在课堂上所扮演的角色很多，需要更广的知识面和较大的灵活性。以学习为中心的课程教学理念正是目前所提倡的“后方法时代”的翻版。以学习为中心的课程教学理念注重学习过程，关注学生在语言学习过程中的每一时段，该理念指出没有哪一种教学方法能够解决所有问题，只有适合自己的课堂教学方法且满足了学习需求的方法才是好方法。

8.4　国内专门用途英语课程设计相关研究

相比国外对于课程设计理论的诸多研究，国内大多引进国外的理论来指导专门用途英语课程设计，原创理论研究相对较少。严玲（2010）通过回顾课程设置的理论，分析专门用途英语的教学现状，探索建立一个校级层面的、具有理论支撑和可行性的专门用途英语课程设置模式——“双主”模式，包括学习任务设计、学习策略设计、学后状态评估三个模块，为专门用途英语的课程设计提出一个新的思路。

专门用途英语教学兴起于 20 世纪 60 年代的西方，国外对专门用途英语的教学和研究已经是硕果累累，在课程设计方面也有很多成果，尤其是在理论方面，如 Hutchinson 和 Waters（1987）总结出专门用途英语课程设计的三种方法。在这三种方法中，需求分析是课程设计不可或缺的，因此许多专家对需求分析进行了深入探讨。Munby（1978）在论述专门用途英语课程设计时首先提出了需求分析的模式，他认为确定学习者学什么，首先必须分析学习者有哪几类“交际需求”，有哪些“具体的交际目标”，再以此为依据来设置课程。相反，Richterich 和 Chancerel（1980）提出来的现状情境分析法是在学习者开始专门用途英语课程学习前，分析学生现有的语言程度和对下一阶段学习的要求和期待。Hutchinson 和 Waters（1987）则提出了以学习为中心的分析法，提出了“必要”“缺乏”“需求”来描述学习者的需求或目标需求，将需求分析贯穿到整个课程中，是最为全面的。这些理论也被应用到具体的专门用途英语课程设计中，如早在20世纪80年代，R. T. Richards（1988）就依据目标需求分析的理论来设计学术写作课程；Chostelidou（2011）则将以学习为中心的需求分析理论应用到希腊的高等教育中，并依据需求分析的数据来设计专门用途英语课程。虽然专门用途英语课程在英语国家和非英语国家的各类教学机构都广泛存在，但这些专门用途英语课程开设的理论基础大都是语言学的理论。从上述分析可以看出，国外关于专门用途英语课程设计的研究不止停留在理论研究的层面，更是将这些理论切实运用到各类实际课程中，进行了不少实证研究，但是，也应该看到他们所依据的理论大都是语言学的，较少涉及教育学、心理学等方面的内容；而外语教育作为学科教育的一个领域，应该尊重和重视教育学及心理学的相关研究，充分吸收教育学领域的先进成果，这样才不会使专门用途英语这样一门特殊的语言教学课程因为教师缺乏某一方面的理论指导而变得难以顺畅地进行（姜毅超、李娜，2010）。

中国的专门用途英语课程虽然很早就被提出，然而至今并未有一个系统的课程设计体系，因此，国内许多学者力图站在较大的背景下来探讨中国开展专门用途英语教学的必要性。比如，蔡基刚（2004，2007，2010a，2010b）站在中国大学英语教学发展方向的高度，指出随着中国和国际交往的日益频繁，经济全球化、科学技术一体化、文化多元时代的到来，随着中国大学新生的英语整体水平的提高，专门用途英语教学将是中国大学英语教学的发展方向。王蓓蕾（2004）从社会需求、专门用途英语教师和学生三方面说明了开设专门用途英语课程的必要性。另外，针对专门用途英语教学各环节存在的问题，许多学者根据多年的教学经验对专门用途英语课程建设中的诸多问题进行了探讨。例如，李红（2001）从专门用途英语教学发展的角度着重讨论了专门用途英语教师的素质和能力，并且提出了适用于中国大学专业英语合作教学的形式。韩萍、朱万忠和魏红（2003）以中国高校专业现行的课堂教学模式为出发点，在以学习为中心教学法的基础上，设计出了一种新的专业英语课堂教学模式，希望推动专门用途英语教学改革。王蓓蕾（2004）以同济大学为调查对象，对专门用途英语教学现状进行研究，试图找出存在的问题，并挖掘问题产生的根源并提出相应的建议。阮绩智（2005）则以商务英语课程为例，对该课程的目标进行了探讨，并阐述了课程教学应遵循的原则，希望对商务英语课程的开设有所帮助。梁雪松、陈黎峰和陆莺（2006）针对英语专业的专门用途英语课程进行调研，发现在教学目标、师资、教材、教学质量、教学手段等方面都存在问题，并提出了资质评估、跨专业合作、教材竞标等一系列的对策，以期帮助提高专门用途英语专业教学质量。杨凤军等（2011）从专门用途英语视角出发对成都体育学院体育英语课程设置和教学进行研究，也发现课程设置、教材建设和教学模式存在问题，并针对这些问题提出了改进对策。从上述研究不难看出，中国学者对专门用途英语课程的研究十分重视，然而，在这些研究中也存在一些问题：①中国的专门用途英语课程设置方面的研究缺少一定的理论基础，大多依靠教师的经验或者单纯依靠语言学方面的理论，几乎没有涉及教育学、心理学等方面的理论。②虽然许多研究都指出了现阶段专门用途英语教学在课程设计、教学方法、教学模式、教师、教材等方面都存在问题，但是并没有深入研究解决这些问题的对策，或者只是粗略地提出一些笼统的思路（王恒，2008）。要真正解决专门用途英语教学中存在的问题，提高教学质量，就必须进行细致研究，提出具体的、切实可行的对策。③专门用途英语课程设计是具有实操性质的活动，采用实证性的方法对其进行研究将会更加客观，所取得的结果也更有说服力。但是目前大量的文章还停留在从理论的角度来探讨专门用途英语课程设计的各个环节，缺乏实证性研究（王恒，2008）。

8.5　跨学科专门用途英语共核模块课程设计建构

在探讨专门用途英语课程设计建构之前，首先需要理清以下几个术语。互话语能力（interdiscursive competence）、跨学科间知识（interdisciplinary knowledge）和学术研究（academic practice）。Hyland（2004）认为互话语性（interdiscursivity）关注的是语篇中各要素的运用，该语篇带有来自其他语篇的常规含义和社会习性。大纲就像语篇，具有一种互话语作用，因为大纲反映了相邻语篇和群体中的习俗、价值和运用。跨学科知识主要关注学科间的共性问题，即学科间的共核知识，而学术研究（academic practice）关注的是前两者在学术研究中如何运用。

Bhatia（1993）指出，专门用途英语研究所面临的挑战之一是怎样使其研究成为课堂教学与社会需要的桥梁，并提出了令人深思的问题，即怎么能够在学术语篇中通过培养互话语能力来研究互话语能力和学科间知识的复杂关系。Bhatia 的互话语能力就是一种在多学科间运用语言的能力，而处理好互话语间与学科间的复杂关系，就是大学英语课堂中要解决的问题，即互话语的能力培养是通过认识话语间以及学科间的知识而积累的。此外，本节的研究还基于 Hutchinson 和 Waters（1987）提出的以学生为中心的专门用途英语课程设计模式，即强调学习过程的运用，课程设计大纲是基于以学习为中心的设想。

专门用途英语课程的难点主要是解决专业中的互话语能力、学科间的共核知识及互话语与专业知识的衔接和运用的问题，笔者提出跨学科专业共核课程建构，探讨同一学科间的共核体裁（common core genre），探讨可否解决多领域间的共核问题。笔者由共核体裁想到了共核模块，即能否在各学科（如机械、电机、管理等）中，找到各分支之间的共核体裁和共核模块？这个共核专业模块课程建构是否可以用来强调共核专业话语能力的培养，对多领域间的共核知识的了解，以达到共核专业话语能力和多领域间的共核知识在课堂实践中的运用？本节的研究试图建立这样一个专门用途英语跨学科共核模块建构体系（见图 8.5）。

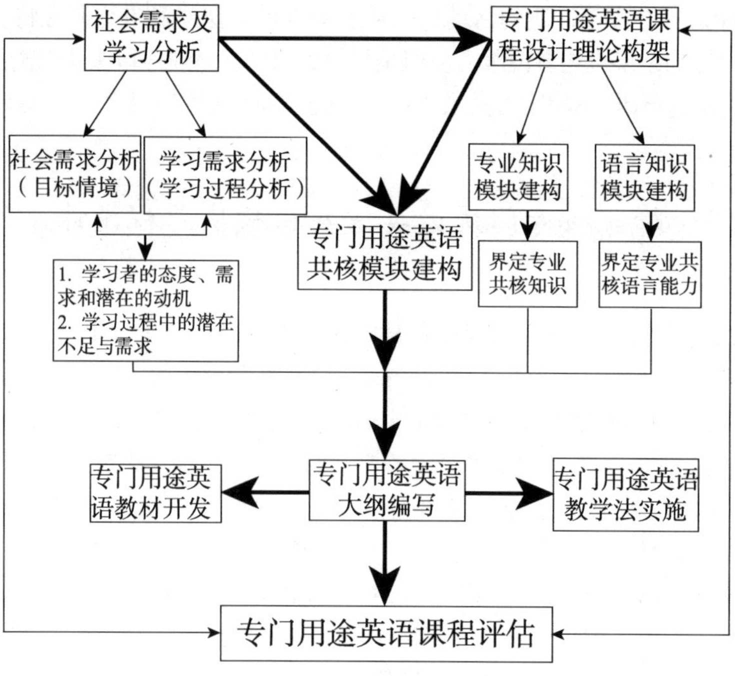

图 8.5　专门用途英语跨学科共核模块建构体系

图 8.5 中，专门用途英语学科共核模块建构体系由需求分析、专业课程设计理论构架、大纲编写、教材开发、教学法实施和课程评估构成。在设计课程体系时，有三个重要的层面必须考虑：学生学什么（即课程设计以什么理论作为支撑）；什么是真正意义上的交际法手段；什么是以学生为中心的课程设计。这些在课程设计中必须细化和体现，而课程设计体系的建立不是凭空设计的，是通过需求分析得来的、科学而有目的的课程建构体系。

在需求分析中，学生及目前社会的需要、国内外科技的发展等都是在需求分析中需要考虑的因素，学生的需求及社会的需求是变化的，课程体系应该具有游刃有余的空间。图 8.5 中，专业共核模块建构体系始于需求分析。需求分析分为两部分，社会需求分析和学习需求分析这两部分均很重要。社会需求分析主要看本专业英语在社会需求中所占的比重，然后找到其培养重点；而学习需求分析主要分析即将开设的专业英语课程的一些难题，如教师对专业课程的胜任度、学生对本课程的特殊要求等。

专门用途英语专业共核模块课程设计理论构架由两大块组成：专业知识模块建构框架和语言能力模块建构框架。学校在制定大纲前，应提出界定专业共核知识的标准并界定出专业共核语言能力标准，因为共核知识的界定关系到大纲的制定和课程评估，在界定专业共核知识语言共核能力时，需要考虑的是互话语能力，学科间的知识建构以及课堂运用中教师的驾驭能力。以下是选择标准的参照样本。

（1）互话语能力：对各种体裁的书面和口语的表达能力，如口笔头介绍专业背景、撰写实验报告或者论文、翻译相关专业文献等；了解相关专业领域文化与行业话语的能力，具备恰当运用行业话语的能力；对话语间的上下把握和控制能力，如语篇修辞的能力等。

（2）对学科间知识和共核知识的了解：对相关知识在各体裁中的运用，如口笔头描述前言、综述相关理论等。这里的共核知识一般指在大学科间共同的专业知识共核，如电类、高压、电磁等相关领域的共核知识。

（3）教学法实施：基于互话语能力和共核知识，实施四项基本技能训练与专业知识融入的专业英语课程框架；开展与专业相关的项目实施；以项目为基础的课堂活动设计。

以上标准还可以细化，因为篇幅原因，只列出了一些样本标准。

8.6 专门用途英语课程设计

大纲编写、教材开发、教学法实施和教学评估环节主要基于课程体系进行建构，图 8.6 是基于学科共核模块建构模式下的专门用途英语课程设计。

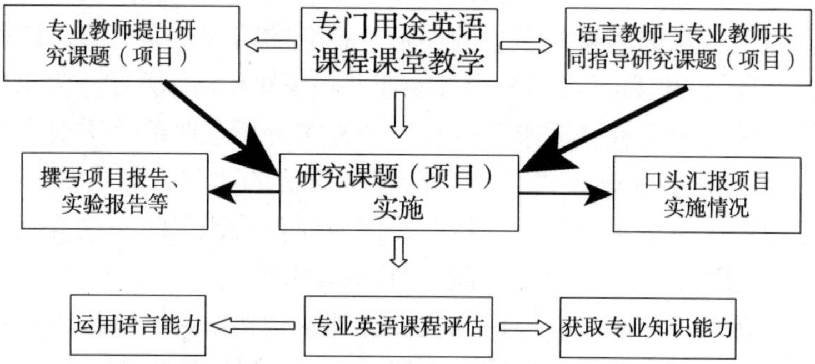

图 8.6 学科共核模块建构模式下的专门用途英语课程设计

如图 8.6 所示，专门用途英语课堂教学采取以项目为主的方式，语言教师和专业英语教师进行互动式或合作式教学。专业教师分阶段为学生提出将要解决的与专业有关的问题，或向学生布置一项与专业有关的任务，让学生自己查阅国内外资料。学生必须在规定时间内完成任务，语言教师解答学生完成任务中所遇到的语言问题。在语言教师的帮助下，学生写出研究报告或者生产程序等，或用英语口头/笔头介绍专业、产品等。课堂采取开放式教学方式，学生可按其专业方向分组完成教师所布置的项目任务，经过查资料和讨论后，在课堂上用英语进行汇报。期末学生成绩为书面报告加口头报告的得分总和。课时可以根据学生的需要安排，如专业教师和语言教师分别上课或一起上课，解决学生的实际困难，通过口头报告形式检查学生进展情况。

课程评估方式可以分为三类：①学生对各门课程的评估（课前、课中和课后的评估）；②教师对所教课程的评估（教学计划、安排、学生）；教学管理部门的评估（教务处对改革后的教学管理进行质量评估）；③学生期末成绩评估。对学生的考核可以分为综合形成型评估和终结型评估，充分考核学生运用英语的能力而不仅仅是考核其语言知识。

第9章

基于互话语理论的教学模式

本章基于以学习为中心的课程教学理念，运用互话语能力理论，从两个方面来探讨课程教学模式。首先提供了一个如何基于以学习为中心的课程教学理念来探讨职场多渠道沟通能力课程设计在培养高层次人才方面的实证研究，其次提供了两门课程作为案例，展示基于以学习为中心的课程教学理念的课程设计。

9.1　职场多渠道沟通能力的课程实施探索

9.1.1　引言

国家经济和社会的发展、国力的增强，需要具有国际视野、通晓国际规则、能够参与国际事务和国际竞争的国际化人才和创新人才，更需要具有批判性思维和具有较高人文素质的人才（国家中长期教育改革和发展规划纲要工作小组办公室，2010），而社会对跨学科人才的需求日益增多，各行各业需要更多的外向型和通识人才。基于此，教育部、国家发展改革委和财政部于2013年提出“加大对研究生访学研究……参加国际学术会议的资助力度，提高具有国际学术交流经历的研究生比例”（教育部 国家发改委 财政部关于深化研究生教育改革的意见，2013），对研究生教育国际化提出了明确要求。

联合国教科文组织指出，高等教育的发展要与社会问题和劳动界密切联系，要服务于社会的长期目标和需求，既要提供广泛教育，又要实施以职业为目标的职业教育，培养人们能够在变革中的各种状况下生存的能力（转引自徐通模，2001）。2003年亚洲大学校长论坛有学者指出，所谓国际化专业人才，是指掌握一门以上的外语，能借助相关工具进行跨国交流与服务，并在某一专业领域内具备一定的专门知识，对国际行业规则有一定了解的人才

（转引自黄莺、吕宏芬、傅昌銮，2012）。徐通模（2001）认为，高等教育的战略地位和人才培养，尤其是高素质人才（作为一个国家的战略资源）的培养，已成为全球关注的焦点之一。为此，21 世纪中国高等教育的发展战略已成为中国社会各界，尤其是教育界深刻思考的问题之一。英语作为世界语言，是培养国际化专业人才所必须开设的课程，是国际化背景下联系世界的重要桥梁课程。寻求适应中国经济全球化的高层次人才的外语教学理论与方法是近年来许多外语教育专家探讨的问题（徐通模，2001；南佐民，2005；罗尧成，2012；谢剑萍、付永钢，2005；段平、顾维萍，2004；文秋芳，2008；黄萍，2010）。罗尧成（2012）对 14 所高校的调查显示，硕士研究生参加国际学术会议较少，而他们中很多人从事科学研究，担任着促进国际学术交流以提高中国学术水平的重要任务（罗尧成，2012）。这对高层次国际化人才的发展是不利的，也极大影响高层次思维能力的培养，而高层次思维能力的培养是西方国家大学教育的重点之一（谢剑萍、付永钢，2005）。因此，高等院校必须面向实际，改革现有的人才培养模式，探索真正走向国际化的人才培养模式。

关于对培养高层次人才的研究，国外早有许多语言学家在进行，探讨最热烈的莫过于基于专门用途英语理念的互话语能力在培养高层次国际化人才中的作用（Bhatia，1993，2010）。所谓互话语能力，指针对各种体裁的书面和口语的表达能力（如口笔头介绍专业背景、撰写实验报告或者论文、翻译相关专业文献等），了解相关专业领域文化与行业话语的能力、具备恰当运用行业话语的能力、对话语间的上下语篇把握和控制能力（Chew，2005），如语篇修辞能力等。国外专家基于这些理念，从学术和职业语篇方面探讨了这些能力的运用（Chew，2005；Baugrande，2000；Duff，2004；Flowerdew & Wan，2006；Ding，2007；Wang，2007；Cowling，2007；Chia，et al.，1999），例如，探讨语言技能（Chew，2005），讨论便于人们使用的交流技巧（Baugrande，2000)，研究文体的系统图式构建和语言的实现图式（Baugrande，2000；Duff，2001，2004；Flowerdew & Wan，2006；Ding，2007）、探讨在听力、口语、阅读和写作四个方面中在职职员的技能（Wang，2007；Cowling，2007；Chia，et al.，1999；Bacha & Bahous，2008；Henry & Roseberry，2001；Pinto Dos Santos，2002；Mulken & van der Meer，2005；Yeung，2007；Flowerdew & Wan，2010；Hyon，2008），尤其是职业语篇体裁引起了众多学者的关注，例如，有关商务的求职信、协商信、商务回信、审计报告等信函，以及有关医药、商务、税收、会计、航空和新闻等的各种书面报告（Mulken & van der Meer，2005；Yeung，2007；Flowerdew & Wan，2010；Hyon，2008）。研究者大都将探讨职场中多渠道沟通能力（Gimenez，2014；Camerron & Webster，2011；Turner & Reinsch，2007）的研究与培养学生互话语能力的培养联系起来。Gimenez（2014）认为工作场所是很复杂的交际场所，人们须在短时间内做更多的事情，为了满足这一需求，人们需要掌握多渠道沟通（multi-communication）能力（Gimenez，2014；Camerron & Webster，2011；Turner & Reinsch，2007），这成为新时期人才培养研究的新视角。与此同时，国内专家（如蔡基刚，2013a；陈冬纯，2001；陈葵阳，2005；南佐民，2005）也开始意识到，专门用途英语理念或许是解决目前中国高校大学英语教学不能满足中国未来发展需要这一问题的途径，有人运用实证方法研究了学术英语在研究生基础英语中的应用（段平、顾维萍，2004；黄萍，2010），但国内还很少有人把互话语能力运用于高层次国际化人才培养中并探讨其可行性，更少有人将互话语能力理念运用于培养高层次人才的职场多渠道沟通能力。

笔者以某重点大学非英语专业硕士研究生基础英语课程专业交流英语为研究对象，基于互话语能力理念，探讨培养国际化高层次人才的多渠道沟通能力的路径。

9.1.2　研究方法

本节研究采用定性与定量相结合的方法，研究对象共有 750 名学生（20 个班），5 名青年教师参与了本小节的研究。笔者基于互话语能力理念，探讨专业交流英语课程内容是否能够培养国际化高层次人才在未来职场中的多渠道沟通能力，探讨在实施过程中教师的角色定位及可能存在的问题。

本小节的研究主要采用封闭与开放相结合的问卷方式，兼以半结构式访谈。笔者基于体裁能力理论，分别从文本能力、体裁能力和社交能力入手，对问卷进行了编制，在课前与课后采用同一份问卷对同一批受试者进行调查。

半结构式访谈主要在课程中和课程完成后进行，随机抽取了共 10 位学生作为访谈对象，对这 10 位受访者采用相同问题“请谈谈对本课程的看法”进行访谈；为了让访谈更有信度和效度，当采访者对某一问题感觉不清楚或者更感兴趣时，对受访者多以“为什么”“能否多谈谈这个想法”等引导，尽量让受访者不受采访者思想的左右。受访者在接受访谈之前均被告知访谈内容将被录音，1 次访谈时间约为 1 小时。录音文字转换采用以内容为主的方法进行了转写。在收集数据时，采用 Freeman（1998）的定性研究分析模式，即对每一篇访谈文字进行多次阅读，并对访谈内容进行了主题标注、定义主题，然后对主题加以归类，最后分析并阐释主题。

1. 课程选择

××大学硕士研究生基础英语课程自 2012 年开始进行全面改革，由基础英语改为国际学术交流英语、专业交流英语和跨文化交际英语。这里主要就专业交流英语课程的实施情况进行剖析，探讨职场多渠道沟通能力是否通过互话语能力理念得以实现，从而探索国际化人才培养模式的有效途径。

2. 教学内容

专业交流英语以当前的国家和社会需求为前提，并充分考虑××大学硕士研究生的英语入学水平，基于互话语能力理念，对高层次人才在职场中的人际交往所需要的互话语能力进行了分析与梳理，然后找到实现互话语能力的相关材料，设计了集情境、内容和项目（或任务）教学为一体的专业交流英语课程单元。该课程以一个走向职场的硕士研究生即将接手项目或任务时所需要的语言能力入手，对学生在职场中遇到的一般的社会文化语境下所需要的体裁能力、文本能力与社会话语能力进行培养，以培养学生在职场中的多渠道沟通能力，即在引导学生进行体裁能力训练的同时，也对学生话语能力进行训练，话语能力主要旨在培养学生在社交场合中得体使用语言的能力，这要求教师在课堂上传授一些与文化相关的知识。例如，培养学生在职场中与他人沟通的能力时，把体裁能力和社会话语能力结合起来进行训练。培养其在职场中与外国同事交往中的社交话语能力和体裁能力，例如，与国外同事进行得体的交流（包括商务礼仪、西方文化等），体裁能力方面培训的内容包括相关项目（专业）介绍、会议发言与纪要、各种信函与电话沟通（如询问、邀请、项目报告各部分的撰写与口头沟通等）、召开会议（包括召开国际会议）的基本流程与发言的基本要领和体裁等（如如何进行开场白、如何描述数据或者内容、结尾、提问、PPT 制作、会议前演练）。每一个任务间均有联系，相互连贯，其内容的安排就像一个职场人所经历的一个又一个故事，让学生身临其境地锻炼其多渠道沟通能力。

3. 考核方式

专业交流英语突破传统考试模式，以形成性评价和终结性评价相结合的考核方式，主要考核学生恰当而得体地运用语言的能力和职场中的多渠道沟通能力。考核形式主要包括课堂参与、课外项目作业、期末口试与笔试成绩。其中课堂参与的考核内容主要根据每项任务而设置，涉及社交中的话语能力，如如何得体地进行问答、陈述开场白、归纳总结等的发言技巧等。考核目标以学生是否参与为主，即采用只要学生完成任务且达到交际目的就给分的方式。课外作业以笔头为主，内容主要涉及职场的相关话语能力，如在各种职业中所需要的信函、会议纪要、项目报告（各部分的写作体裁）等。期末口试以小组为主要单位，各小组组织一个会议，组员根据该会议所要求的内容扮演角色，如会议主持人、项目汇报人、会议提问者与回答者等；一个小组在进行小组口试时，其他小组成员（作为参会者）选出一名代表对参加口试小组的每一成员进行打分（考前教师先讲解打分的标准），提问者被给予课堂参与分。期末笔试考核内容以课堂所讲内容为主。

9.1.3　结果与讨论

1. 研究结果

在评价专业交流英语课程内容实施效果时，主要以学生的评价为主。问卷采用开放式问卷与五级量表问卷相结合的形式，基于体裁能力理论，从文本能力、体裁能力和社交能力入手，对学生进行了课前与课后问卷调查。问卷调查结果见表 9.1。

表 9.1　专业交流英语课程前后问卷结果对比

项目	课前问卷						课后问卷					
	了解并能够撰写/交谈		了解但不能撰写/交谈		完全不能撰写/交谈		了解并能够撰写/交谈		了解但不能撰写/交谈		完全不能撰写/交谈	
	频数	频率（%）	频数	频率（%）	频数	频率（%）	频数	频率（%）	频数	频率（%）	频数	频率（%）
用英语准备应聘相关资料	—	—	75	10	675	90	562	75	187	25	—	—
撰写英语求职信	—	—	75	10	675	90	600	80	150	20	—	—
撰写各种商务信函（询问、感谢、抱怨、邀请等）	—	—	—	—	750	100	637	85	112	15	—	—

续表

项目	课前问卷						课后问卷					
	了解并能够撰写/交谈		了解但不能撰写/交谈		完全不能撰写/交谈		了解并能够撰写/交谈		了解但不能撰写/交谈		完全不能撰写/交谈	
	频数	频率（%）	频数	频率（%）	频数	频率（%）	频数	频率（%）	频数	频率（%）	频数	频率（%）
撰写英语简历	—	—	—	—	750	100	675	90	75	10	—	—
与外国同事进行一般交流	—	—	262	35	487	65	675	90	75	10	—	—
为外国同事进驻旅店办理相关手续	—	—	—	—	750	100	487	65	262	35	—	—
机场接待/送别外国企业单位伙伴	—	—	—	—	750	100	525	70	225	30	—	—
与同事探讨（研究）项目内容	—	—	—	—	750	100	412	55	337	45	—	—
用英语介绍自己的公司	—	—	—	—	750	100	637	85	112	15	—	—
了解目的国文化差异	—	—	37	5	712	95	675	90	75	10	—	—
用英语做项目口头汇报	—	—	—	—	750	100	750	100	—	—	—	—
用英语撰写会议纪要	—	—	—	—	750	100	510	68	240	32	—	—
用英语撰写项目报告	—	—	—	—	750	100	487	65	262	35	—	—
用英语发表/提出自己的观点/建议	—	—	75	10	675	90	637	85	112	15	—	—
撰写商务/学术国际会议发言稿	—	—	—	—	750	100	562	75	187	25	—	—
了解组织会议的基本程序	—	—	—	—	750	100	750	100	—	—	—	—
用英语练习口头发言的各项技能（包括开场白、结束语、PPT制作）	—	—	—	—	750	100	637	85	112	15	—	—
了解各种提问和向别人提问的技巧	—	—	—	—	750	100	712	95	37	5	—	—

注：问卷总数为 750

表 9.1 显示，多数学生对国际职场交流中所运用到的互话语能力从不了解到大略了解并能进行简单运用。85%的学生学习本门课程后，了解并能就发言主题用英语撰写发言稿并进行口头发言。多数学生对工作应聘的相关程序与口笔头的各种体裁能力与社会话语能力有了较多的了解并能运用。根据表 9.1 及访谈数据，笔者从教学内容、教学方法及考核方式这三个方面对该课程是

否达到目标进行详细阐述。

（1）教学内容

专业交流英语在教学内容上有别于传统的基础英语课程。传统英语课程强调英语基础和知识，并对听说读写译五项技能进行训练，而“国际职场交流英语”课程主要以学生迈入职场所需要的互话语能力为基础来训练学生的多渠道沟通能力，课程教学效果较好。如学生 A 认为，多渠道沟通能力的训练，“使我感到邮件写作和相关的口头能力迅速提高”；我以前以为“会议纪要、邀请信和询问信非常难写，但是老师提供的模板让我觉得并非我想象的那么困难”（A，2013 年 12 月）。还有学生认为，“所教内容与我们以后的工作密切相关，尤其是商务礼仪相关知识，让我耳目一新”（C，2013 年 12 月）。“内容充实，所设计的任务与职场中我将面临的内容吻合”（B，2013 年 12 月）。从访谈中可以看出，学生对教学内容很满意。表 9.1 也显示，对于各种与职场相关的体裁能力、话语能力，学生从不了解到了解的比例均大幅度提高，这也间接说明该课程教学内容设计得好，该课程教学效果才会比较好。

（2）教学方法

对于专业交流英语课程，授课教师遵循以引导为主的原则，“不会给学生很大的压力，当我们不敢开口发言时，老师总是引导、鼓励，到最后全班同学都敢于上台说英语了”（F，2013 年 12 月）。“老师在课堂上给了我们足够的时间去练习写和说，而不是光老师一个人讲，真正做到了以学生为中心，教师为主导”（D，2013 年 12 月）。此外，教师对所讲内容都给出一篇范文，“这样我们对所学的内容就明白应该怎样写”（B，2013 年 12 月），学生认为能“学以致用，老师课堂讲了新内容，马上可以得到很好的巩固和练习”（G，2013 年 12 月）。有关学生对课堂作业的批改和讲评方面，学生认为“在课堂上点评作业，起到了举一反三的效果”（G，2013 年 12 月）。“教师课堂上一般主讲半小时，就引导大家进行模拟训练，二人组、小组讨论的时间很多，学生互动很多，参与性强，而互动的课堂可以学到更多的东西，而且感觉时间过得非常快”（D，2013 年 12 月）。

（3）考核方式

学生对这种以鼓励为主的打分方式比较满意，认为这种打分方式“有利于调动同学们的课堂积极性，课堂比较活跃，上课不容易走神，老师也会时常帮助那些因害羞而不回答问题的同学，给我们一些机会来展示自己，增强了自信心”（E，2013 年 12 月）。期末考试严格遵循以学生为中心的原则，这种将“学习内容与考试内容相结合的方式让同学们都能积极地参与其中”（I，2013 年 12 月），所以该考核模式受到了学生普遍欢迎。还有学生认为：“这种对学生的综合考察方式，就是鼓励程度一般的同学积极提升，很公平”（C，2013 年 12 月）。

“国际职场交流英语”课程由于教学内容、教学方法及考核模式与传统的课程大相径庭，学生感到提高了他们“用英语交流的能力，锻炼了胆量”，这种“鼓励学生上台演讲,锻炼小组合作能力的方式让我们获得与以前不一样的课堂感受”（D，2013 年 12 月）。因此，学生感觉非常新奇，他们“课堂参与都很积极，想回答问题的话，都要排队，所以学习气氛很好。每回答一个问题后，老师都给我们一个记号，算作平时成绩，这更能鼓励我们回答问题，提高参与的热情。方式灵活，学生参与性强”（E，2013 年 12 月）。正如一位同学说道：“我从来都不知道英语还可以这样上，这让我的自信心提高不少，我也从来都不知道我还有如此的演讲才能。”（F，2013 年 12 月）

2. 讨论

笔者以专业交流英语课程作为研究对象，基于互话语能力理念，探讨专业交流英语课程内容是否能够培养国际化高层次人才在未来工作中的多渠道沟通能力、教师在实施过程中的角色定位，以及可能存在的其他问题。

结果表明，运用互话语能力理念，在课堂上培养高层次人才在职场中的多渠道沟通能力是可行的，尤其是基于互话语能力理念，按照职场人的职场沟通技能培训方式来训练学生包括运用体裁的能力、话语能力和文本能力的多渠道沟通能力，这一点是可以做到的。

本课程中教师的角色定位与传统的语言课堂完全不同，教师需要努力从以前的“授”变为更多的“导”，本节的研究发现，单纯地传授英语知识或者四项基本技能已经不能满足学生的学习需求，教师在课堂教学中必须进行多角色转换才能完成课程内容，教师在课堂教学中既是课堂组织者、鼓动者、引导者，更是参与者和评估者。课堂中最多的时间是用于学生根据所布置的职场任务来做汇报，教师的主要角色是组织任务、检查学生是否完成任务，然后评价学生完成任务的质量；同时，教师不断地激励和引导学生在完成一个又一个任务的同时，逐渐建立自信心；教师又是参与者，因为其在教学过程中与学生同时学习职场知识；学生在进行任务汇报时，教师还需要对其任务的完成情况给予评价。

基于互话语能力理念的专业交流英语课程实施，在培养高层次人才的职场多渠道沟通能力方面探索了一些培养方法和途径，但是还存在一些问题，需要进一步的研究进行论证。首先是教师对这种课堂的驾驭程度问题，由于参与本节研究的教师对职场中的互话语能力了解不足，或者缺乏职场经验，导致不能很好地将相关话语能力贯穿到教学中。其次是学生英语水平参差不齐的问题，学生来自不同专业等因素均造成一些任务在执行中出现实际困难，如对于需要学生进行深层次交流的话题和项目，学生不能很好完成。再次是设计任务的材料有限的问题造成教师的备课工作量增大等。

9.2　基于互话语能力的专门用途英语课程设计案例分析

9.2.1　引言

本节介绍基于专门用途英语理念的课程设计和教学案例，主要介绍 2 个案例，即专业交流英语课程设计理念与教学模式和国际学术交流英语课程理念与教学模式，然后介绍研究生英语系列校本教材编写大纲的理念。

9.2.2　专业交流英语

专业交流英语是针对那些即将进入企事业单位或者科研单位工作的高层次人才（大学本科以上学生）进行设计的课程。本节从其设计理念、设计框架及具体案例等方面进行分析。

1. 专业交流英语背景介绍

××大学公共外语硕士研究生专业交流英语基于专门用途英语的教学理念，立足于以学习为中心、以交际为目的的课堂教学模式，在转变教学理念方面有了很大突破，颠覆了过去以教师为中心、填鸭式的课堂教学模式。

专业交流英语开设于 2012 年，是根据国家发展需求、社会用人需求及该校公共外语硕士研究生学习需求而开设的一门学位课程。对研究生教育国际化提出了明确要求。专业交流英语正是在这个背景下结合学生的英语学习、专业学习以及未来职业发展的需求而开设的。经过四年的课程改革与建设，教学效果得到了校方与学生的一致好评。学生在产出性技能方面有了明显的提高。学习该课程的学生在 × × 大学、重庆市及全国英语比赛中均获得奖项，为学校尤其是研究生英语教学赢得了荣誉。该校基于研究生英语课程教学大纲与课堂教学的实践经验编写出具有该校研究生英语教学特色的校本教材，培养和发展了一批有意愿进行教学改革的中青年教师。

2. 设计理念

专业交流英语是在世界经济飞速发展、国际交流多样化和具有广泛性的形势下，为了满足国家经济发展的需要和社会对高层次人才的国际化要求，为非英语专业硕士研究生开设的必修课程。专业交流英语课程理念和目标基于 Hutchinson 和 Waters（1987）以学习为中心的专门用途英语课程设计理念，提出基于学生在学习和工作中需要涉及的互话语能力（Bhatia，1993）（如学习中所需要的学术写作与口头交际能力，或者工作中所需要的专业交际能力）来建构课程设计框架。因此，课程以话语能力为前提，主要根据学生在学术研讨、工作场所及一般的社会文化语境中所需要的各种交际能力中所涉及的语言，从文本能力、体裁能力和社会能力入手，以实现并满足学生可能使用英语进行学术与职场交流的需求，以适应国际化发展的社会需求。但鉴于目前硕士研究生的英语水平有限，两部教材的基本目标是让学生初步掌握并学会在各种场合中恰当运用语言的能力，以提高其各种话语能力为主。

专业交流英语主要为研究生以后参加工作而设计。该课程以情境教学为主要设计原则，设计的主要情境是学生刚走上工作单位，以学生进入职场所需要的各种社会能力、文本能力及体裁能力为主要培养目标，培养内容涉及如下方面：学生应聘所需要的面试技能；加入到企事业单位后与他人进行合作、进行项目洽谈、召开各种项目会议等所涉及的各类邮件、项目报告的撰写等，以及各种会议的口头陈述、项目洽谈等所涉及的语言和技能。

通常情况下，通用英语课程更侧重语言本体，强调语言知识和语言技能在学生日常生活和学习中的运用，其重点在听说读写译五项基本技能方面，通过阅读课文来分析语篇、用语篇来发展学生的各种语言技能。专业交流英语基于专门用途英语课程教学理念，课程始终贯穿以学习为中心的教学理念，以学习与工作中的各种情境为主导，侧重在实际的学习与工作交际中所运用到的互话语能力（社会能力、文本能力和体裁能力），采用各种任务来提高学生各种话语能力。因此，专业交流英语主要采用任务型、项目型、团队合作型等问题解决型教学方法，围绕与学生的学科内容相关的国际交流和工作场景交流活动来展开教学。该课程从文本能力、体裁能力和社会能力入手，以一个硕士研究生在专业学习、研究或工作中接手不同专业项目或任务时使用英语进行专业交流的各种情境为主要切入点，基于项目/任务为主的教学手段，培养学生在专业交流和一般社会文化语境中所需要的话语交际能力。课程的主要内容由以下四部分组成：①求职；②职场交际；③召开各种会议（专业交流）；④项目方案、项目洽谈、项目合作、项目报告（专业交流与项目合作）。每一部分前后相承，相互连贯。

3. 课程内容构架

基于以上课程理念，专业交流英语的主要内容安排如表 9.2 所示。

表 9.2　专业交流英语涉及场景的主要内容安排

场景	场景内容
场景 1	求职（Job search）准备：①了解招聘信息；②求职申请；③面试及准备
场景 2	职场交际（Communication at workplace）：①西方职场礼仪介绍；②了解职场寒暄语；③与新同事认识（介绍）；④公司介绍；⑤了解工作；⑥工作交流
场景 3	专业会议（Congress）：①会议安排；②熟悉各种会议一般流程；③参加会议；④主持会议；⑤口笔头个人陈述、会议议程、会议通告、会议纪要等
场景 4	项目洽谈与合作（Project negotiation cooperation）：①了解项目报告书；②介绍项目；③沟通与谈判；④项目管理过程中的交流
场景 5	项目验收（Project evaluation）：①各种项目验收报告的写法；②项目验收（包括口笔头个人陈述、会议议程、会议方案、会议纪要等）；③验收（包括商品验收、税收、检验、仲裁等）；④结款（包括付款、汇票、发票等）

值得注意的是，以上内容看起来与传统的教材内容相似，但其主要教学方法基于课堂活动则是一种彻底改变，即基于 Hutchinson 和 Waters（1987）提出的以学习为中心的课程教学理念和以任务为目的的课堂教学方法，真正让学生在英语课堂内外就具体任务（与工作或专业学习中所遇到的任务相似）进行有效的交流（细节见后面的教学方法与考核方式）。

4. 课程教学方法与手段

以学生为中心的课堂教学模式中的上课时间占比如下：教师授课时间占 1/3，学生活动时间占 2/3，教师在课堂中的角色是鼓动者、评估者、指引者和组织者，学生是决策者和参与者。

专业交流英语以一个刚走上工作岗位的学生的活动为主线，将其职场所需要的各种社会能力、文本能力及体裁能力作为主要培养目标，将一学期的英语课程作为一个大的情境，即假设一个硕士研究生工作以后，加入到一个公司或者研究设计院的（研究）团队，考虑他怎样与其他人进行合作、可能做哪些事情，围绕这个场景（包括组织会议、发言技巧、撰写项目报告及谈判技巧等），学生完成一个又一个任务，体验职场中即将面临的系列事件。教师在其中扮演的是组织、咨询、评估、鼓励以及适当参与等角色。

5. 课程评估

（1）考试方式

专业交流英语的考试方式和内容主要有两个方面：笔试与口试（见表 9.3）。其中口试以小组为单位组织一场与工作相关的活动（如招聘会、与本专业相关的项目洽谈会、其他与工作相关的会议），小组中的每一位同学均需要承担至少两个角色，如公共服务角色（如主持人、致辞者等）和自己报告的陈述者（考查学生的发言技巧、PPT 制作及即兴问答等能力）。笔试主要考查学生的读写能力（评分标准见表 9.4），从如下几个方面进行（根据当年所教班级的学生需求具体调整）：①根据具体任务要求，让学生有针对性地、有目的地完成写作，如根据招聘广告要求，撰写自荐信或简历。②根据期末口试的内容要求，让学生写一份提交给其（假设的）上司看的正式报告，需要达到写作要求。③根据期末口试内容要求，让学生就会议纪要完成口试，由于会议纪要的字数少，可以让学生在口试完成后的 1 小时内完成撰写，作为笔试成绩。④播放一段录像，根据录像内容要求学生撰写与如会议纪要内容相关的项目报告、招聘会广告、项目会议报告等。⑤设置与商务信函写作（如申请函、询问函、投诉函、说明函、邀请函、通知、备忘录等）相关的场景，让学生进行笔试。专业交流英语考试各部分分数所占比例如表 9.3 所示。

表 9.3　专业交流英语考试各部分分数所占比例

<table>
<tr><th>考试内容</th><th>占比（%）</th><th>考试内容</th><th>占比（%）</th><th>考试内容</th><th>占比（%）</th></tr>
<tr><td>出勤率</td><td>10</td><td rowspan="3">口试（以小组为单位，组织一场项目洽谈会等，但个人需要陈述）</td><td rowspan="3">30</td><td rowspan="3">笔试，根据一篇（或者多篇）招聘广告，写一份自荐信等</td><td rowspan="3">30</td></tr>
<tr><td>课堂参与</td><td>15</td></tr>
<tr><td>家庭作业</td><td>15</td></tr>
</table>

表 9.4　项目报告评分框架

1. 标题是否与内容吻合？
2. 前言是否包含相关背景介绍、意义所在和本项目目的？
3. 项目实施的路线是否清楚？实施的基本原则是否清楚？
4. 项目实施方法是否清楚，步骤的逻辑性是否强？
5. 项目实施方案是否严谨，是否能够在规定时间完成？
6. 项目实施完成后的验收方式是否合理？

（2）课程评估的实施

根据专门用途英语以学习为中心的课程教学理念，专业交流英语的课程评估随时都在进行，主要基于课前需求分析、课中随时访谈和笔头问答、课后问卷与访谈结果调整课程设计和教学内容。

6. 课程的特色和创新

专业交流英语基于高层次人才培养理念，解决了培养目标的定位问题。课程建构体系内容由过去的基础英语向具有国际化视野高层次人才培养模式转变，解决了人才培养与社会需求脱节的问题； 加强了教师队伍建设，强调教师在课堂实践中的“教”与 “学”的互动，以确保人才培养质量。专业交流英语的优势与特色如下：

1）坚持面向国家需求，采用以学习为中心的课程设计理念

面对新时期国家战略和社会需求的转型，强调英语服务于学生的专业学习以及国家的发展。

2）依托所在人文社科基地相关研究，促进课程教学研究

运用 ESP 课程的“线上课程与线下课程相结合、打造共核课程与‘专业+英语’课程相结合”的特色；采用“教-学-做”合一和以“会”促学、以“做”促学、以“赛”促学的教学模式，强化终结性评价与形成性评价相结合的评价体系；创建了课程论文及作业（口试课堂作业）语料库、以及具有该校专业特色的期刊语料库，以服务于教师课堂材料选择、校本教材编撰以及学习模版运用的需求。

3）倡导校企融合，坚持语言服务于社会与专业

课程通过模拟招聘大赛、5 分钟学术演讲比赛、模拟国际学术会议等形式，邀请各专业博士生导师、专业教师、企业管理人员等进行合作，并走进课堂，建设多元化实践教学平台。

该课程有如下创新。①人才培养理念的创新：基于ESP课程教学理念和国家战略发展与社会需求，运用“以学习为中心”课程教学理念来建构该课程体系。②课程体系建设的创新：根据学生和专业需要，由专业交流英语课程向外发展，形成专业特色课程群，如新闻专业交流英语、艺术专业交流英语、建筑专业交流英语等。③教学方法的创新：课程与学生所在专业融合，采用参与式、项目与任务教学方法，创立高效互动的博导与学生、专业教师与英语教师、英语教师与学生等的互动模式；建设主干课程与“专业+英语”课程群相结合，课堂教学与模拟会议、模拟招聘、模拟国际项目洽谈等与专业紧密结合的特色课程群，打造“核心课程+专业特色英语课程”体系。④课程评价体系的创新：注重学生平时成绩的考核，课堂参与、作业，小组活动均按照体系要求进行评价，期末的口笔试与所发表的国际期刊论文及模拟大赛相结合加以考核。邀请专业教师、学生、助教参与到评价过程中，以保证评价的客观性和学生的参与性。

该门课程是××大学的教学改革课程，也是重庆市教委研究生教改项目，课程采用了专门用途英语的教学理念（目前在国内大学英语中争议较大的一种教学理念），很多人对专门用途英语的核心理念一知半解，该课程的开设是对以学习为中心的课程教学理念的一种阐释和回答。

7. 该课程目前存在的主要问题

该课程目前存在的主要问题如下：①教师短缺，虽然已经有了一个很好的团队，但是由于该课程对教师的要求很高，备课量很大，所以，改革还只能在部分学生中进行，不能大面积推广；②教材和教学资料短缺，虽然已有很多资料，但大部分资料从国外网站收集，教材如果要出版会涉及版权等问题；③班级人数多，有时因人数多而达不到预期教学效果，对于缺乏经验的青年教师尤其明显；④由于××大学为综合性大学，专业各异，其教学大纲还需要时间加以打磨和修改。

9.2.3 国际学术交流英语

1. 国际学术交流英语背景介绍

国际学术交流英语始于 2007 年，以试验班开始，首先运用于××大学硕士研究生 A 类班级。从 2008 年起，笔者着重对研究生基础英语课程改革及其教学模式进行探讨，成果“国际学术会议英语与论文写作——集课堂教学与世纪学术交流为一体的教学模式”获××大学优秀成果二等奖。到 2012 年该课程已在博士研究生中全面普及。通过对学生进行需求分析，笔者发现××大学博士研究生的课程设置要求学生在读博期间必须发表 SCI 等学术论文、参加国际学术会议等，因此该课程刚好满足了学生的专业学习需求。

2. 设计理念

国际学术交流英语课程设置基于 Hutchinson 和 Waters（1987）以学生为中心的课程设计理念，运用目前国外专门用途英语研究所关注的互话语能力、跨学科知识和学术研究与专业能力（academic and professional competence）的基本思想，提出以学生在学习和工作中需要涉及的共核知识来建构硕士/博士研究生英语课程框架。笔者认为，在建构课程设计框架时，应界定专业共核知识以及专业共核语言的理论标准。由于共核知识的界定关系到大纲的制定和课程评估，在界定专业共核知识时，需要考虑如下方面：①互话语能力，如对各种体裁的书面和口语的表达能力（口笔头介绍专业背景，撰写实验报告或者论文，翻译相关专业文献）；了解相关专业领域文化与行业话语，具备恰当运用行业话语的能力；对话语上下语篇把握和控制能力，如语篇修辞能力等。②学科间的共核知识（如工程类可能涵盖的共核知识）。③这些互话语能力与共核知识实现途径，即教学方法与教材开发。

3. 课程内容

该英语课程主要培养学生与学术研究相关的英语口笔头交际能力，以产出性技能为主，课程结束后，学生能够用英语撰写专业学术论文、准备学术讲座发言稿和参加学术会议的口笔头发言稿等。课程主要为博士研究生而设计。以下课程教学内容主要从文本能力、体裁能力和社会能力入手，以培养学生在学术方面和国际学术会议相关活动中所需要的话语能力。创设的情境是一个研究人员即将参加一个学术会议（包括了解怎样去组织一个国际会议），从口语和写作训练两个方面培养其话语能力。最后的口试形式建议以小组为单位，组织一个国际会议，小组中的个人作为发言人口头宣读参加国际会议的文稿。课程教学内容如表 9.5 所示。

表 9.5　国际学术交流英语课程教学内容

1）Getting to know each other（了解在学术活动中初次见面后的寒暄语等）
2）International conference organization（包括组织及流程，如发通知、建立联系网站等）
3）International conference abstract submission（包括撰写英语摘要、询问具体事务，如电话询问及当面询问等）
4）International conference paper structure（包括撰写论文结构大纲、查找资料等）
5）Writing academic article: introduction（包括写学术论文前言，怎样主持会议，陈述开场白等）
6）Writing academic article: literature review（包括写学术论文文献，怎样检索文献，怎样写引言，怎样避免抄袭，以及口头陈述文献等）
7）Writing academic articles: research method（包括写学术论文研究方法，口头和笔头描述数据和分析数据等）
8）Writing academic article: discussion（包括写学术论文讨论部分，口头陈述自己观点等）
9）Writing academic article: conclusion（包括写学术论文结论部分，怎样结束自己的陈述等）
10）Writing academic article: reference（包括整理各种形式的参考文献及怎样查找专业顶级期刊文献的写作要求等）

4. 主要教学方法和教学手段

该课程有别于传统英语课程，教学方法以任务及项目教学为主，教师在课堂上的角色不仅仅为讲师，还要鼓动学生学习英语的热情和增强其在公共场所表达想法的自信心。由于该课程所涉及的任务和项目均与学生进入社会应该具备的相关话语能力相关，因此考核学生的方式也应是形成性评估与终结性评估相结合。

5. 课程考核与评估

对于课程考核与评估，形成性评估所占比重高于终结性评估，考核占比和评价标准见表 9.6 和表 9.7。

表 9.6　国际学术交流英语考核内容及所占比例

<table>
<tr><th>考试内容</th><th>占比（%）</th><th>考试内容</th><th>占比（%）</th><th>考试内容</th><th>占比（%）</th></tr>
<tr><td>出勤率</td><td>10</td><td rowspan="3">口试（以小组为单位组织一场项目洽谈会、国际会议等，但个人需要陈述）</td><td rowspan="3">30</td><td rowspan="3">论文或者笔试</td><td rowspan="3">40</td></tr>
<tr><td>课堂参与</td><td>10</td></tr>
<tr><td>笔头家庭作业</td><td>10</td></tr>
</table>

口试以小组为单位，召开一场国际学术会议等；笔试是发表一篇国际期刊论文。为了确保考核内容为学生在该课程所学知识，也为了验证所教授的知识，建议可将笔试部分 25%的分值计入平时考试成绩，平时考试的操作如下：①写一篇摘要，1 个小时之内完成，考试时提供一篇大家都能看懂的范文，按照所教格式撰写摘要；②让学生以小组为单位（小组按照专业划

分），阅读与专业相关的 5 篇文章（或者按小组的人数计算，如小组若有 6 个人，则是 6 篇文章），让学生根据课堂所讲内容（如前言、文献综述等）在规定时间内写出前言、文献综述等。学术论文写作检查项目见表 9.7。

表 9.7　学术论文写作检查表

1. 标题与关键词是否吻合？
2. 摘要是否包含了以下三个步骤：研究目的、研究方法和研究发现？
3. 前言是否包含了以下三个步骤：相关前沿研究、空白点（问题）和研究目的？
4. 文献综述是否严格按照学术规范写作？如直接引用与间接引用是否正确？是否运用自己的观点？是否充分了解相关研究？例如，文献综述须引用超过 5 个专家，且相关研究时间均在近三年内（基础理论除外）。
5. （若有研究方法）研究方法是否规范？是否包含了研究目的、研究问题、研究样本、研究工具、数据收集与分析等。
6. 研究结果与发现：是否很好地回答了该研究的问题？是否有自己的思想和贡献？
7. 结论部分是否清楚地阐述了该研究的目的和局限或者意义所在？
8. 参考文献格式是否一致，是否符合待出版的刊物要求？

6. 教学效果与评价

国际学术交流英语自 2007 年作为改革课程以来，受到学生普遍欢迎，该课程基于专门用途英语理念，制定了有别于传统语言课程的大纲，彻底改变了传统的教学模式；其立足于以学习为中心的课堂教学模式，颠覆了教师为中心的课堂教学。该课程受到学生的普遍欢迎，学生们从被动听课到主动参与，相比于传统英语课程，该课程中学生使用英语的频率明显较高。此外，该课程受到了××大学研究生督导组的好评，被建议继续推广。因此，从 2007 年一个实验班到目前针对全校博士研究生以及部分硕士研究生，更多的学生接受了规范的学术写作训练，熟悉了国际学术会议流程，学生参加国际学术会议的信心得以提升。国际学术交流英语课程教学成果归纳如下：

（1）学生把课堂中所讲的理论与实践运用到了国际会议中，其论文写作与演讲能力真正得到了锻炼，如 2015 年 6 月在××大学召开的模拟国际学术会议上，学生在该会议上宣读了自己的论文。

（2）与专业紧密结合，教师根据学生的专业进行分组，进行国际会议模拟训练，这为学生提供了练习的机会，使学生的学术英语写作与口语能力得到很大锻炼。

（3）与实际的国际会议相结合，指导学生如何协助组织和参加在其所在学校召开的国际学术会议，以及如何出国参加国际会议。如某一学生即将赴他国参加国际学术会议，该课程教师认真修改其论文讲稿，指导学生如何有效宣讲其论文，让该学生以及其他学生都受益匪浅。

（4）该课程结束时，将学生在模拟学术会议上的表现作为考试最后阶段的成绩，小组中的每一个学生都要在模拟的国际会议中根据自己已写好的学术论文进行口头宣讲，每一个学生都给其他宣讲的学生打分。最终成绩将平时成绩、口头宣讲和学术论文成绩加以综合。

（5）对学生的问卷调查显示，学生（包括几名外籍学生）普遍对这样集课堂教学与实际学术交流为一体的教学模式表示认可，学生认为该课程的主要成功之处在于有助于提高学术口语与写作能力。

（6）该课程经过 7 年多的实际教学，课件得到不断更新，学习资料更加丰富，录像资料也在积极准备，相信该课程会得到广泛的推广。

此外，由于 × × 大学对学术走向国际化的要求，该课程顺应了学生和研究生院的要求，因此，该课程也被 × × 大学研究生院推荐为工程博士的重点基础课程之一。从以上叙述可以看出，该课程经过 7 年多的讲授，已经获得学生的认可，而目前国家急需复合型科技人才，该课程的开展有助于国家加强课程建设和教材建设，全面推进素质教育，提高教育教学质量。

7. 该课程的优势和特色

该课程有别于传统的博士生英语课程，鉴于博士研究生这一特殊群体的英语基础差但属于高端人才，学校对他们的专业要求高，因此，该课程针对其学术写作和参加国际会议的基本技能进行训练。整个课程相当于一个大的项目，围绕参会或者举办一个国际会议，学生需要了解国际会议程序，对自己的研究进行陈述、回答提出的问题以及就在国外可能遇到的与文化冲突相关的问题进行训练。这个课程的优势和特色是学生能够很快掌握这些知识和技能，活学活用。

该课程在教学内容、教学方法和考核上都有别于传统的基础英语教学。在教学内容上，该课程以项目为依托，学生按专业被分为几个小组，各个小组在期末考核时均要组织一场模拟国际学术会议，学生不仅仅要做发言，还需要主持，或者介绍发言人等。在教学方法上，教师不仅仅作为传授者，更主要的是一名鼓动者。考核方式也有创新，与传统的考核方式不同的是，该课程没有期末考试，期末成绩是将课堂参与（以学生开口发言的次数来确定）、家庭作业（提交各部分学术写作文稿）、会议发言（口试）以及提交一篇学术期刊文章综合起来的。

8. 国际学术交流英语的作用及建议

国际学术交流英语为硕士研究生基础英语课程的改革指明了方向和改革的路径，对培养青年教师的专业发展也起到了促进作用。该课程采用专门用途英语教学理念，该课程的开设是对该教学理念的一种阐释和回答。这对重庆市研究生教育理念的开拓有一定的引领和推进作用。由于学分与课时减少，笔者提出如下建议。

1）课程数量及学分

可以把国际学术交流英语改为 3 门课程："学术文献阅读与学术交流英语""学术文章写作与国际合作交流""高水平论文润色工作坊"。分为三学期选课，第一学期为"学术文献阅读与学术交流英语"，第二学期为"学术文章写作与国际合作交流"，第三学期为"高水平论文润色工作坊"，这样设置课程的目的是充分满足××大学各学科高层次人才的需求，让英语真正服务于专业学科，为高校"双一流"学科建设、高层次人才国际化视野的培养做出贡献。鉴于此，博士英语的学分安排建议如下：

第一二学期的课程"学术文献阅读与学术交流英语""学术文章写作与国际合作交流"学分分别为 2 学分（学生任选一门），第三学期"高水平论文润色工作坊"为 1 学分，作为选修课，学生可以不要这 1 学分的课程。

2）课程内容

"学术文献阅读与学术交流英语"主要为刚进入博士阶段的、没有研究基础、没有学术研究经验的学生开设，该课程的重点为两方面。A 学术写作与阅读方面，引导初涉研究的学生进行有效阅读、大量阅读，以及科学而无剽窃地进行文献综述的能力，主要包括如下内容：①如何利用现有的数据库并有效查阅相关文献；②如何有效阅读；③如何进行批判性阅读；④如何把阅读内容转化为自己的文字；⑤如何防止剽窃；⑥如何撰写正确的参考文献；⑦如何撰写开题报告。B 学术口语方面，围绕文献阅读的以上 6 个方面，学术口语训练单元包括如下内容：①如何介绍自己的专业方向；②如何分享与交流自己的看法；③如何进行学术讨论；④如何得体地与外国同事就个人的学术观点进行有效交流；⑤如何就自己的某个学术观点进行 3 分钟的口头总结；⑥如何就自己的开题报告进行口头陈述；⑦召开一个小型的学术会议（期末口试）。

"学术文章写作与国际合作交流"主要为那些已经开始进行研究、有一定成果并开始撰写文章、希望参加国际会议或者参与国际合作的博士生开设。笔者建议该课程运用已经建立起来的语料库，采用自己开发的软件，教会学生模仿自己相关学科中的写作格式，对论文各部分的语步、语篇衔接、语法现象、用词特征等进行梳理，建议这部分使用翻转课堂，学生必须在课外进行大量阅读与写作，课上由学生进行分享与交流（根据语料库的范本进行模仿）。该课程的重点分为两方面。A 学术写作方面的重点如下：①如何撰写摘要；②如何撰写引言；③如何撰写文献综述；④如何撰写研究方法；⑤如何撰写结果；⑥如何撰写讨论；⑦如何撰写结论；⑧如何与期刊编辑进行沟通。B 国际会议方面的重点如下：①如何就自己的学术观点进行陈述；②如何召开一场国际会议（有哪些要素）；③如何提交摘要并与会务组进行电话沟通；④如何进行国际会议发言（如何开场、如何拓展自己的发言、如何收尾等）；⑤召开一场国际会议（期末口试）。

“高水平论文润色工作坊”作为选修课，向全校高层次人才提供语言服务，外国语学院的英语教师在××大学跨学科团队的指导下，逐渐熟悉相关学科，然后有针对性地对论文写作中的语言润色进行指导。这门课程的设置既可以带动某个学院的教师进行科研，又能为××大学高水平国际期刊论文写作进行语言服务，为推动双一流建设做出贡献，可以实现双赢。

（3）课程教师配置

建议博士英语课程教师相对固定在 2—3 个学院上课，以便更好地钻研相关学科知识并积累有效资料（资源），从而进行有效备课与授课，“高水平论文润色工作坊”课程作为××大学高层次人才培养特色课程，需要时间来积累经验，这需要得到外国语学院和研究生院的理解和支持。

（4）改革试点

为了更好地为××大学高层次人才服务，也为了检验该课程设置的有效性和可行性，笔者征得团队成员同意，从2017年9月开始进行试点，第一学期的博士英语改为“学术文献阅读与学术交流英语”，借助××大学跨学科团队力量，任课教师有目的地收集相关语料：第一学期建立期刊语料库（每一位学生在前5周提交20篇期刊文章）；第二学期为“学术文章写作与国际合作交流”，收集学生的语料（学生的课程论文），建立学习者语料库。

目前语言润色服务这一块正在结合××大学跨学科项目有条不紊地进行中，希望能够摸索出一些经验，能够为外国语学院教师发展和××大学高层次人才的国际视野的全面提高打下基础。

博士英语改革是××大学高层次人才培养必不可少的课程，要建设“双一流”大学，培养高层次人才的国际化视野，除了目前全国各高校所采用的国际交流与合作等外，还需要对 × × 大学现有的师资力量、教学力量以及科研力量进行融合，从内涵上去思考现有的力量和差距，这样才能全面推动 × × 大学“双一流”学科建设，高层次人才国际化视野的培养才能真正落到实处。

9.3　研究生英语系列校本教材编写

9.3.1　教材编写原则

研究生英语系列校本教材是在世界经济飞速发展，国际交流多样化和广泛性的形势下，为了满足国家经济发展的需要和社会对高层次人才的国际化要求，为非英语专业硕士研究生开设的系列必（选）修课程。作为专门用途英语系列教材，研究生英语系列校本教材总体目标是提高学生文化素养、培养学生参与国际学术会议的能力和职场竞争能力，以及搭建学生专业学习平台的专门用途英语课程；其具体目标是培养学生运用英语参与国际职场竞争而需要的口笔头表达能力，重点培养学生的学术写作与交流、职场实用英语写作与职场交流的能力。研究生英语系列校本教材与普通英语课程教学的不同主要体现如下三个方面。

1. 课程理念和目标的不同

研究生英语系列校本教材基于 Hutchinson 和 Waters（1987）以学习为中心的专门用途英语课程设计理念，提出根据学生在学习和工作中需要涉及的互话语能力（如学习中所需要的学术写作与口头交际能力、工作中所需要的专业交际能力）来建构教材体系框架。因此，教材以话语能力为前提，主要针对人们在学术、工作场所以及一般的社会文化语境中所需要的各种交际能力中所涉及的语言，从文本能力、体裁能力和社会能力入手，以实现并满足学生使用英语进行学术与职场交流的需求，以适应国际化发展的社会需求。但鉴于目前硕士研究生的英语水平有限，两部教材的基本目标是让学生初步掌握并学会在各种场合中恰当运用语言的能力，以提高其各种话语能力。

2. 课程内容的不同

研究生英语系列校本教材主要分为为学生的科学研究和学习而编写的教材

Academic Communication through English（《学术交流英语》），以及为学生工作而编写的教材 *Professional Communication through English*（《专业交流英语》）。

《学术交流英语》以学习与研究为主，为继续攻读博士或者毕业后从事科研工作的学生开设。以一个研究人员即将参加一个学术会议（包括了解怎样去组织一个国际会议）为主要场景，基于学生所需要的口笔头学术交际能力来培养其话语能力。主要教学内容包括撰写国际会议论文和参加国际学术会议两大部分所涉及的所有语言技能内容，如组织与参加国际会议可能需要的表述，以及为会议准备的一篇学术论文各部分的写作模板（包括摘要、前言、文献综述、结果描述、结果讨论、结论以及参考文献）。

《专业交流英语》主要为研究生以后参加工作而设计。教材编写设计的主要情境是学生刚进入工作单位，以学生进入职场所需要的各种社会能力、文本能力以及体裁能力为主要培养目标，培养学生从应聘所需要的面试技能到进入职场后与他人进行合作、进行项目洽谈、召开各种项目会议等所涉及的各类邮件、项目报告等的撰写，以及各种会议的口头陈述、项目洽谈等所涉及的语言和技能。

3. 教学方法的不同

普通研究生英语课程侧重语言本体，强调语言知识和语言技能在学生日常生活和学习中的运用，其重点在听说读写译五项基本技能方面，通过阅读课文来分析语篇、通过语篇来发展学生的各种语言技能。研究生英语系列校本教材基于专门用途英语课程教学理念，教材始终贯穿以学习为中心的课程教学理念，以学习与工作中的各种情境为主导，侧重在实际的学习与工作交际中所运用到的互话语能力（社会能力、文本能力和体裁能力），采用各种任务来提高学生的各种话语能力。因此，其主要的教学方法是任务型、项目型、团队合作型和问题解决型的，围绕与学生的学科内容相关的国际交流和工作场景交流活动来展开教学。

9.3.2 教材使用对象

硕士研究生专业交流英语系列教材适用对象为大学英语四级及以上，或者大学英语能力为 B2 以上的硕士研究生。

9.3.3　教材大纲内容

教材编写应该完全抛弃传统专业英语或者普通英语教材的做法，基于以学习为中心的教学理念，通过学习和工作中的各种情境来组织教学，教材大纲内容包括两部教材 *Academic Communication through English*（《学术交流英语》）和 *Professional Communication through English*（《专业交流英语》）、三个场景（如学术交流英语中的三个场景为会议前准备、撰写会议论文、参加国际会议；专业交流英语中的三个场景为踏入职场前、踏入职场、在职场中）和数个模块（根据每个场景的要求来决定模块），两部教材均统一体例，但又自成体系。《学术交流英语》和《专业交流英语》两部教材的内容见表 9.8。

表 9.8　《学术交流英语》和《专业交流英语》教材主要内容

Academic Communication through English （《学术交流英语》）	*Professional Communication through English* （《专业交流英语》）
Situation 1: Before conference Module 1: Getting familiar with international conference process Session 1: Understanding conference resources Session 2: Communicating with conference organizations Module 2: Preparing for conference acceptance Session 1: Writing abstract Session 2: Emailing vs. telephoning for detailed information about the conference Situation 2: Writing conference paper Module 3: Writing an academic conference paper Session 1: Conventional academic paper structure Session 2: Reading for literature Session 3: Reviewing literature Session 4: Writing introduction Session 5: Writing research method Session 6: Writing results Session 7: Writing discussion Session 8: Writing conclusion Session 9: Writing references Situation 3: Attending conference Module 4: Developing conference speech Session 1: How to state an idea concerning a subject	Situation 1: Towards the workplace Module One: Job Search Session 1: Looking for a job opening Session 2: Applying for a job (Resume) Session 3: Applying for a job (Cover Letter) Session 4: Going for a job interview Situation 2: At the Workplace Module Two: The new workplace Session 5: Meeting new people Session 6: Knowing the new workplace Situation 3：Into the Workplace Module Three: Office routine Session 7: Telephoning Session 8: Emailing Module Four: Meetings Session 9: Giving a presentation Session 10: Negotiating Situation 4: Proposals and negotiations for business or research Module Five: Writing proposals

续表

Academic Communication through English （《学术交流英语》）	Professional Communication through English （《专业交流英语》）
Session 2: How to telephone the organization about the conference information Session 3: How to discuss with colleagues about the conference topic Session 4: How to argue with other academics on one point of view Session 5: How to begin a conference speech Session 6: How to describe figures Session 7: How to develop a conference speech Session 8: How to conclude a conference speech Session 9: How to handle questions and answers Module 5: Holding and chairing conferences Session 1: Preparatory work before conference Session 2: Working during the conference Session 3: Chairing an international conference Session 4: Chairing a plenary session or a parallel session Session 5: Working after the conference	Session 11: Reading for proposal writing Session 12: Framework for writing proposals Session 13: Writing and editing proposals Module Six: Negotiations for business Session 14: Preparing for negotiations with your proposals Session 15: Negotiating with colleagues on spot Session 16: Bargaining with others Session: 17: Evaluating your research proposal

两部校本教材均基于语言交际能力与语言学习，强调“在做中学”的学习理论。校本教材注重结果导向，根据现实情况，每本教材都设置了一条主线，如《学术交流英语》的主线是组织与参加一个国际会议，国际会议的组织是一个大项目；《专业交流英语》围绕一位毕业生进入职场以前，到进入职场后，以及在职场中可能会完成的项目与任务这条主线来展开。这两本教材的每一个单元是一个场景，每个场景被分割成一些大小不等的任务，完成任务需要哪些语言和技能是由学生自己决定与掌握的。教师主要起引导的作用，为了引导学生在完成各个项目与任务中掌握执行任务所需要的语言点和技能，教师在课堂中不仅仅充当知识与技能的传授者，更重要的是鼓励者与鞭策者，引导学生完成各项任务。

9.3.4 选材范围

有关通用英语和专业英语的教材目前很多，但都是以教授语言知识为目的的教材，硕士研究生专业交流英语系列教材与普通语言类教材的不同之处在于其不是单纯对语言知识与技能进行讲授，而是着重培养学生在学术交流和专业交流中所用到的互话语能力，重点在学生的学术和专业交流能力上，所选的教材内容和据此安排的教学活动都需要以这个大前提为基准。所选材料应围绕大纲内容，并选择和学生目前的英语水平（通过大学英语四级或者大学英语能力标准 B2）平行的材料（包括视频、涵盖互话语能力的各种专业阅读、写作、听说等材料）。

第 10 章

专门用途英语教师发展研究

本章主要探讨专门用途英语教师发展。提出建立教师共同体，激发教师的研究兴趣，提高专门用途英语教学自信心，找寻更多的跨学科项目合作机会。

10.1 专门用途英语教师发展相关研究

随着国家经济的腾飞，中国的大学也朝着建设世界一流大学的目标迈进，十九大报告也明确提出要“加快一流大学和一流学科建设，实现高等教育内涵式发展”。“内涵式发展”的主要关注点就是教学与教材质量、代表性学术论文质量以及专家团队发展，高校教师如何应对这一新形势下的挑战成为各学科教师们思考的重点。鉴于此，笔者所在学校提高了高校教师的晋职要求，如各学科教师必须发表高质量的国际期刊论文。但是，一方面，相当一部分学科专业教师（乃至教授）的英语水平不能满足这一需求，他们的科研能力很强，项目很多，但由于英语水平还达不到国际期刊论文发表的要求，导致其辛苦撰写的论文多次被拒绝，这极大地挫伤了研究者发表国际期刊论文的积极性，从而影响了我国研究者与国际同行交流，进而妨碍了高校“双一流”学科建设，也严重阻碍了高校国际化建设。另一方面，目前大学英语课程更强调通识教育的重要性，但大多数教师习惯了讲授单一的语言知识与技能（蔡基刚、廖雷朝，2010），欠缺对国家战略与社会需求的思考。笔者完全认同大学英语承载通识教育的责任，但是大学英语绝对不是高中英语的延续，大学英语更需要与世界高等教育保持同步。为此有专家（蔡基刚、廖雷朝，2010；蔡基刚，2014a，2014b；黄萍、张秀娟、潘晶晶，2017）认为以专门用途英语课程理念为导向的课程发展是未来大学英语教育改革的核心，因为中国社会的快速发展需要既懂专业知识又懂英语的复合型人才，以提升他们在国际舞台上的竞争力（蔡基刚、廖雷朝，2010；蔡基刚，2014a，

2014b）。专门用途英语涵盖领域较广，关注英语教学如何服务于各学科领域学习，在大学阶段，大学英语课程设计更需要多元化，即使在关注通识教育过程中，大学英语课程也需要引导学生借助英语从不同角度了解与比较中外文化、对比中外科学研究过程，逐渐形成自己的思想，并通过说和写将其得体地表达出来。专门用途英语的课程设计理念能够满足这一需求，因为专门用途英语课程教学理念的宗旨就是“以学习为中心”，强调课程设计的灵活性与可协商性，所提倡的教学方法就是以项目（任务或者情境）为中心的教学方法。但多数大学英语教师害怕应对来自不同领域的学科知识，对专门用途英语课程缺少自信心，这也成为目前大学英语界争议最大的热点问题。虽然国内外对专门用途英语有所研究的专家（黄萍、张秀娟、潘晶晶，2017；Hutchinson & Waters，1987；Dudley-Evans & St John，1998；黄萍，1999）认为专业知识并不是语言教师所关注的重点，但大学英语教师在初踏入专门用途英语教师行业时仍然缺少自信心。因此，当务之急是制订有效的专门用途英语教师发展计划，培养具有多学科专业知识、具有高水平教学方法的高素质专门用途英语教师。

国内一直都关注教师培训，目前在许多大学建立了教师培训中心，培训刚入职的大学教师，但却严重缺乏有效的专门用途英语教师培训。全英语教学项目是国内高校较受欢迎的项目之一。如笔者所在大学与英国文化协会合作展开了 EMI 教师培训，大学英语教师作为助教参与了这个项目，这一举措增强了大学英语教师对专门用途英语教学和研究的自信心。但因培训经费、场地和时间等问题，不能让所有有需求的教师都参加，且专门用途英语教师培训不仅涉及语言教学方法，还受到不同的而复杂的学科专业知识的影响，培训效果不理想。鉴于此，各高校教师们自发地组织起来相互帮助，探讨教学方法和教学研究，就成为另一种教师发展模式，被称为教师共同体。教师共同体中，教师们可以针对共同的问题，如教学方法、教学材料、课程设计等进行有益的探索。例如，教师、研究生和研究者之间可以建立合作伙伴关系（Wells，2001），以助力教师的教学和研究。教师共同体可以有多种方式，如教师和教师之间的合作、跨学科教师发展共同体（Ritchie & Wilson，2000；M. L. Russell & J. A. Russell，2011；Young & MacPhail，2016）、研究者和教师之间的合作（Allen & Shockley，1996）等。Wells（2001：9）在其建立的学术研究共同体中发现，成员在研究阶段，从起笔到阐述问题再到发表，都需要“共同体所有成员进行协商”。通过这种方式，该团队参与者自愿合作，让不同类型的教师技能都得到发挥，而不同专业教师之间相互协商可以形成多样化思维（Cochran-Smith & Lytle，2009）。“共同体”一词说明教师之间思想具有紧密性和社交凝聚力（Grix，2004）。本节中，笔者采用Wenger（1998：4）有关教师“实践共同体”的概念，它指的是“一群人探讨一个或多个问题，或是共同感兴趣的某一话题，通过不断的互动从而加深该领域的知识和技能”。Wenger（1998）认为，共同体的建立须满足三个条件：共同约定（mutual engagement）、共同协商（joint enterprise）和共享技能（shared repertoire）（Davies，2005；Fuller，et al.，2005）。共同约定指一起介入某一研究或者课题，为了共同目标一起做事情（Wenger，1998）。更重要的是，参与者必须互相尊重，并参与到项目实践中（Davies，2005；Fuller，et al.，2005）。第二个条件是在项目联合基础上进行相互协商、相互信任并相互理解（Wenger，1998）。Fuller 等（2005）对实践共同体的分析表明共同体最为关键的一点是团队在学习过程中要明确个人定位并相互理解。共同体成员的新身份由过去的丰富经历构成（Fuller，et al.，2005），过去的经验可能会对团队的发展产生影响。第三个条件是共享技能，包含共同体成员共事的方法、意见协商，大家愿意一起做事的共同承诺，以及因此而达成的一致意见，这些都成为该实践共同体的部分成果（Safran，2010）。

然而，把不同学科的教师聚在一起形成一个跨学科教师共同体，分享和讨论不同看法，共同完成一项任务，尤其是由语言教师和专业教师组成的教师团队还非常罕见。本节通过建立如图 10.1 所示的跨学科教师共同体框架，采用 960 份微信（或者 QQ）聊天记录进行定性分析，探讨语言教师和学科教师在这个跨学科教师共同体中如何通过相互协商，搭建共享平台，从而提高自身的教学能力与研究能力，并探讨共同体成立以后教师们还存在的一些困惑和问题。

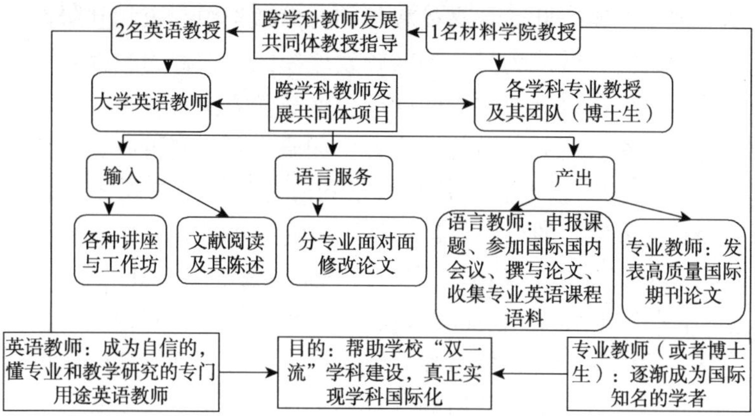

图 10.1　跨学科教师发展共同体项目中教师共同体模式

10.2 研究方法

本节主要论述如何通过跨学科教师发展共同体，对中国一所重点大学来自不同学科领域的教师就如何在学术写作和教学研究中得到提高进行探讨。具体地说，在这个跨学科教师共同体中，语言教师如何通过语言润色服务，帮助其他学科教师或博士生有效地发表国际学术期刊论文，同时也有助于自己熟悉相关学科领域，收集研究语料与教学材料，从而成为自信的专门用途英语教师。本节研究拟回答以下两个问题：①在教师共同体中，通过搭建跨学科教师共同发展平台，双方的相互约定与协商对提高专门用途英语教学能力与研究是否有重大作用和影响？②哪些因素制约了跨学科教师共同体中各类教师的发展?

10.2.1 跨学科教师发展共同体项目介绍

跨学科教师发展共同体项目为××大学校级科研项目，于 2017 年 6 月启动，2018 年 5 月结束。跨学科教师发展共同体项目是在××大学正在创建双一流学科、加强国际化建设的形势下申报并获批的；其目的是解决学科教师发表国际期刊论文难，而英语教师因缺少学科专业知识导致不能自信地转向专门用途英语教学的问题。由于高校“双一流”学科与国际化建设的需要，高校各学科专业教师与博士研究生均被要求发表国际期刊论文，参加国际会议，从而能够与世界各国同行进行有效交流。但由于各种原因，其英语达不到国际期刊论文发表要求。另一方面，大学英语教师长期以来讲授通用英语，没有了自己的研究方向，其教学内容与方法僵化，无法自信地转入专门用途英语教学。跨学科教师发展共同体项目负责人（笔者）于2017年6月申报了跨学科教师发展项目，项目启动时由9名核心成员组成：3名教授（2名来自外国语学院，一名来自材料学院）；2 名副教授（分别来自外国语学院和软件学院）；4名讲师（来自外国语学院）。到目前为止已有63名来自不同学科的教师（主要是英语教师）加入这个团队，其中有 8 名学科教授与其博士生组成专业团队进入跨学科教师发展共同体教师发展团队，因此其人员为流动的，无法具体统计。笔者选择了 8 名英语教师和 4 名学科教授及其团队作为研究对象。

跨学科教师发展共同体项目为教师们提供共享平台，来自各学科的教师带着不同目标聚集在一起，取长补短，相互学习，相互成长。在这个平台上，教师们按照学科（针对专业教师）与兴趣（针对英语教师）分成不同小组，各小组均由教授引领，英语教师接受学术论文语言修改任务后，在团队教授的引导下双方教师见面，面对面进行修改沟通（其中包括学术论文框架、各部分体裁与修辞，以及语言逻辑等）。与此同时，英语教师不定期组织学术活动、工作坊等，分享与总结在论文修改过程中的心得与感受，以丰富自己的学科专业知识，提升大学英语教师向专门用途英语教师转换的自信心，从而激发他们的教学研究能力。

10.2.2 跨学科教师发展共同体项目模式

如图 10.1 所示，跨学科教师发展共同体有三个主要模块：输入、语言服务和产出。虽然这三个模块之间有许多重叠，但每一模块都有其独特的重点。输入模块中，主要通过讲座、研讨会、小组讨论和工作坊等方式让成员（主要是英语教师）进行有目的的输入，从而积累语言学相关理论，了解研究方法，为将来的教学与研究找到灵感与兴趣点。语言服务模块中，英语教师和专业教师（或博士研究生）通过面对面的讨论，使英语教师熟悉相关专业知识，从而更准确有效地帮助论文作者梳理语言，重新思考研究过程与重点。这个梳理过程对双方教师都有较大益处。一方面，专业教师面对面向语言润色服务教师解释这篇文章，重新了解和回顾自己的研究与写作目的，对其论文发表有较之翻译公司不具备的优势，其论文发表成功率更高。另一方面，面对面的讨论有助于英语教师熟悉相关专业知识，了解学术语言结构，为 EAP 课程积累第一手资料。另外，英语教师在修改时更加了解相关专业知识，同时亲身体验了研究过程及其背后的决策和步骤，从而找到了自己的教学与研究目标。在产出模块中，通过前两种模块的推进，专业教师在团队英语教师的帮助下，相对以前能发表更多的高质量国际期刊论文。英语教师开始参加国际国内会议、翻译与学术写作相关的著作，以及撰写与专门用途英语教学实践相关的论文。同时，英语教师能够更自信地讲授专门用途英语相关课程，尤其是相关专业的学术写作与学术口语课程，并能从中找到灵感，从而有了自己的语言研究方向。

10.2.3　研究方法

笔者主要采用定性分析研究方法来探讨跨学科教师发展共同体项目中英语教师与学科教师的发展。笔者从项目启动开始（2017 年 6 月）到 2018 年 5 月，跟踪了 8 名语言教师和 4 名学科教授（及其所带团队），收集微信/qq 聊天记录 960 张，试图了解所搭建的跨学科教师发展共同平台对语言教师与学科教师的作用与影响以及存在的问题。

1. 研究对象

研究对象是 12 名教师的匿名聊天记录，共 960 张截图。

1）参与人员

表 10.1 描述了跨学科教师发展共同体中的 12 名教师情况。12 名教师中，8 名英语教师来自外国语学院，4 名专业学科教授，学科教授作为专业学科引领人，每人都带了一批博士研究生。8 名英语教师年龄在 31 岁至 45 岁之间，均为英语专业硕士研究生毕业，讲授大学英语多年，长的 10 年以上，短的也至少 5 年。8 名英语教师目前均为讲师，他们代表了共同体 63 名成员的愿望，就是早日晋升为一名副教授。4 名专业学科教授来自材料学院、机械学院、土木学院和计算机学院，是该领域的知名教授和博士生导师，具有很强的科研能力，但其团队的英语水平未达到发表高质量国际期刊论文的要求。

表 10.1　跨学科教师发展共同体成员情况

英语教师			专业教师		
姓名（匿名）	专业	职称	姓名（匿名）	专业	职称
YJ	英语教育	讲师	ZYX 及其博士生团队	材料工程	教授
DLP	应用语言学	讲师			
XF	翻译	讲师	WSL 及其博士生团队	机械工程	教授
HJH	应用语言学	讲师			
XJ	英语教育	讲师	XH 及其博士生团队	土木工程	教授
SS	翻译	讲师			
HY	应用语言学	讲师	ZZY 及其博士生团队	计算机工程	教授
HXY	应用语言学	讲师			

（2）微信/qq 聊天记录

笔者下载了 2017 年 6 月到 2018 年 5 月间研究者与 12 名教师的微信/qq 聊

天记录，这些聊天记录均为研究者与这 12 名研究对象的聊天对话，共截图 960 张。为了保持文本的真实性以及确保文本采集的有效性，在对文本进行处理时，笔者与另外一名自愿者共同进行了截图并一起对文本进行了编码与分析。

3）其他文本

其他文本包括与本研究相关的项目报告、8 名英语教师的论文草稿、会议摘要以及已修改的其他学科国际期刊论文 20 篇。这些文本在阐述本节研究问题时可用来作为支撑材料。

2. 文本分析

Woods（1986）把文本分为了官方文本和私人文本，官方文本包含会议纪要、信件、报纸杂志等，而私人文本包含了日记、个人来往信函和笔记。Woods（1986）认为这两种文本均为重要的研究语料。本节研究中的微信/qq 聊天记录归属于私人文本。

笔者主要采用文本分析，文本来自微信/qq 聊天记录。之所以采用微信/qq 聊天记录是因为作为研究者和教师共同体项目负责人，笔者全程都亲自参与了本项目，聊天记录保留的材料比较齐全。

在数据编码中，笔者采用了 Freeman（1998：102）的“深根数据分析”方法（图 10.2），即“定义主题、分类主题、发现关联主题、展示分类主题”。本节研究中的数据编码目的是在编码过程中揭示数据的内涵。

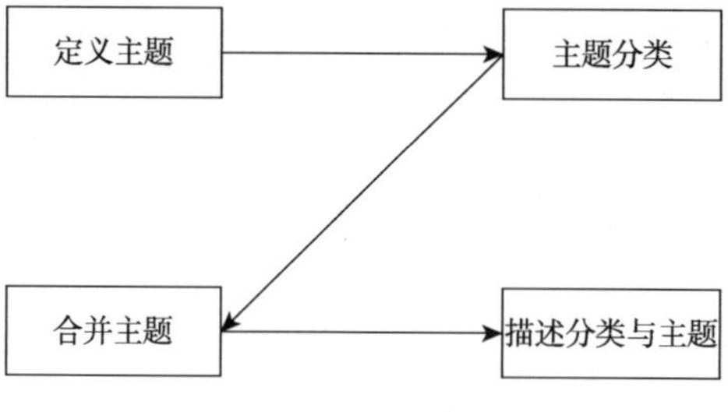

图 10.2　数据分析模式

译自 Freeman，1998；L. Richards，2005

在数据编码中，笔者综合了 Freeman（1998）、L. Richards（2005）及 Merriam（1998）三个人关于定性分析数据采集的理论，采用如下步骤收集并编辑数据。

（1）标注主题。两位研究者分别对 960 张微信/qq 聊天记录进行阅读并对自己认为的主题加下划线或者定义主题。两周以后，对 960 张微信/qq 聊天记录进行重新阅读，并再次对主题加下划线。

（2）确定主题。两位研究者一起讨论并对比前后两次的标注，最后确定主题。当两人的标注有异议时，两位研究者同时阅读原始记录，并讨论达成一致意见，最后共确定主题 35 个。

（3）两位研究者对所定义的主题进行分类，按照相似主题归类原则，共定义了 10 个类别。

（4）根据跨学科教师发展共同体的教师发展模块，把这 10 个类别缩减到 3 个类别：输入、语言服务和产出。

10.3　结果与讨论

10.3.1　结果

通过文本分析，笔者探讨了跨学科教师如何在跨学科教师发展共同体中进行教师发展。跨学科教师发展共同体项目共历时一年，参与人数从 9 人增加到 63 人。通过对 12 名学科教师一年的微信/qq 聊天进行记录和分析，调查了这一年搭建的跨学科教师共同体对语言教师与学科教师的研究能力和教学能力的影响和作用（见表 10.2）。

表 10.2　微信/qq 聊天文本分析结果

总类别	分类别	主题词
输入	1. 信息提供	①跨学科教师发展共同体计划书（3 次）；②会议信息（36 次）；③各种通知（247 次）；④项目进展（138 次）；⑤文章下载（269 次）
	2. 指导	⑥按计划阅读（32 次）；⑦指导参加会议摘要（26 次）；⑧提供语言服务具体细节（65 次）；⑨规范语言服务细则（5 次）；⑩个性化指导与咨询（239 次）
	3. 研究方法	⑪提供相关的研究文章（143 次）；⑫案例分享（26 次）；⑬讲座（16 次）；⑭工作坊（18 次）；⑮文献阅读小组（26 次）
	4. 概念讨论	⑯批判性思维（6 次）；⑰专门用途英语还是通用英语理念讨论（8 次）
	5. 鼓动或者激励	⑱激发老师找寻研究方向自信心（139 次）；⑲鼓励开始进入语言服务的英语老师（101 次）

续表

总类别	分类别	主题词
语言服务	6. 行政管理	⑳按照兴趣（或者所长）将英语教师分组到各专业对应学科（6次）；㉑语料库建设（本学校各学科学习者论文收集）（9次）；㉒面对面讨论（178次）
	7. 专门用途英语教学	㉓教学语料收集（6次）；㉔专门用途英语教学方法探讨（26次）
产出	8. 参加国际国内会议	㉕会议摘要撰写（25篇）；㉖会议陈述（18人）；㉗会议论文撰写（19人）
	9. 项目申报与语料库建立	㉘项目书撰写（8份）；㉙与该项目相关的论文发表（20篇）；㉚学术英语学习者语料库与公众号建立（各一个）
	10. 问题	㉛教学任务重；㉜）拖延症；㉝没有研究方向；㉞没有足够的阅读量；㉟家庭拖累

10.3.2　讨论

笔者通过文本分析，对跨学科教师发展共同体的12位教师的微信/qq聊天记录进行了分析，试图探讨在跨学教师共同体中，各学科教师相互约定和协商、搭建共同平台对提高其教学与研究能力是否有重大作用，哪些因素制约了共同体各类教师的发展。

1. 相互约定与协商、搭建共同平台对各学科教师提高其教学与研究能力的重大作用

首先，英语教师和专业教师（或来自其他学科的博士生）通过相互约定和协商、搭建共同平台不断提升自己的能力。通过一年的实践，该教师共同体为英语教师和专业教师都带来了巨大的影响，起到了很大的作用。从产出这一模块可以看出，通过这个教师共同体平台，各专业教师逐渐了解英语教师的作用，双方教师通过分组（相互约定）、面对面讨论（相互协商），最后共修改论文20篇，其中发表SCI论文6篇（一区3篇，二区2篇，三区1篇）[①]；再审论文和即将投稿论文14篇，专业教师一致认为，这样的语言服务比外面的翻译公司更有效果，因为“我和语言教师多次面对面交流，外行的提问让我重新思考写作思路，很有价值”（微信聊天，ZYX，2018年2月18日）。另一方面，英语教师通过这个平台，有了归属感，因为有指导教授对他们进行鞭策与指导，他们感觉有了方向，认为专业教师（或博士生）间接

① “一区”“二区”“三区”指论文发表的级别。

推动了英语教师去熟悉相关学科知识（否则英语教师无法完成对专业教师英语论文的修改）。正如一位英语教师所说："通过语言服务，我了解了这个专业方向的一些专业术语、学术写作的基本讨论，此外，由于要去做语言润色，我不得不去了解该专业期刊的要求，这激发了我自己的写作欲望"（微信聊天，DLP，2018 年 6 月 9）。因此，面对面讨论对专业教师和英语教师是一个思维碰撞的过程，专业教师重新梳理自己的写作过程并思考自己的研究方法，而英语教师在润色过程中积累了专业知识并了解专业背景和学术论文写作体裁，双方找到了相互学习和相互激励的动力。在学术写作框架、学术写作所需资料、如何组织好语言等方面，专业教师与英语教师均有收获，因为他们通过沟通可以相互理解对方的专业方向与重难点，这个面对面的交流对教学（专门用途英语教学）有较大启发。

其次，跨学科教师共同体中的每位成员参与该共同体的目的不一样，他们必须找到共事的方式，了解彼此的差异，达成各自的意愿（Wenger，1998）。本节研究中，专业教师和英语教师在语言服务中进行面对面的讨论之前，必须建立相互信任、相互理解且共同探讨的机制，从而才能有效地进行讨论。另一方面，专业教师必须清楚地解释期刊文章的内容，否则英语教师无法理解文章，这有助于专业教师和英语教师加深对所写内容的理解。跨学科教师发展共同体项目中的英语教师都是经验丰富的大学英语教师，但有专业研究方向的教师不多，他们也大都没发表过期刊论文。在跨学科教师共同体中，专业教师（或博士生）向英语教师寻求帮助，这也鼓励（或推动）了英语教师更多地了解学科知识、修辞结构以及学术写作体裁等知识，这对英语教师的科研起到了推动作用。事实上，共同体中的教师们相互介入各自专业领域，共同协商、面对面交流的形式对双方教师的学科知识、语言意识和体裁结构以及专门用途英语教学等方面有较大的作用。

再次，跨学科教师发展共同体创建一年间，英语教师的专门用途英语教学信心得到了较大的增强，尤其是在博士研究生课程国际学术交流英语中，教师们通过与专业教师进行语言修改沟通获得了一手资料，这也启发他们建立学习者语料库。目前，面向本校的学术英语学习者语料库已经初步建立起来，该语料库与目前国际国内的大型语料库不同，它是为本校所拥有学科专门建立的学习者语料库，为专门用途英语课程提供强有力的资源保障。此外，随着语言服务的开展，语言服务模块建立了学术英语公众号，其目的是扩大语言润色服务影响力，也逐渐规范语言服务的修改模式，以确保供需双方的权益与义务。

总之，跨学科教师发展共同体通过相互约定与协商，以及搭建共同平台，对语言教师与学科教师均有较大的作用，但是也存在一些制约因素。

2. 制约共同体各类教师发展的因素

在一年的跨学科教师发展共同体的实践中，专业教师与英语教师均在该共同体中得到专业上的指导，部分英语教师找到了一些研究视角和方向，增强了讲授专门用途英语课程的自信心，收集到了一些有用的资料。但也存在一些问题。主要问题如下。

（1）跨学科教师发展共同体虽然目前已经发展到 63 人，但真正提供语言润色服务的英语教师还很少。英语教师由于缺乏专业知识而踌躇不前，不敢涉及语言润色服务。一年的实践证明，语言润色服务需要英语教师的勇气和强烈的科研意识和晋职意愿。在本节研究的案例中，有 8 位英语教师成功进入语言润色服务，他们开始时也踌躇不前，但经过不断鼓励和引导，最终顺利完成第一篇修改任务，这给他们带来了自信心，并最终找到了自己的研究重点。正如 DLP 所说："开始展开语言润色服务时，我的确感觉很茫然，害怕做不好，但经过几次与专业教师面对面的讨论，逐渐了解对方意图，对语言的修改也有了一定的自信心。"（DLP，2018 年 6 月）他们的成功取决于两方面：一是对修改某一学科论文的兴趣；二是他们自身的努力，尤其是在遇到困难时不放弃，坚持不懈方能看到成果。

（2）接受语言润色服务的论文写作质量不高，导致无效服务。一些文章要么是初稿，要么是语言问题太大，需要英语教师花费大量的时间和精力，修改出来的文章发表成功率不高，这让双方教师有受挫感。

（3）英语教师自身的问题，如家庭负担过重、教学任务重或者长期以来形成的拖延症等导致他们一年来仅仅站在团队外围观望，不敢下决心。

对于目前所碰到的困难，笔者提出了如下解决措施。

（1）进一步加大力度宣传跨学科团队的作用与影响，让那些已经在本团队找到研究兴趣点、有了成果的教师进行现身说法，让更多的教师参与其中。

（2）分类管理论文来稿，有针对性地提供语言润色服务，以确保语言服务质量。

（3）逐渐规范语言润色服务供与求的规则，让参与语言润色服务的英语教师利益得到保证，专业教师也感觉物有所值。

（4）关于英语教师的家庭问题、教学任务重的问题，我们有针对性地进行个案咨询与处理，如教师们提出的时间不够用的问题，我们在进行教师共同体工作坊讨论中，专题讨论了时间分配与使用效率，材料学院的教授现身说法，探讨了“时间的有效分配”，对英语教师的触动非常大。

参考文献

蔡基刚. 2004. ESP 与我国大学英语教学发展方向. 外语界，（2）：22-28.

蔡基刚. 2006. 大学英语教学：回顾、反思和研究. 上海：复旦大学出版社.

蔡基刚. 2007. 转型时期的我国大学英语教学特征和对策研究. 外语教学与研究，（1）：27-32.

蔡基刚. 2010a. 制约我国大学英语教学方向转移的因素分析. 外语研究，（2）：40-45.

蔡基刚. 2010b. 关于我国大学英语教学重新定位的思考. 外语教学与研究，（4）：306-308.

蔡基刚. 2010c. 全英语教学可行性研究——对复旦大学“公共关系学”课程的案例分析. 中国外语，（6）：61-67.

蔡基刚. 2011. 关于大学英语课程设置与教学目标——兼考香港高校大学英语课程设置. 外语教学与研究，（4）：609-617.

蔡基刚. 2012. 教育国际化背景下的大学英语教学定位研究. 外国语，（1）：69-76.

蔡基刚. 2013a. 误解与偏见：阻碍我国大学 ESP 教学发展的关键. 外语教学，（34）：56-60.

蔡基刚. 2013b. 台湾成功大学从 EGP 向 ESP 转型的启示. 外语教学理论与实践，（3）：7-11.

蔡基刚. 2014a. 从通用英语到学术英语——回归大学英语教学本位. 外语与外语教学，（1）：9-14.

蔡基刚. 2014b. 一个具有颠覆性的外语教学理念和方法——学术英语与大学英语差异研究. 外语教学理论与实践，（2）：1-7，45.

蔡基刚. 2018. 《中国英语能力等级量表》科学性和适切性研究. 外语研究，（5）：39-44.

蔡基刚，陈宁阳. 2013. 高等教育国际化背景下的专门用途英语需求分析. 外语电化教学，（5）：3-9.

蔡基刚，廖雷朝. 2010. ELE 还是 ESP，再论我国大学英语的发展方向. 外语电化教学，

（135）：20-26.
曹飞. 2007. 法律英语教学的基本定位及其案例教学法. 黑龙江省政法管理干部学院学报，（4）：124-125.
曹如军. 2006. 积极关注大学教师发展的生态环境. 黑龙江高教研究，（4）：123-125.
常宝宝，俞士汶. 2009. 语料库技术及其应用. 外语研究，（5）：43-51.
常宝宝，詹卫东，张华瑞. 2003. 面向汉英机器翻译的双语语料库的建设及其管理. 计算机辅助术语研究，（1）：28-31.
常俊跃，刘莉. 2009. "内容依托"教学模式及对大学双语教学的启示. 江苏高教，（1）：81-83.
陈冬纯. 2001. 提高 21 世纪大学生的专业英语水平——对专业英语教学改革的几点思考. 外语界，（2）：32-35.
陈国华. 2002. 谈英语能力标准的制订. 外语教学与研究，（6）：405-406.
陈坚林，顾世民. 2011. 试论大学英语课程在通识教育中的地位和作用. 外语电化教学，（137）：3-8.
陈炯. 1985. 应当建立法律语言学. 现代法学，（1）：77.
陈葵阳. 2005. ESP 教学与复合型英语人才培养模式——英语专业高年级阶段 ESP 教学探索与实践. 中国高教研究，（6）：84-85.
陈莉萍. 2000. 专门用途英语研究. 上海：复旦大学出版社.
陈莉萍. 2001. 专门用途英语存在的依据. 外语与外语教学，（12）：28-30.
陈莉萍. 2007. 英语语篇结构标注研究综述. 外语与外语教学，（7）：9-10，16.
陈明伟. 2011. 我国大学教师教学发展的研究. 江西师范大学硕士学位论文.
陈明瑶. 2000. ESP 与语料库建设. 外语研究，（2）：60-61.
陈琦，刘儒德. 2007. 当代教育心理学. 北京：北京师范大学出版社.
陈启庆. 2006. 从言语行为的构成性规则看"法源条款"的缺失. 修辞学习，（4）：58-60，80.
陈庆昌，杨惠中，黄人杰. 1984. 科技外语社会需要调查. 外语教学与研究，（2）：66-70.
陈融. 1985. ESP 一瞥. 外语教学，（3）：38-43.
陈向明. 2006. 对通识教育有关概念的辨析. 高等教育研究，（3）：64-68.
陈治安，冉永平. 1995. 模糊限制词语及其语用分析. 外国语文，（1）：18-24.
程世禄，张国扬. 1995. ESP 教学的理论与实践. 外语教学与研究，（4）：51-54.

程小川. 2010. 关于大学专门用途英语课程设置与教学的调查及思考. 广西社会科学，（11）：158-160.

程晓堂，孙晓慧. 2000. 英语教材分析与设计. 北京：外语教学与研究出版社.

褚雷. 2008. 中美日通识教育比较研究——哈佛大学、广岛大学、北京大学通识教育比较研究. 现代教育论丛，（2）：56-62.

崔刚，盛永梅. 2000. 语料库中语料的标注. 清华大学学报（哲学社会科学版），15（1）：89-94.

戴炜栋，张雪梅. 2007. 对我国英语专业本科教学的反思. 外语界，（4）：2-11.

邓海. 1992. 国外 ESP 教学. 外语教学与研究，（1）：20-23.

丁茂平. 2007. 英文医学研究性论文讨论部分的体裁结构与语言体现形式. 西北医学教育，（6）：1120-1121.

丁茂平. 2008. 英文医学研究性论文引言部分的体裁结构与语言体现. 医学与社会，21（1）：63-封 3.

丁效. 2011. 句子级中文事件抽取关键技术研究. 哈尔滨工业大学硕士学位论文.

丁信善. 1998. 语料库语言学的发展及研究现状. 当代语言学，（1）：5-13.

董娜. 2003. 模糊限制语的界定及分类. 北京第二外国语学院学报，（4）：28-34.

董亚芬. 2006.《大学英语》系列教材第二次修订的思考与设想. 外语界，（1）：77-79.

杜金榜. 2001. 从法律语言的模糊性到司法结果的确定性. 现代外语，（3）：305-310.

杜金榜. 2004. 法律语言学. 上海：上海外语教育出版社.

杜金榜. 2008. 试论语篇分析的理论与方法. 外语学刊，（1）：92-98.

杜金榜. 2009. 论语篇中的信息流动. 外国语，（3）：36-43.

杜金榜，张福，袁亮. 2004. 中国法律法规英译的问题和解决. 中国翻译，（3）：72-76.

杜晓. 2009. 大学英语课堂教学语料库的建库原则、步骤及方法. 外语研究，（6）：61-63.

段平，顾维萍. 2004. 研究生专业交际英语教学的尝试与分析. 外语界，（1）：31-34.

段平，顾维萍. 2007. 专门用途英语的共核理念与实践意义. 北京航空航天大学学报（社会科学版），（1）：67-70.

范晓姝. 2008. 信息化环境下的高校教师发展. 辽宁教育研究，（5）：81-83.

范怡红，黄洁. 2010. 拉脱维亚高校教师发展项目浅析. 中国高等教育，（Z2）：13-14.

范谊. 1995. ESP 存在的理据. 外语教学与研究，（3）：43-48.

方琰. 1998. 浅谈语类. 外国语，（1）：17-22.

凤智. 2004. 法律英语中词语的特色. 上海科技翻译，（3）：29-30.

付大安. 2007. 用ESP理论指导大学英语专业英语教学. 中国成人教育，（22）：186-187.

傅敬民. 2006. 法律英语教学若干问题的探讨. 法治论丛，（4）：141-144.

葛冬梅，杨瑞英. 2005. 学术论文摘要的体裁分析. 现代外语，（2）：138-146.

葛诗利. 2006. 从《基本要求》看专科大学英语课程设置. 大学英语（学术版），3（2）：360-362.

宫诚. 2007. 高校教师专业发展的条件和途径. 淮北煤炭师范学院学报（哲学社会科学版），（6）：167-171.

龚波. 2003. 试论大学组织文化与大学教师发展的共生机制. 当代教育论坛，（7）：67-68.

龚春芬，李志峰. 2008. 创业型大学教师发展：目标选择与实现途径. 黑龙江高教研究，（11）：98-100.

龚敏. 2003. 职业英语教学与交际法语言教学. 山东师范大学外国语学院学报（基础英语教育），（1）：84-86.

谷志忠. 2010. 专门用途英语课程教学设计研究. 上海外国语大学博士学位论文.

顾曰国. 1998. 语料库与语言研究——兼编者的话. 当代语言学，（1）：2-4.

顾月秋，费斯威，何培芬，等. 2003. 高职英语教学现状分析及改革研究. 绍兴文理学院学报（教育教学研究），（12）：60-62，66.

管春林，冯智强. 2008. 需求分析与法律英语课程定位. 现代教育科学（高教研究），（2）： 128-130.

桂诗春. 2012. 面向交际的外语教学. 现代外语，（2）：193-201.

郭锋. 2007. 教师发展：马里兰大学的经验——美国大学教师发展工作个案研究. 国家行政学院学报，（3）：84-91.

郭强. 2004. 论法律英语课程规划的理据. 山东外语教学，（1）：67-70.

国家中长期教育改革和发展规划纲要工作小组办公室. 2010. 国家中长期教育改革和发展规划纲要（2010—2020 年）. http://www.moe.gov.cn/srcsite/A01/s7048/201007/t20100729_171904.html.

海云. 2005. 法律英语课程全英教学研究. 国际经贸探索，21（Z1）：36-39.

韩宝成. 2006. 国外语言能力量表述评. 外语教学与研究，38（6）：443-450.

韩宝成，常海潮. 2011. 中外外语能力标准对比研究. 中国外语，（4）：39-46.

韩建侠，俞理明. 2007. 我国高校进行双语教学学生需具备的英语水平. 现代外语，（1）：

69-76，113-114.
韩金龙. 2000. 体裁分析与体裁教学法. 外语界，（1）：11-18.
韩金龙. 2003. ESP 最新发展述评. 国外外语教学，（4）：58-63.
韩金龙，秦秀白. 2000. 体裁分析与体裁教学法. 外语界，（1）：11-18.
韩礼德，姜望琪，付毓玲. 2011. 篇章、语篇、信息——系统功能语言学视角. 北京大学学报（哲学社会科学版），（1）：137-146.
韩满玲. 2004. 法律英语教学亟待走入正轨. 法制日报，2004-3-4.
韩萍. 2003. 转变教学理念，建立新的专业英语教学模式. 外语界，（2）：24-27.
韩萍，贺宏. 2012. 从批评性体裁分析的角度看学术论文摘要和引言的体裁关系. 外语与外语教学，（1）：53-57.
韩萍，朱万忠，魏红. 2003. 转变教学理念，建立新的专业英语教学模式. 外语界，（2）：24-27.
韩其顺. 1997. 科技英语教学（英文）. 重庆大学学报（社会科学版），（1）：80-81，6.
韩其顺，王学铭. 1990. 英汉科技翻译教程. 上海：上海外语教育出版社.
郝敏宁. 2007. 影响教师专业发展的因素分析——兼论促进教师专业发展的策略. 陕西师范大学硕士学位论文.
何安平. 2001a. 外语教学大纲·教材·课堂教学——设计与评估. 广州：广东教育出版社.
何安平. 2001b. 语料库与外语教学. 国外外语教学，（3）：15-19.
何安平. 2004. 语料库语言学与英语教学. 北京：外语教学与研究出版社.
何安平. 2005. 语料库语言学的新热点——与话语分析的互动——兼述 04IVACS2 和 05ICAME26&AAACL6 国际研讨会. 现代外语，4（28）：430-435.
何克抗. 1998. 教学设计理论与方法研究评论（中）. 电化教育研究，（2）：19-26.
何其莘. 2009. 高校外语专业的热点问题和应对挑战的策略//庄智象主编. 中国外语教育发展战略论坛. 上海：上海外语教育出版社：331-337.
胡范铸. 2005. 基于“言语行为分析”的法律语言研究. 华东师范大学学报（哲学社会科学版），（1）：87-93.
胡壮麟. 2007. 社会符号学研究中的多模态化. 语言教学与研究，（1）：1-10.
胡壮麟. 2015. 高等教育国际化任重道远——读《高校全英语教学模式（EMI）的超学科研究》. 外语研究，（6）：53-55.
胡壮麟. 2018. 不忘初心，改革开放——高等教育改革 40 周年有感. 当代外语研究，（3）：

1-2.

黄大网，南佐民，王文斌. 2010. 从专门用途英语到专门用途交际：超文本描写. 中国ESP研究，（1）：17-25.

黄国文. 2001. 功能语篇分析纵横谈. 外语与外语教学，（12）：1-4.

黄国文. 2007. 中国的语篇分析研究——写在中国英汉语篇分析研究会成立之际. 外语教学，（5）：10-13.

黄俊红，黄萍，范云. 2004. 专门用途语类翻译平行语料库研究述评. 重庆大学学报（社会科学版），（6）：91-94.

黄萍. 1999. Solving the problems of subject specialist knowledge faced in the ATTSR project. 中国英语教学，（3）：55-62.

黄萍. 2007a. 专门用途英语的理论与应用. 重庆：重庆大学出版社.

黄萍. 2007b. 从语步结构与动词的及物性过程看中外语言学类期刊摘要中的语言. 重庆大学学报（社会科学版），（4）：126-131.

黄萍. 2008. 中外 TESOL 期刊英语摘要语类对比研究及其运用. 成都：四川人民出版社.

黄萍. 2010. 研究生学术英语交流技能的培养. 学位与研究生教育，（8）：55-59.

黄萍，胡力方. 2014. 基于体裁理论的中文仲裁书引言主位推进模式分析. 外国语文，30（1）：79-82.

黄萍，张秀娟，潘晶晶. 2017. 通用英语还是专用英语？还原 ESP 的本来面目. 中国 ESP 研究，（1）：12-20.

黄若妤，何高大. 2009.《语料库走向课堂：语言使用与语言教学》述介. 外语教学与研究，（4）：317-319.

黄衍. 1985. 试论英语主位和述位. 外国语，5：34-38.

黄莺，吕宏芬，傅昌銮. 2012. 高校国际化专业人才培养模式研究综述. 宁波大学学报（教育科学版），34（2）：78-82.

姜宏德. 2004. “浸润式”双语教学模式的构建与实践. 教育发展研究，（6）：32-34.

姜亚军，赵刚. 2006. 学术语篇的语言学研究：流派分野和方法整合. 外语研究，（6）：1-5.

姜毅超，李娜. 2010. 国内专门用途英语研究 20 年：回顾与思考. 宁波大学学报（教育科学版），32（2）：104-109.

蒋婷. 2006. 论学术英语中的情态模糊限制语——一项基于语料库的研究. 外语电化教学，

（4）：47-51.

教育部. 2001. 教育部关于印发《关于加强高等学校本科教学工作提高教学质量的若干意见》的通知. http://www.moe.gov.cn/s78/A08/gjs_left/s5664/moe_1623/201001/t20100129_88633.html.

教育部，国家发展改革委，财政部. 2013. 教育部 国家发展改革委 财政部关于深化研究生教育改革的意见. http://old.moe.gov.cn/ publicfiles/business/htmlfiles/moe/A22_zcwj/201307/154118.html.

教育部师范教育司. 2003. 教师专业化的理论与实践（修订版）. 北京：人民教育出版社.

晋薇，黄河燕，夏云庆. 2002. 基于语义相似度并运用语言学知识进行双语语句词对齐. 计算机科学，（11）：46-49.

鞠玉梅. 2004. 体裁分析与英汉学术论文摘要语篇. 外语教学，（2）：32-36.

李红. 2001. 专门用途英语的发展和专业英语合作教学. 外语教学与研究，（1）：40-43.

李良炎. 2009. 信息依存句法标注模型. 上海：学林出版社.

李照国. 2006. 译海心语——中医药文化翻译别论. 上海：上海中医药大学出版社.

梁雪松，陈黎峰，陆莺. 2006. 英语专业 ESP 课程教学中的几个突出问题. 英语研究，（1）：61-66.

林崇德. 2003. 心理学大辞典（上下）. 上海：上海教育出版社.

刘法公. 2001. 论专门用途英语的属性与对应教学法. 外语与外语教学，（12）：25-27.

刘法公. 2003. 论基础英语与专门用途英语的教学关系. 外语与外语教学，（1）：31-33.

刘润清. 1996. 21 世纪的英语教学——记英国的一项调查. 外语教学与研究，（2）：1-8.

刘润清. 1999. 外语教学研究的发展趋势. 外语教学与研究，（1）：8-13.

陆慈. 1985.《大学英语教学大纲》介绍. 外语界，（3）：14-16.

陆锦林. 1980.“切夫语法”概述. 国外语言学，（2）：7-17.

罗尧成. 2012. 我国高校硕士生课程设置与实施：调查分析及改革建议. 学位与研究生教育，（7）：1-5.

罗毅，李红英. 2008. 论大学英语与专业英语教学的衔接. 外语界，（1）：76-80 .

马颖，蒲十周. 2005. 论自然科学与人文社会科学研究方法的异同. 福建论坛（人文社会科学版），（4）：94-98.

美国英语服务社. 1978. 英语九百句：汉译注释. 常叙平译注. 北京：商务印书馆.

莫莉莉. 2008. 专门用途英语教学与研究. 杭州：浙江大学出版社.

慕清. 2000. 语篇分析：广袤的学术天地——第七届全国语篇分析学术研讨会论文撷萃. 天津外国语大学学报，（3）：1-11.

南佐民. 2005. 复合型英语专业人才培养的瓶颈与对策——从专门用途英语在英语专业人才培养中的问题谈起. 外语界，（5）：42-45.

彭漪涟，马钦荣. 2004. 逻辑学大辞典. 上海：上海辞书出版社.

秦平新. 2010. 基于语料库的专门用途英语教学模式改革探索. 河南城建学院学报，19（3）：66-68.

秦秀白. 1997a. "体裁分析"概说. 外国语，（6）：9-16.

秦秀白. 1997b. 语篇的"体裁分析". 华南理工大学学报（自然科学版），（S2）：6-11.

秦秀白. 2000. 体裁教学法评述. 外语教学与研究，（1）：42-46，79.

秦秀白. 2003. ESP 的性质、范畴和教学原则——兼谈在我国高校开展多种类型英语教学的可行性. 华南理工大学学报（社会科学版），（4）：79-83.

阮绩智. 2005. 大学商务英语课程目标及教学原则. 外语界，（3）：26-31.

施敏. 2000. ESP 教师的角色及自我完善. 西安外国语学院学报，（3）：120-122.

孙有中，李莉文. 2011. CBI 和 ESP 与中国高校英语专业和大学英语教学改革的方向. 外语研究，（5）：1-4.

万雯婷. 2014. 基于语料库的管理学论文结论部分的体裁分析. 语文学刊，（10）：165-168.

王百杰. 2015. ESP 理论视角下以内容为依托的酒店英语教学研究. 疯狂英语（双语世界），（1）：105-107.

王蓓蕾. 2004. 同济大学 ESP 教学情况调查. 外语界，（1）：35-42.

王恒. 2008. 国内专门用途英语教学研究综述. 浙江传媒学院学报，（4）：41-43.

王立非. 2018a. 面向国家"一带一路"建设，培养复合型语言服务人才. 当代外语研究，（3）：5.

王立非. 2018b. 语言服务产业与语言服务学科指导下的外语教学改革与人才培养（第二届中国专门用途英语专业委员会重庆市分会学术研讨会主旨发言，PPT）.

王丽娟. 2014. 高校专门用途英语教学：现状、运用与前景. 外语教学，35（4）：59-63.

王利娜. 2012. 专门用途英语语料库建设的现状及对策. 海外英语，（5X）：121-122.

王守仁. 2011. 关于高校大学英语教学的几点思考. 外语教学理论与实践，（1）：1-5.

王守仁，王海啸. 2011. 我国高校大学英语教学现状调查及大学英语教学改革与发展方向. 中国外语，（5）：4-11.

王守仁，姚成贺. 2013. 关于学术英语教学的几点思考. 中国外语，（5）：4-10.

王伟. 1994. “修辞结构理论”评介（上）. 当代语言学，（4）：8-13.

王友良. 2008. 专门用途英语（ESP）研究综述. 中南林业科技大学学报（社会科学版），（6）：108-110.

王远，任再新. 2014. 中国高校英语专业应用语言学硕士论文引言的体裁分析. 东华大学学报（社会科学版），14（4）：213-217.

王哲，李军军. 2010. 大学外语通识教育改革探索. 外语电化教学，（5）：3-8.

卫乃兴. 2001. 专业性搭配初探——语料库语言学方法. 解放军外国语学院学报，（4）：19-23.

文军. 1998. 专门用途英语——以学习为中心的方法. 外语与外语教学，（9）：54-56.

文军. 2001. 专门用途英语教学与研究领域论. 外语与外语教学，（12）：23-24.

文军，杨全红，贺武. 1996. 专门用途英语教程. 重庆：重庆大学出版社.

文秋芳. 2001. 应用语言学研究方法与论文写作. 北京：外语教学与研究出版社.

文秋芳. 2008. 论外语专业研究生高层次思维能力培养. 学位与研究生教育，（10）：29-34.

文秋芳. 2013. 输出驱动假设在大学英语教学中的应用：思考与建议. 外语界，6：14-22.

文秋芳. 2014. 大学英语教学中通用英语与专用英语之争：问题与对策. 外语与外语教学，（1）：1-8.

文秋芳，苏静，监艳红. 2011. 国家外语能力的理论构建与应用尝试. 中国外语，8（3）：4-10.

吴鼎民，韩雅君. 2010. 通识教育视角下的大学英语“三套车”框架构建. 外语电化教学，（5）：9-13.

吴宁. 2008. 英汉论文方法部分的对比分析. 中南大学硕士学位论文.

吴为章. 1994. “动词中心”说及其深远影响——《中国文法要略》学习札记. 语言研究，（1）：10-20.

夏小维. 2014. 任务型教学法在高职院校英语教学 EOP 转向中的应用. 长春教育学院学报，（24）：170-171.

谢剑萍，付永钢. 2005. 从跨文化交际角度谈非英语专业研究生英语写作教学的改革. 学位与研究生教育，（12）：29-32.

邢靖文. 2012. 基于语料库的专门用途英语教学新探——以外贸函电翻译教学为例. 学术探索，（11）：142-144.

徐通模. 2001. 中国大学的未来发展走向——对 21 世纪中国大学的思考. 教育发展研究，（1）：14- 17.

徐延宇. 2008. 美国高校教师发展的特点与启示. 高等工程教育研究，（3）：131-136.

许国璋. 1963. 许国璋英语. 北京：北京外语音像出版社.

鄢克非. 2014. 语料库与专门用途英语. 广西民族师范学院学报，31（3）：76-78.

严玲. 2010. 专门用途英语课程设计的“双主”模式. 现代传播（中国传媒大学学报），（11）：144-145.

严明，冯莉. 2007. 国外 ESP 教学研究及其启示. 黑龙江高教研究，（4）：44-47.

杨枫，孙凌. 2013. 关于大学英语教学ESP论的一点思考. 外语教学理论与实践，（3）：1-6.

杨凤军，李在辉，方永兰等. 2011. ESP 视角下的体育英语课程设置与教学研究——基于对成都体育学院体育英语教学的个案分析. 山东社会科学，（S1）：172-174.

杨惠中. 1978. 科技英语的教学与研究. 外语教学与研究，（2）：58-60.

杨惠中. 2002. 语料库语言学导论. 上海：上海外语教育出版社.

杨惠中，张彦斌，吴银康. 1978. 国外科技英语教学与研究动态. 外国语，（3）：50-57.

杨莉萍，韩光. 2012. 基于项目式学习模式的大学英语学术写作教学实证研究. 外语界，（5）：8-16.

杨瑞英. 2006. 体裁分析的应用：应用语言学学术文章结构分析. 外语与外语教学，（10）：29-34.

杨洋. 2014. 医药从业人员的药学英语需求分析研究. 电影评介，（22）：103-104.

杨玉晨. 2003. 英汉学术论文开头段语篇模式和思维方式对比分析. 外语教学与研究，（4）：20-23.

殷和素，严启刚. 2011. 浅谈大学英语通识教育和专门用途英语教学的关系——兼论新一轮大学英语教学改革发展方向. 外语电化教学，（1）：9-14.

曾蕾. 2005. 学术语篇体裁网络的构建与学术英语教学. 外语与外语教学，（5）：20-23.

张德禄. 2002a. 语类研究概览. 《外国语》，（4）：13-22.

张德禄. 2002b. 语类研究理论框架探索. 外语教学与研究，（5）：339-344.

张德禄. 2009. 多模态话语分析综合理论框架探索. 中国外语，（1）：24-30.

张彦斌，杨惠中. 1982. EST teaching at the tertiary level in the People’s Republic of China. 外语教学与研究，（3）：56-59.

赵丽珠. 2014. 小型语料库在专门用途英语教学中的应用——以航空英语教学为例. 北京航

空航天大学学报（社会科学版），（2）：89-92.

朱永生. 2007. 多模态话语分析的理论基础与研究方法. 外语学刊，（5）：82-86.

邹世诚，黄永诚. 1997. 法律英语中的修辞排比法. 广西民族学院学报（哲学社会科学版），（S1）：269-270.

左桂春. 2009. 我国大学英语教材的变革及展望. 当代教育科学，（15）：43-44.

Alexander, L. G. 1967. *New Concept English.* London: Longman.

Allen, J. B. & Shockley, B. 1996. Composing a research dialogue: University and school research communities encountering a cultural shift. *Reading Research Quarterly*, 31(2): 220-228.

Atkinson, D. 1999. TESOL and culture. *TESOL Quarterly*, 33(4): 625-654.

Aull, L. L. & Swales, J. M. 2015. Genre analysis: Considering the initial reviews. *Journal of English for Academic Purposes*, 19: 6-9.

Bacha, N. N. & Bahous, R. 2008. Contrasting views of business students' writing needs in an EFL environment. *English for Specific Purposes*, 27(1): 74-93.

Bakhtin, M. 1981. *The Dialogic Imagination.* Austin: University of Texas Press.

Bakhtin, M. 1986. *Speech Genres and Other Late Essays*. Austin: University of Texas Press.

Baldry. A. 2004. Phase and transition type and instance: Patterns in media texts as seen through a multimodal concordancer. In K. O'Halloran (Ed.), *Multimodal Discourse Analysis*: Systemic-functional Perspectives. London: Continuum: 83-108.

Barber, C. L. 1962. Some measurable characteristics of modern scientific prose. In J. M. Swales (Ed.) (1985), *Episodes in ESP: A Source and Reference Book on the Development of English for Science and Technology*. Hemel Hempstead: Prentice Hall International: 14-20.

Baugrande, R. 2000. User-friendly communication skills in the teaching and learning of business English. *English for Specific Purposes*, 19(4): 331-349.

Becker, J. 1975. The phrasal lexicon. In B. Nash-webber & R. Schank (Eds.), *Theoretical Issues in Natural Language Processing*. Cambridge, Mass.: Bolt and Beranek: 90-101.

Bell, R. 1981. *An Introduction to Applied Linguistics*. London: Batsford Academic and Educational Ltd.

Berthoff. A. E. 1982. *Forming, Thinking, Writing: The Composing Imagination*. Rochelle Park, N. J.: Hayden.

Bhatia, V. K. 1993. *Analysing Genre: Language Use in Professional Settings.* London: Longman.

Bhatia, V. K. 2003. Introduction: Genre analysis and world Englishes. *World Englishes*, 16 (3): 313-319.

Bhatia, V. K. 2008. Genre analysis, ESP and professional practice. *English for Specific Purposes*, 27(2): 161-174.

Bhatia, V. K. 2010. Interdiscursivity in professional communication. *Discourse & Communication*, 4(1): 32-50.

Bhatia, V. K., Flowerdew, J. & Jones, R. H. 2008. *Advances in Discourse Studies*. London: Routledge.

Biber, D. 1988. *Variation Across Speech and Writing*. Cambridge: Cambridge University Press. http://dx.doi.org/10.1017/CBO9780511621024.

Biber, D., Conrad, S. & Reppen, R. 2000. *Corpus Linguistics*. Beijing: Foreign Language Teaching and Research Press; London: Cambridge University Press.

Biber, D., Cosmay, E., Jones J. K., et al. 2004. A corpus linguistic investigation of vocabulary-based discourse units in university registers. In U. Connor & T. A. Upton (Eds.), *Applied Corpus Linguistics: A Multidimensional Perspective*. Amsterdam: Rodopi: 53-72.

Biber, D. & Jones, J. K. 2005. Merging corpus linguistic and discourse analytic research goals: Discourse units in biology research articles. *Corpus Linguistics and Linguistic Theory*, 1(2): 151-182.

Booth, A., Sutton, A. & Papaioannou, D. 2016. *Systematic Approaches to a Successful Literature Review*. London: Sage Publication.

Brett, P. 1994. A genre analysis of the results section of sociology articles. *English for Specific Purpose*, 13(1)： 47-59.

Brick, J. 2006. *Academic Culture: A Student's Guide to Studying at University*. Sydney: NCELTR.

Brinton, D. M. 2003. Content-based instruction. In D. Nunan (Ed.), *Practical English Language Teaching*. New York: McGraw Hill: 199-224.

Bruce, I. 2008. Cognitive genre structures in methods sections of research articles: A corpus study. *Journal of English for Academic Purposes*, 7(1): 38-54.

Bunton, D. 2002. Generic moves in Ph.D. thesis introductions. In J. Flowerdew(Ed.), *Academic Discourse*: 57-75.

Bunton, D. 2005. The structure of PhD conclusion chapters. *Journal of English for Academic Purposes*, 4(3): 207-224.

Burrough-Boenisch, J. 2003. Examing present tense conventions in scientific writing in the light of reader reactions to three Dutch-authored discussions. *English for Specific Purposes*, 22(1): 5-24.

Cai, G. 1993. Beyond "bad writing": Teaching English composition to Chinese ESL students. Paper presented at the 44th Annual meeting of the Conference on College Composition and Communication. CA: San Diego, March 31-April 3.

Camerron, A. F. & Webster, J. 2011. Relational outcomes of multi-communicating: Integrating incivility and social exchange perspectives. *Organization Science*, 22(3): 754-771.

Candlin, C. 1984. Syllabus design as a critical process. In C. J. Brumfit (Ed.) (1984), *General English Syllabus Design: Curriculum and Syllabus Design for the General English Classroom*. Oxford: Pergamon: 29-46..

Candlin, C. & Maley, Y. 1997. Intertextuality and interdiscursivity in the discourse of alternative dispute resolution. In B. Gunnarsson, P. Linell & B. Nordberg (Eds.), *The Construction of Professional Discourse*. New York: Addison Wesley Longman Limited: 201-222.

Celani, M. A. A. 1998. A retrospective view of an ESP teacher education programme. *The* ES*Specialist,* 19(2): 233-244.

Chamberlain, R. G. D. & Flanagan, M. K. S. 1978. Developing a flexible ESP programme design. In R. A. Hawkey (Ed.) (1978), *ELT Documents: English for Specific Purposes ETIC Publications*. London : The British Council, English Teaching Information Centre: 36-55.

Chen, S. 1986. *Argumentative Discourse Structure in Chinese and English Writing: A Comparative Analysis*. Master thesis. Canada: Simon Fraser University.

Chew, K. 2005. An investigation of the English language skills used by new entrants in banks in Hong Kong. *English for Specific Purposes*, 24(4): 423-435.

Chia, H. U., Johnson, R., Chia, H. L., et al. 1999. English for college students in Taiwan: A study of perceptions of English needs in a medical context. *English for Specific Purposes*, 18(2): 107-119.

Cho, H. & Yoon, H. 2013. A corpus-assisted comparative genre analysis of corporate earnings calls between Korean and native-English speakers. *English for Specific Purposes*, *32* (3): 170-185.

Chostelidou, D. 2011. Needs-based course design: The impact of general English knowledge on the effectiveness of an ESP teaching intervention. *Procedia—Social & Behavioral Sciences*, 15:

403-409.

Chu, H.-C. J., Swaffar, J. & Charney, D. H. 2002. Cultural representations of rhetorical conventions: The effects on reading recall. *TESOL Quarterly, 36* (4): 511-541.

Cleary, J. 1978. The use of video-tape recordings on the communication skills in English project, KAAU. In R. A. Hawkey (Ed.) (1978), *ELT Documents: English for Specific Purposes ETIC Publications*. London : The British Council , English Teaching Information Centre: 76-80.

Cochran-Smith, M. & Lytle, S. L. 2009. *Inquiry as Stance: Practitioner Research for the Next Generation*. New York: Teachers College Press.

Connor, U. 2004. Intercultural rhetoric research: Beyond texts. *Journal of English for Academic Purpose,* 3(4): 291-304.

Connor, U. & Upton, T. A. 1996. *Discourse in the Professions: Perspectives from Corpus Linguistics*. Amsterdam: John Benjamins Publishing Company.

Cowling, J. D. 2007. Needs analysis: Planning a syllabus for a series of intensive workplace courses at a leading Japanese company. *English for Specific Purposes*, 26(4): 426-442.

Creswell, J. W. 2003. *Research Design: Qualitative, Quantitative and Mixed Methods Approaches*. 2nd edn. Thousand Oaks, CA: Sage Publication.

Curado Fuentes, A. 2002. Exploitation and assessment of a business English corpus through language learning tasks. *ICAME Journal,* (26): 5-32.

Danes, F. 1974. Functional sentence perspective and the organization of the text. In F. Danes (Ed.), *Papers on Functional Sentence Perspective*. De Gruyter Mouton: 106-128.

Davies, B. 2005. Communities of practice: Legitimacy not choice. *Journal of Sociolinguistics*, 9(4): 557-581.

Ding, H. 2007. Genre analysis of personal statements: Analysis of moves in application essays to medical and dental schools. *English for Specific Purposes*, 26(3): 368-392.

Dudley-Evans, T. & St John, M. J. 1998. *Developments in English for Specific Purposes: A Multi-Disciplinary Approach*. Cambridge: Cambridge University Press.

Duff, P. 2001. Learning English for academic and occupational purposes. *TESOL Quarterly*, 35 (4): 606-607.

Duff, P. 2004. Intertextuality and hybrid discourses: The infusion of pop culture in educational discourse. *Linguistics and Education*, 14(3/4): 231-276.

Eggins, S. 1994. *An Introduction to Systemic Functional Linguistics*. London: Pinter.

Ellis, R. 1999. Understanding Second Language Acquisition. Shanghai: Shanghai Foreign Language Education Press.

Fairclough, N. 1992. Intertextuality in critical discourse analysis. *Linguistics and Education*, 4(3/4): 269-293.

Flowerdew, J. 2001. Attitudes of journal editors to nonnative speaker contributions. *TESOL Quarterly*, 35(1): 121-150.

Flowerdew, J. & Peacock, M. 2001. *Research Perspectives on English for Academic Purposes*. Cambridge: Cambridge University Press.

Flowerdew, J. & Wan, A. 2006. Genre analysis of tax computation letters: How and why tax accountants write the way they do. *English for Specific Purposes*, 25(2): 133-153.

Flowerdew, J. & Wan, A. 2010. The linguistic and the contextual in applied genre analysis: The case of the company audit report. *English for Specific Purposes*, 29(2): 78-93.

Flowerdew, L. 2000. Using a genre-based framework to teach organisational structure in academic writing. *ELT Journal*, 54(4): 369-378.

Flowerdew, L. 2004. The argument for using English specialized corpora to understand academic and professional language. In U. Connor & T. A. Upton (Eds.), *Discourse in the Professions: Perspectives from Corpus Linguistics*. Amsterdam: John Benjamins: 11-33.

Flowerdew, L. 2008. Corpora and context in professional writing. In V. K. Bhatia, J. Flowerdew & R. H. Johes (Eds.), *Advances in Discourse Studies*. Abingdon, Oxon: Routledge: 115-127.

Freeman, L. D. 1998. *Doing Teacher Research: From Inquiry to Understanding*. Boston: Heinle & Heinle Publisers.

Fuller, A., Hodkinson, H., Hodkinson, P., et al. 2005. Learning as peripheral participation in communities of practice: A reassessment of key concepts in workplace learning. *British Educational Research Journal*, 31(1): 49-68.

Gao, Y. H, Li, L. C & Lü, J. 2001. Trends in research methods in applied linguistics: China and the West. *English for Specific Purposes*, 20(1): 1-14.

Genette, G. 1997. *Palimpsests: Literature in the Second Degree*. Lincoln and London: University of Nebraska Press.

Gimenez, J. C. 2014. Multi-communication and the business English class: Research meets pedagogy. *English for Specific Purposes*, 35: 1-16.

Grabowski, Ł. 2013. Register variation across English pharmaceutical texts: A corpus-driven study of keywords, lexical bundles and phrase frames in patient information leaflets and summaries of product characteristics. *Procedia—Social and Behavioral Sciences*, 95: 391-401.

Greenall, G. M. 1978. Designing science writing materials. In R. A. Hawkey (Ed.) (1978), *ELT Documents: English for Specific Purposes ETIC Publication.* London: The British Council, English Teaching Information Centre: 66-75.

Grix, J. 2004. *The Foundations of Research.* New York: Palgrave Macmillan.

Halliday, M. A. K. 1994. *An Introduction to Functional Grammar.* London: Edward Arnold.

Halliday, M. A. K. & Hasan, R. 1976. *Cohesion in English.* London: Longman.

Henry, A. & Roseberry, R. L. 2001. A narrow-angled corpus analysis of moves and strategies of the genre: "Letter of Application". *English for Specific Purposes*, 20(2): 153-167.

Herbert, A. J. 1965. *The Structure of Technical English.* London: Longman.

Hinds, J. 1987. Reader versus writer responsibility: A new typology. In U. Connor & R. Kaplan (Eds.), Writing Across Languages: Analysis of L2 texts. Reading, MA: Addison-Wesley: 141-152.

Hinkel, E. 2004. *Tense, Aspect and the Passive Voice in L1 and L2 Academic texts.* Language Teaching Research, 8(1): 5-29.

Holliday, A. 1994. *Appropriate Methodology and Social Content.* Cambridge, UK: Cambridge University Press.

Holliday, A. 1999. Small cultures. *Applied Linguistics*, 20(2): 237-264.

Holmes, J. & Celani, M. A. A. 2006. Sustainability and local knowledge: The case of the Brazilian ESP project 1980–2005. *English for Specific Purposes*, 25 (1): 109-122.

Holmes, P. 2004. Negotiating differences in learning and intercultural communication. *Business Communication Quarterly*, 67(3): 294-307.

Holmes, R. 1997. Genre analysis and the social sciences: An investigation of the structure of research article discussion sections in three disciplines. *English for Specific Purposes*, 16 (4): 321-337.

Hopkins, A. & Dudley-Evans, T. 1988. A genre-based investigation of the discussion sections in articles and dissertations. *English for Specific Purposes*, 7(2): 113-121.

Hutchinson, T. & Waters, A. 1984. *Interface: English for Technical Communication*. London: Longman.

Hutchinson, T. & Waters, A. 1987. *English for Specific Purposes: A Learner-Centred Approach*. Cambridge: Cambridge University Press.

Hyland, K. 2000. *Disciplinary Discourses: Social Interactions in Academic Writing*. Harlow, UK: Longman.

Hyland, K. 2001. Humble servants of the discipline? Self-mention in research articles. *English for Specific Purposes*, 20(3): 207-226.

Hyland, K. 2002. Genre: Language, context, and literacy. *Annual Review of Applied Linguistics*, 22 (1):113-135.

Hyland, K. 2004. Graduates' gratitude: The generic structure of dissertation acknowledgements. *English for Specific Purposes*, 23 (3): 303-324.

Hyland, K. 2010. Constructing proximity: Relating to readers in popular and professional science. *Journal of English for Academic Purposes*, 9 (2): 116-127.

Hyon, S. 1996. Genre in three traditions: Implications for ESL. *TESOL Quarterly*, 30 (4): 693-722.

Hyon, S. 2008. Convention and inventiveness in an occluded academic genre: A case study of retention-promotion-tenure reports. *English for Specific Purposes*, 27(2): 175-192.

Jones, R. H. 2010. Creativity and discourse. *World Englishes*, 29(4): 467-480.

Jones, T. 1978. The foundation course in laboratory procedures at King Faisal University CSE project. In R. A. Hawkey (Ed.) (1978), *ELT Documents: English for Specific Purposes ETIC Publication*. London: The British Council , English Teaching Information Centre: 56-60.

Johns, T. & Davies, F. 1983. Text as a vehicle for information: The classroom use of written texts in teaching reading in a foreign language. *Reading in a Foreign Language*, 1(1): 1-19.

Jordan, R. R. 1997. *English for Academic Purposes: A Guide and Resource Book for Teachers*. Cambridge: Cambridge University Press.

Jordan, R. R. & Mackay, R. 1973. A survey of the spoken English problems of overseas postgraduates at the Universities of Manchester and Newcastle upon Tyne. *Journal of the Institutes of Education* of the Universities of Newcastle upon Tyne and Durham, 25: 125-129.

Jordan, R. R. & Matthews, A. 1978. English for academic purposes: Practice material for the listening comprehension and writing needs of overseas students. In R. A. Hawkey (Ed.)

(1978), *ELT Documents: English for Specific Purposes ETIC Publication*. London: The British Council, English Teaching Information Centre: 7-22.

Kaplan, R. 1966. Cultural thought patterns in intercultural education. *Language Learning*, 16: 1-20.

Kennedy, C. & Bolitho, R. 1984. *English for Specific Purposes*. London: Macmillan.

Kennedy, G. 1998. *An Introduction to Corpus Linguistics*. London: Longman.

Kim, D. 2008. *English for Occupational Purposes: One Language?* London: A&C Black.

King, P. 1978. The CSE programme for medical students at KAAU and the science or language dilemma. In R. A. Hawkey (Ed.) (1978), *ELT Documents: English for Specific Purposes ETIC Publication*. London : The British Council, English Teaching Information Centre: 61-65.

Kramsch, C. 2000. *Language and Culture*. Shanghai: Shanghai Foreign Languages Education Press.

Krashen, S. 1981. *Second Language Acquisition and Second Language Learning*. Oxford: Pergamon.

Kress, G. 2010. *Multimodality: A Social Semiotic Approach to Contemporary Communication*. London: Routledge.

Kress, G. & Van Leeuwen, T. 2001. *Multimodal Discourse: The Modes and Media of Contemporary Communication*. London: Arnold.

Kress, G. & Van Leeuwen, T. 2006. *Reading Images: The Grammar of Visual Design* (2nd edn.). London: Routledge.

Krishnamurthy, R. & Kosem, I. 2007. Issues in creating a corpus for EAP pedagogy and research. *Journal of English for Academic Purposes*, 6 (4): 356-373.

Kwan, B. S. 2006. The schematic structure of literature reviews in doctoral theses of applied linguistics. *English for Specific Purposes*, 25 (1): 30-55.

Lackstrom, J., Selinker, L. & Trimble, L. 1973. Technical rhetorical principles and grammatical choice. *TESOL Quarterly*, 7(2): 127-136.

Lee, D. & Swales, J. 2006. A corpus-based EAP course for NNS doctoral students: Moving from available specialized corpora to self-compiled corpora. *International Journal of Corpus Linguistics*, 11(2): 256-257.

Leech, G. 1993. Corpus annotation schemes. *Literary and Applied Linguistic Computing*, 8(4): 275-281.

Lewis, M. 1997. *Implementing the Lexical Approach: Putting Theory into Practice*. Hove, England: Language Teaching Publications.

Lim, J. M. H. 2006. Method sections of management research articles: A pedagogically motivated qualitative study. *English for Specific Purposes*, 25 (3): 282-309.

Long, M. H. 2005. Methodological issues in learner needs analysis. In M. H. Long (Ed.), *Second Language Needs Analysis*. Cambridge: Cambridge University Press: 19-76.

Lung, J. 2008. Discursive hierarchical patterning in law and management cases. *English for Specific Purposes*, 27 (4): 424-441.

Lung, J. 2011. Discursive hierarchical patterning in Economics cases. *English for Specific Purposes*, 30 (2): 138-149.

Mann, W. C. & Thompson, S. A. 1987. Rhetorical structure theory: A theory of text organization. Technical report. Information Sciences Institute, University of Southern California, Los Angeles.

Mann, W. C. & Thompson, S. A. 1988. Rhetorical structure theory: Toward a functional theory of text organization. *Text*, 8 (3): 243-281.

Marco, M. 2000. Collocational frameworks in medical research papers: A genre-based study. *English for Specific Purposes*, 19(1): 63-86.

Martin, P. M. 2003. A Genre analysis of English and Spanish research paper abstracts in experimental social sciences. *English for Specific Purposes*, 22 (1): 25-43.

Melander, B., Swales, J. M. & Fredrickson, K. M. 1997. Journal abstracts from three academic fields in the United States and Sweden: National or disciplinary proclivities? In A. Duszak (Ed.), *Culture and Styles of Academic Discourse*. Berlin: Mouton De Gruyter: 251-272.

Merriam, S. B. 1998. *Qualitative Research and Case Study Application in Education* (2nd edn). San Francisco: Jossey-Bass.

Mohan, B. A. & Au-Yeung Lo, W. 1985. Academic writing and Chinese students: Transfer and developmental factors. *TESOL Quarterly*, 19(3): 515-534.

Munby, J. L. 1978. A *Communicative Syllabus Design*. Cambridge: Cambridge University Press.

Nattinger, J. & DeCarrico, J. 1992. *Lexical Phrases and Language Teaching*. Oxford: Oxford University Press.

Nelson, M. 2000. *A Corpus-Based Study of the Lexis of Business English and Business English Teaching Materials*. Master thesis. University of Manchester.

Nguyen, L. T. T. & Pramoolsook, I. 2016. A move-based analysis of TESOL master's thesis conclusion chapters by Vietnamese postgraduates. *Global Journal of Foreign Language Teaching*, 6 (1): 2-12.

Nunan, D. 1988. *Syllabus Design*. Oxford: Oxford University Press.

Nwogu, K. N. 1997. The medical research papers: Structure and functions. *English for Specific Purposes*, 16 (2): 119-138.

O'Halloran, K. L. 2008. Systemic functional-multimodal discourse analysis (SF-MDA): Constructing ideational meaning using language and visual imagery. *Visual Communication*, 7(4): 443-475.

O'Toole, M. 1994. *The Language of Displayed Art*. London: Routledge.

Paltridge, B. 2001. Linguistic research and EAP pedagogy. In J. Flowerdrew & M. Peacock (Eds.), *Research Perspective on English for Academic Purpose*. Cambridge: Cambridge University Press: 55-70.

Paltridge, B. & Starfield, S. 2013. *The Handbook of English for Specific Purposes*. Malden, MA: Wiley-Blackwell Publishing.

Pecorari, D. 2006. Visible and occluded citation features in postgraduate second-language writing. *English for Specific Purposes*, 25 (1): 4-29.

Phillips, M. K. & Shettlesworth, C. C. 1978. How to ARM your students: A consideration of two approaches to providing materials for ESP. In R. A. Hawkey (Ed.) (1978), *ELT Documents: English for Specific Purposes ETIC Publication*. London: The British Council, English Teaching Information Centre: 3-35.

Pickett, D. 1986. Business English: Falling Between Two Stools. *Comlon*, (2): 16-21.

Pinto Dos Santos, V. B. M. 2002. Genre analysis of business letters of negotiation. *English for Specific Purposes*, 21(2): 167-199.

Poole, R. 2016. A corpus-aided approach for the teaching and learning of rhetoric in an undergraduate composition course for L2 writers. *Journal of English for Academic Purposes*, 21: 99-109.

Quirk, R., Greenbaum, S., Leech, G., et al. 1985. *A Comprehensive Grammar of the English Language*. London: Longman.

Richards, J. C. 2001. *Curriculum Development in Language Teaching*. Cambridge: Cambridge University Press.

Richards, J. C. & Rodgers, T. S. 2001. *Approaches and Methods in Language Teaching*. Second

Edition. Cambridge: Cambridge University Press.

Richards, L. 2005. *Handling Qualitative Data: A Practical Guide*. London: Sage.

Richards, R. T. 1988. Thesis/dissertation writing for EFL students: An ESP course design. *English for Specific Purposes*, 7 (3): 171-180.

Richterich, R. & Chancerel, J. L. 1980. *Identifying the Needs of Adults Learning a Foreign Language*. Oxford: Pergamon.

Ritchie, J. S. & Wilson, D. E. 2000. *Teacher Narrative as Critical Inquiry: Rewriting the Script*. New York: Teachers College Press.

Robinson, P. 1991. *ESP Today: A Practitioner's Guide*. New York: Prentice Hall.

Russell, M. L. & Russell, J. A. 2011. Mentoring relationships: Cooperating teachers' perspectives on mentoring student interns. *Professional Educator*, 35(1): 16-35.

Safran, L. 2010. Legitimate peripheral participation and home education. *Teaching and Teacher Education*, 26(1): 107-112.

Salager-Meyer, F. 1990. Discoursal flaws in medical english abstracts: A genre analysis per research- and test-type. *Text*, 10 (4): 365-384.

Salager-Meyer, F. 1992. A text-type and move analysis study of verb tense and modality distribution in medical English abstracts. *English for Specific Purposes*, 11 (2): 93-113.

Salager-Mayer, F. 1994. Hedges and textual communicative function in medical English written discourse. *English for Specific Purposes*,13 (2): 149-170.

Salager-Meyer, F. 1999. Referential behavior in scientific writing: A diachronic study (1810-1995). *English for Specific Purposes*, 18(5): 279-306.

Salager-Meyer, F., Alcaraz-Ariza, M. A. & Zambrano, N. 2003. The scimitar, the dagger and the glove: Intercultural differences in the rhetoric of criticism in Spanish, French and English medical discourse (1930–1995). *English for Specific Purposes*, 22 (3): 223-247.

Samraj, B. 2005. An exploration of a genre set: Research article abstracts and introductions in two disciplines. *English for Specific Purposes*, 24(2): 141-156.

Samraj, B. & Monk, L. 2008. The statement of purpose in graduate program applications: Genre structure and disciplinary variation. *English for Specific Purposes*, 27 (2): 193-211.

Scollon, R. 2002. Interdiscursivity and identity. In M. Toolan (Ed.), *Critical Discourse Analysis: Critical Concepts in Linguistics*. London: Routledge: 79-94.

Scott, M. & Johns, T. 1993. *MicroConcord*. Oxford: Oxford University Press.

Shehzad, W. & Abbas, A. 2016. Genre analysis of generic section headings of MPhil theses' introduction section of linguistics and literature. *NUML Journal of Critical Inquiry*, 14(1): 67-ix.

Sinclair, J. 1991. *Corpus Concordance Collocation*. Oxford: Oxford University Press.

Soler, V. 2002. Analysing adjectives in scientific discourse: An exploratory study with educational applications for Spanish speakers at advanced university level. *English for Specific Purposes*, 21 (2): 145-165.

Strauss, A. & Corbin, J. 1994. Grounded methodology: An overview. In N. K. Denzin & Y. S. Loncoln (Eds.), *Handbook of Qualitative Research*. London: Sage: 1-18.

Strevens, P. 1971. Alternatives to daffodils. In P. Strevens, et al.(Eds.), *Science and Technology in a Second Language: Papers From a Seminar Held at the University of Birmingham from 27th to 29th March, 1971*. London: Centre for Information on Language Teaching and Research: 7-11.

Strevens, P. 1988. ESP after twenty years: A re-appraisal. In M. Tickoo (Ed.), *ESP*： *State of the Art*. Singapore： SEAMEO Regional Language Centre: 1-13.

Swales, J. M. 1981. *Aspects of Article Introductions*. Doctoral dissertation. The University of Aston, Birmingham, UK.

Swales, J. M. 1990. *Genre Analysis: English in Academic and Research Settings*. Cambridge: Cambridge University Press.

Swales, J. M. 1985. *Episodes in ESP: A Source and Reference Book on the Development of English for Science and Technology*. Hemel Hempstead: Prentice Hall International.

Swales, J. M. 1998. Textography: Toward a contextualization of written academic discourse. *Research on Language and Social Interaction*, 31(1): 109-121.

Swales. J. M. 2004. *Research Genres: Explorations and Applications*. Cambridge: Cambridge University Press.

Swales, J. M. & Feak, C. B. 1994. *Academic Writing for Graduate Students: Essential Tasks and Skills*. Ann Arbor: University of Michigan Press.

Swales, J. M. & Feak, C. B. 2004. *Commentary for Academic Writing for Graduate Students: Essential Tasks and Skills*. Ann Arbor: University of Michigan Press.

Taavitsainen, I. & Pahta, P. 2007. Corpus of early English medical writing. *ICAME Journal*, 21:

71-78.

Taylor, G. & Chen, T. 1991. Linguistic, cultural, and subcultural issues in contrastive discourse analysis: Anglo-American and Chinese scientific texts. *Applied Linguistics*, 12(3): 319-336.

Thompson, P. 2006. Assessing the contribution of corpora to EAP practice. In Z. Kantaridou, I. Papadopoulou & I. Mahili (Eds.), *Motivation in Learning Language for Specific and Academic Purposes*. Macedonia: University of Macedonia. Retrieved from http://www.reading.ac.uk/internal/appling/thompson_macedonia.pdf: 1-19.

Trimble, L. 1985. *English for Science and Technology: A Discourse Approach*. Cambridge: Cambridge University Press.

Turner, J. W. & Reinsch, N. L. 2007. The business communicator as presence allocator: Multi-communicating, eguivocality and status at work. *Journal of Business Communication*, 44 (1): 36-58.

Upton, T. A & Connor, U. 2001. Using computerized corpus analysis to investigate the text-linguistic discourse moves of a genre. *English for Specific Purposes*, 20(4): 313-319.

van Mulken, M. & van der Meer, W. 2005. Are you being served?: A genre analysis of American and Dutch company replies to customer inquiries. *English for Specific Purposes*, 24(1): 93-109.

Wang, A. 2007. Teaching aviation English in the Chinese context: Developing ESP Theory in a non-English speaking country. *English for Specific Purposes*, 26(1): 121-128.

Wei, J. 2016. Thematic choice in Chinese college students' English essays. *English for Specific Purposes*, 41: 50-67.

Wells, G. 2001. The development of a community of inquirers. In G. Wells (Ed.), *Action, Talk, & Text: Learning and Teaching Through Inquiry*. New York: Teachers College Press: 1-22.

Wenger, E. 1998. *Communities of Practice: Learning, Meaning, and Identity*. Cambridge: Cambridge University Press.

Widdowson, H. G. 1983. *Learning Purpose and Language Use*. Oxford: Oxford University Press.

Wilkins, P. 1976. *Notional Syllabus*. Oxford: Oxford University Press.

Williams, I. A. 1999. Results section of medical research articles: Analysis of rhetorical categories for pedagogical purpose. *English for Specific Purposes*, 18 (4): 347-366.

Williams, R., Swales, J. & Kirkman, J. 1984. *Common Ground: Shared Interests in ESP and Communication Studies*. Oxford: Pergamon Press.

Woods, P. 1986. *Inside Schools: Ethnography in Educational Research.* New York: Routledge.

Wray, A. & Perkins, M. R. 2000. The functions of formulaic language: An integrated model. *Language & Communication, 20*(1): 1-28.

Wu, D. 1994. Aligning a parallel English-Chinese corpus statistically with lexical criteria. *Proceedings of the 32 th Annual Meeting of the Association for Computational Linguistics. Columbus, Las Cruces.*

Yeung, L. 2007. In search of commonalities: Some linguistic and rhetorical features of business reports as a genre. *English for Specific Purposes, 26*(2): 156-179.

Young, A.-M. & MacPhail, A. 2016. Cultivating relationships with school placement stakeholders: The perspective of the cooperating teacher. *European Journal of Teacher Education*, 39, (3): 287-301. http://dx.doi.org/10.1080/02619768.2016.1187595.

后　　记

本书从撰写到完成用了5年时间，从最开始想把笔者过去十几年时间与团队一起所做的研究做一个汇编与总结，到后来想到，笔者作为中国专门用途英语研究蓬勃发展过程的一个参与者和见证者，记录并回顾中国专门用途英语研究的起源与发展具有较大的纪念意义。中国学者从最初仅仅采用文献综述方式介绍国外的专门用途英语相关研究、编译一些国外专门用途英语相关书籍到今天所做的研究，经历了很多波折。中国专门用途英语学者召开首届"专门用途英语在亚洲"国际会议，共同发起"专门用途英语在亚洲"国际会议年会，创立《中国ESP研究》期刊，成立中国专门用途英语专业委员会和各省专门用途英语分会及全国专门用途英语研讨会年会，成立亚洲专门用途英语学会，这一系列事件无不体现着中国专门用途英语研究的一代代学者的付出与坚守。在笔者完稿之际，新一届专门用途英语专业委员会常务理事成员已经产生，复旦大学蔡基刚教授当选为新一届专门用途英语专业委员会会长，蔡基刚在接任之时指出："教育部新一届教指委成立。外语教学指导委员会和大学外语教学指导委员会正在制订今后四年的任务……专门用途英语都是绕不过去的主题。"

尽管到目前为止，国内对中国专门用途英语仍然存在很多争议，研究之路充满艰辛，笔者对专门用途英语却充满希望与期待，希望专门用途英语课程教学理念不被忽略，期待专门用途英语课程教学理念能够为中国的英语教学做出贡献。因为无论"一带一路"国家倡议、高校"双一流"建设，还是新工科科技创新人才培养都离不开外语，学生需要站在世界的层面获取知识、了解世界。国际化复合型人才培养就是专门用途英语课程教学所探讨与服务的重点。

在撰写过程中，本书得到了团队成员梅迪、沈燕、徐帅、郑媛媛、张秀娟、秦雪、贺芳、贺伶俐、刘燕春等同学的大力支持，尤其是他们在数据统计与整理、查找文献和梳理文献过程中做出了较大的贡献，笔者对他们的付出表示由衷的感谢。在撰写与编审过程中，得到了我家先生（原重庆大学副研究员）任秋平的大力支持，他特别对本书结构调整提出了许多宝贵建议，认真参与全书校对工作。此外，特别感谢科学出版社的责任编辑常春娥老师给予的修改建议。笔者对他们表示衷心的感谢，有了他们的大力支持，本书稿才得以完成。

黄萍

2020 年 3 月